CORPORATE GOVERNANCE FRONTLINE

最新・ガバナンスを見る眼

経済成長戦略実現に向けて

【編著者】弁護士　武井　一浩
【著　者】立教大学法学部 教授　松井　秀征
西村あさひ法律事務所・外国法共同事業
河合　優子　小林和真呂　西原　彰美　濱野　敏彦
福岡真之介　松下　　外　湊川　智平　安井　桂大
山本　俊之　山本　希望　渡邉　純子
西村あさひ（フランクフルト／デュッセルドルフ事務所）
加藤由美子

商事法務

Prologue

イノベーション促進、積極投資等は10年前から今も変わらず経済成長戦略としての重要イシューである。成長戦略の一環でガバナンス改革がこの10年の間に進み、ガバナンスという概念が世の中でとても浸透し、かついろいろな場面で重要性が増している。日本の上場会社関連では、企業のレジリエンス概念にまでリンクしているサステナビリティに対する諸対応としてのサステナビリティ・ガバナンス、DX・AIガバナンスを例としたアジャイル・ガバナンスなど新たな展開があり、こうした事項にいかに向き合うのかが、イノベーション、積極投資の進展のためにも重要となっている。

コーポレートガバナンス・コードの制定からちょうど10年を迎えようとしているが、現在進行しているガバナンス改革は、日本経済の成長戦略の観点からも一定の成果を上げているという高い評価が少なくない。そして上記の新たな事象は、まさに経済成長戦略の実現に向けたガバナンスの実質化、実装化に向けた諸論点ということにもなる。

グローバルな各種状況の激しい変化の中、上場会社の経営を取り巻く環境は不確実性が増してきている。それだけに「決められる力」「前に進める力」を実装したガバナンスが企業にとって重要である。また真の経済成長を支える上場会社法制のあり方も重要となってきている。

そこで本書は、日本経済の成長戦略のさらなる進展等の観点から、①上場会社法制における直接民主制と間接民主制とのバランス論（上場会社法制に求められる新設計〜株主／ボード／マネジメントの新たな三層構造を含む）、②サステナビリティ・ガバナンス（サプライチェーンマネジメントを含む）への向き合い方、③AIガバナンスおよびデータガバナンスを含むDXガバナンスの3つのテーマについて、議論を行った。動きの早い事項も多く、座談会等の収録からすでに一定の時間が経過している箇所もあるが、本書が今後の各種現場対応や議論等の一助となれば幸いである。

上場会社法制では金商法において毎年重要な制度改正が行われており、ま

i

Prologue

た会社法についても 2025 年春から改正の議論が開始されると報じられている。イノベーション促進等による（パイと分配の拡大を通じた）経済成長戦略の実現が待ったなしの中、上場会社法制においてもイノベーティブな取組みが期待される。

　本書の刊行にあたっては、株式会社商事法務の浅沼亨氏、池田知弘氏、新嶋さくら氏に大変お世話になった。心より御礼申し上げたい。

2024 年 11 月

著者を代表して

弁護士　武井　一浩

Contents

Prologue・i
Abbreviation・xii

第1章　経済成長戦略と上場会社法制──サステナブルな資本主義と直接民主制／間接民主制のバランスのあり方

I　上場会社法制における直接民主制と間接民主制とのバランス・2

<u>1</u>　直接民主制に偏っている日本の現行の上場会社法制……………………2

<u>2</u>　欧米の間接民主制型………………………………………………………3

<u>3</u>　「日本だけは直接民主制中心（二層構造）でうまく回る」と考えるのは幻想である…………………………………………………………4

II　経済成長戦略と上場会社法制の設計上の視点・5

<u>1</u>　将来に向けた攻めの積極投資が求められている………………………5

(1)　激化するグローバル競争下での積極投資・5

(2)　健全な企業家精神（アニマル・スピリッツ）のある経営者の選定・6

(3)　ロジカルな発信・6

<u>2</u>　上場会社法制の役割・機能の変化に伴う選択肢拡充の必要性…………7

III　直接民主制に偏っていることの弊害（その1）・8

<u>1</u>　日本企業の競争力強化のために求められているイノベーション促進…………………………………………………………………………8

<u>2</u>　人的資本としての経営者人材……………………………………………10

<u>3</u>　グローバル競争下での役員就任環境のイコールフッティング…………11

IV　直接民主制に偏っていることの弊害（その2）・12

<u>1</u>　「残余権者の株主が決めれば企業価値が高まる」という前提を否定する事象の増加……………………………………………………12

(1)　個社個社の企業価値向上を見ない株主（マクロ型株主）の増加・12

(2)　構造的に生じている新たな empty voting 現象・13

(3)　インセンティブ構造のズレ・13

iii

Contents

    2　サステナビリティ対応の要請·······················15

      (1)　利害調整の複雑性等・15

      (2)　当該国の社会そのものにかかわる話であること・16

      (3)　直接民主制型の意思決定に伴う硬直性の課題・16

    3　短期志向圧力による積極投資等への弊害··············17

V　上場会社法制の見直し・18

    1　直接民主制と間接民主制のバランスの不断の見直し·······18

    2　変わらないガバナンスの重要性····················19

    3　ボードへの利益相反処理権限付与等を通じた役員就任環境のイ
      コールフッティングの確保·······················20

    4　直接民主制における透明性の規律等·················22

第2章　上場会社法制に求められる新設計
——株主／ボード／マネジメントの新たな三層構造

**I　上場会社法制に求められる株主／ボード／マネジメント
の新たな三層構造・26**

    1　問われる直接民主制と間接民主制との適正なバランス·······26

      (1)　株主による意思決定の意味を問う（2023年度の日本私法学会）・26

      (2)　古典的な権限分配論のままでよいのか・28

    2　直接民主制が強い日本の現行上場会社法制·············29

      (1)　日本の現行上場会社法制が直接民主制に偏っている6要素・29

      (2)　何十年もアップデートされていない不作為が原因・32

    3　欧米の会社法制と日本の会社法制の歴史的比較··········33

      (1)　米独の会社法は20世紀半ばに「所有と経営の分離」を徹底させた・33

      (2)　法制的考え方がアップデートされていない日本・36

    4　直接民主制のメリットとデメリット·················41

      (1)　直接民主制のメリット・41

      (2)　直接民主制に過度に依拠していることのデメリット・42

      (3)　株主像のアップデートが必要（株主側の自益権と共益権とのアンバン
        ドル現象を踏まえた上場会社法制の設計が求められる）・45

      (4)　株主の意思決定権限と社会的責任論との調整がグローバル化を踏まえ
        問われている・49

      (5)　欧州における株式会社と株主観・51

      (6)　ショートターミズムの懸念・52

      (7)　間接民主制を踏まえた司法審査のインフラ・53

Contents

II　派生する諸論点・54

　　1　株主総会のあり方……………………………………………………54
　　2　実質株主の透明性………………………………………………………56
　　3　業務執行役員の責任限定契約…………………………………………57
　　4　会社法 429 条の解釈の現代化の必要性……………………………59

III　上場会社法制のあり方に関する今後の視点・63

　　1　現下の経済環境を踏まえた不断のアップデートが重要……………63
　　2　外付けの仕組みがあった上で「株主のもの」と表現している………64

第 3 章　企業を強くするサステナビリティ・ガバナンス

§1　サステナビリティ・ガバナンス──サステナブル経営を支える攻めのガバナンスの実践に向けて

I　サステナビリティ・ガバナンスとサステナビリティ・
　　デューデリジェンス・70

　　1　サステナビリティ・ガバナンスとは……………………………………70
　　2　サステナビリティをめぐるエリアの広さ（対象イシュー、サプ
　　　　ライチェーン等)……………………………………………………………71
　　3　実務上の重要性が高まるサステナビリティ・デューデリジェン
　　　　ス（サステナビリティ DD)………………………………………………73
　　4　グローバルな法規や関連するソフトロー等も視野に入れた対応
　　　　が必要……………………………………………………………………75
　　5　サステナビリティ・デューデリジェンスによるサプライチェー
　　　　ン・マネジメント…………………………………………………………76
　　6　デューデリジェンスのスコープと深度の設定………………………77
　　7　デューデリジェンスでイシューが見つかったときの対応……………78

II　サステナビリティ開示の強化・81

　　1　整備が進むサステナビリティ開示法制………………………………81
　　2　国際開示基準を踏まえた SSBJ による日本のサステナビリティ
　　　　開示基準……………………………………………………………………83
　　3　EU における CSRD/ESRS（ダブルマテリアリティ)………………87
　　4　アメリカにおける開示法制の動向……………………………………88
　　5　サステナビリティ情報の保証…………………………………………90

v

Contents

  6 企業において求められる対応 ··91

Ⅲ 進展するサステナブルファイナンス・92
  1 サステナブルファイナンスの動向 ··92
  2 インパクト投資の活発化 ···93

Ⅳ EU で推進されるサステナ関連のハードロー・98
  1 グリーンディールのもと推進されている EU のハードロー（開示規制と実体規制）···98
  2 CSRD（＋ ESRS）がガバナンスとサプライチェーン全体の開示を要求···99
  3 CSRD の国内法化と国際基準との整合性 ····························101
  4 EU バッテリー規則 ··101
  5 EU 森林破壊防止規則 ···102
  6 EU-ETS 規則の改正および CBAM ···································102
  7 強制労働製品流通禁止規則 ··103

Ⅴ サステナビリティ・ガバナンス／サプライチェーン・マネジメントにおける実務対応・104
  1 欧州のデューデリジェンス指令(CSDDD)を踏まえた実務対応 ········104
  2 リスクベースアプローチやステークホルダーとの対話の実践 ········106
  3 グリーバンスメカニズムの整備 ···106
  4 契約関係を通じたサプライチェーン上の取組み ·····················107
  5 企業の民事責任 ··108
  6 日本における人権 DD の進展 ···108
  7 ハードローの進展 ···109
  8 紛争地域対応 ···110
  9 経営トップのコミットメント ··110
  10 グループガバナンス態勢の整備 ···111
  11 サイロ化させない横断的取組み ···114
  12 社内取組みにおける KPI の設定 ··116
  13 デュープロセス的発想の整備 ··117
  14 イノベーションを達成するための「闘える力」の重要性 ···········118
  15 自律の連鎖を支えるインテグリティ研修 ······························119

Contents

VI 自然資本をめぐる制度的議論・120

- 1 気候変動の次に議論が活発化している自然資本·····················120
- 2 TNFD による開示···123
- 3 依存／インパクト／リスク／機会の 4 要素···················124
- 4 EU で要請される森林破壊フリーの DD··························125
- 5 日本におけるクリーンウッド法···································128
- 6 プラスチックをめぐる規制動向···································134
- 7 ブルーファイナンス···137

VII ESG 訴訟・139

- 1 急増している海外での ESG 訴訟·································139
- 2 フランスの ESG 訴訟の事例·······································140
- 3 ドイツの ESG 訴訟の事例···142
- 4 グリーンウォッシュ禁止指令·····································142
- 5 日本における ESG 訴訟の動向····································143
- 6 サプライチェーン・マネジメントに取り組まないとグローバル ESG 訴訟に巻き込まれる···144
- 7 原告適格の範囲について欧州でも論点になっている·············145
- 8 ESG 関連の証券訴訟に伴う法制的論点·························146

VIII サステナビリティ対応と競争法との調整問題・148

- 1 競争法上の諸要請との調整が必要··································148
- 2 日本で策定されたグリーンガイドライン·······················149
- 3 オランダとオーストラリアの競争法は積極的に対応···········150
- 4 ヨーロッパで論点となっている便益の公平分配要件（便益を受ける主体の議論）···151
- 5 より厳しいアメリカの競争当局····································152
- 6 バランスを踏まえて柔軟な対応が模索されている日本··········153

IX おわりに・158

§2 サステナビリティ情報開示と保証をめぐる国際動向
——欧州 CSRD・ESRS と米国 SEC 気候関連開示規則等の動向

I はじめに・164

II 欧州における動向・164

- 1 CSRD および ESRS の最新動向··································164

vii

(1) 概　要・164
(2) 対象企業と適用開始時期・165
(3) 開示が求められる内容・166
(4) 保　証　・168
(5) CSRD の国内法化の状況・169
2　欧州における関連訴訟の状況 ……………………………………169

Ⅲ　米国における動向・170
1　SEC 気候関連開示規則 ………………………………………………170
(1) 概　要・170
(2) 対象企業と適用開始時期・170
(3) 開示が求められる内容・171
(4) 保　証・171
2　カリフォルニア州の気候関連開示法 ……………………………172
(1) 概　要・172
(2) 対象企業と適用開始時期・172
(3) 開示が求められる内容・172
(4) 保　証・173
3　米国における関連訴訟の状況 ……………………………………173

Ⅳ　日本企業における実務への影響等・174

§3　EU の企業サステナビリティ・デューデリジェンス指令を踏まえた日本企業の実務対応

Ⅰ　はじめに・176

Ⅱ　本指令の全体像・177
1　適用対象企業等 ………………………………………………………177
2　デューデリジェンスの実施義務 …………………………………178
3　気候変動への対応に関する義務 …………………………………180

Ⅲ　本指令を踏まえた日本企業によるデューデリジェンス実務の留意点・181
1　関連する国際法と国内法の理解 …………………………………181
2　方針のガバナンスへの組み込み …………………………………183
3　契約条項への組み込み ………………………………………………185
4　ステークホルダーとの対話 ………………………………………186
5　リスクベースアプローチ ……………………………………………187
6　救済制度（グリーバンスメカニズム） …………………………188

　　　　7　開示との関係··188

Ⅳ　本指令への違反の効果・189

Ⅴ　適用時期・190

Ⅵ　おわりに・191

第4章　AI時代を生き抜くDXガバナンス

Ⅰ　DXガバナンス・194

　　1　DXガバナンスの意義···194

　　　　(1)　コーポレートガバナンスは自律性の確保がキモ・194

　　　　(2)　DXガバナンスの2側面・194

　　　　(3)　DXガバナンスをめぐる諸論点・195

　　2　アジャイル・ガバナンス···196

　　　　(1)　背景にある「環境の変化」と「ゴールの多様性・流動化」・197

　　　　(2)　マルチステークホルダー（垂直型でなく分散型ガバナンス）・198

　　3　ガバナンス・イノベーション···199

　　4　今後さらに進展する共同規制の動き·······································201

　　5　デジタルガバナンス・コード···203

　　6　AIガイドライン等で示されている各種プリンシプルを踏まえ
　　　　たガバナンス対応··204

Ⅱ　AI法制の動向・205

　　1　欧州AI法···205

　　　　(1)　AIの4分類・205

　　　　(2)　生成AIについての規律・206

　　　　(3)　ミニマルリスクのAIについてはソフトロー・207

　　　　(4)　下流リスクに社会として適切に対処できるようサプライチェーン全体
　　　　　　に規制の網をかけている・208

　　　　(5)　「AI、人権、民主主義、法の支配に関する欧州評議会枠組み条約」（AI
　　　　　　枠組み条約）・211

　　2　アメリカの動向···212

　　3　日本におけるハードロー制定の動き·······································213

Ⅲ　AI事業者ガイドライン・215

　　1　AI事業者ガイドラインに関する論点·······································215

　　　　(1)　AI事業者ガイドラインの沿革・215

　　　　(2)　サプライチェーンを鳥瞰・216

　　　　(3)　リスクベースアプローチ・216

ix

- (4) AI 事業者の射程は広い・217
- (5) 透明性の原則の考え方・218
- (6) 公平性について・220
- (7) 透明性の論点・221
- (8) ステークホルダーとの対話を行うべき場面 ・222

2 AIをめぐる議論について……………………………………………222
- (1) AIのブラックボックス性は何を問題としているのか・222
- (2) 論点の本質はニューラルネットワークという新たなパターン処理・224
- (3) ルールベース（＋機械学習）とパターン処理との重要な相違・226
- (4) AIの定義は現状でも不明確・230

3 現場におけるAI対応の例──金融業界を例に…………………………231
- (1) 金融では透明性／アカウンタビリティ／公平性が重要論点・232
- (2) 企業側が意図していなくても結果として公平性に欠ける結果となることがあり得る・234
- (3) 公平性や透明性等の実務が進展する効果が期待される・236
- (4) ハードローでもみられる共同規制の事例・237

4 データガバナンスの視点から…………………………………………237
- (1) インプットするデータに関する指針・237
- (2) プライバシー・インパクト・アセスメント（PIA）における活用・239

Ⅳ　AIと権利保護（著作権との調整を例に）・241

1 文化審議会著作権分科会法制度小委員会「AIと著作権に関する考え方について」（2024年3月）………………………………………241
- (1) 全体構成（開発・学習段階の記載が中心）・241
- (2) 著作権の基本的考え方がしっかりと整理されている・242
- (3) 著作権に該当しないもの（表現・アイデア二分論）・243
- (4) 享受概念（著作権法30条の4）・243
- (5) 作風や画風などのアイデア等の類似にとどまる場合・244
- (6) 著作物性・245
- (7) 著作権法30条の4をめぐる論点（開発・学習段階）・245
- (8) 依拠性について（生成・利用段階）・246
- (9) 先端的な分野だからこそコンピュータ処理の基本に立ち返った整理を行う・247
- (10) AIの健全な利活用に向けて・249

2 内閣府AI時代の知的財産権検討会「中間とりまとめ」（2024年5月）……………………………………………………………251
- (1) 著作権法に限らず、意匠法・商標法・不正競争防止法等についても検討・251
- (2) 「法」「技術」「契約」の相互補完的な連携による取組みの重要性・251
- (3) AIガバナンスにおける各主体ごとの取組み・253

Contents

Ⅴ　データガバナンスおよびプライバシーガバナンス・253

- (1)　プライバシーガバナンスガイドブック　ver 1.3（総務省＝経済産業省）・254
- (2)　経営者が取り組むべき 3 要件・254
- (3)　事業面・運用面での態勢整備・255
- (4)　PIA（プライバシー・インパクト・アセスメント）・256
- (5)　個人データの取扱責任者・責任部署に関する事例集（個人情報保護委員会）・257
- (6)　データマッピング・ツールキット・258
- (7)　デュープロセス的発想からの多角的視点の重要性・258
- (8)　人的資源確保の問題——利益相反も踏まえると「1 人で何役も」には限界がある・259
- (9)　社内の具体的役割分担に難しい点がある・259
- (10)　社内理解の浸透には課題がある・260
- (11)　データマッピングと PIA は着実に進みつつある・260
- (12)　サイロ化させない人事ローテーション（リスキリング）・261
- (13)　コストセンターと考えない人的資本改革の実践・262
- (14)　データの越境移転（国際データガバナンス）・263
- (15)　DX ガバナンスにおいて重要となるデュープロセスの発想・264

事項索引・267
著者略歴・271

Abbreviation

1 判例の表記

最高裁判所大法廷昭和 44 年 11 月 26 日判決、最高裁判所民事判例集 23 巻 11 号 2150 頁

➡最大判昭和 44・11・26 民集 23 巻 11 号 2150 頁

2 判例集・雑誌の略称

民集	最高裁判所民事判例集
判時	判例時報
金判	金融・商事判例
金法	金融法務事情
法時	法律時報
法教	法学教室
論叢	法学論叢
株懇	東京株式懇話会會報
商事	旬刊商事法務
資料商事	資料版／商事法務
金財	週刊金融財政事情
コピ	月刊コピライト

第 1 章
経済成長戦略と上場会社法制
―― サステナブルな資本主義と直接民主制／
間接民主制のバランスのあり方

武井　一浩

［旬刊商事法務 2023 年 8 月 25 日号掲載］

第 1 章　経済成長戦略と上場会社法制──サステナブルな資本主義と直接民主制／間接民主制のバランスのあり方

I　上場会社法制における直接民主制と間接民主制とのバランス

1　直接民主制に偏っている日本の現行の上場会社法制

　上場会社法制[1]の企業統治（ガバナンス）部分は、最終的には直接民主制と間接民主制のバランス論で設計される（SS コード（スチュワードシップ・コード）と CG コード（コーポレートガバナンス・コード）とのダブルコードも両者のバランス論となっている）。

　その中で、日本の現行の上場会社法制は、欧米の上場会社法制と比較して、株主・株主総会と経営者（マネジメント）との二層構造が基本となった**「直接民主制」**に偏ったままとなっており、欧米が整備しているレベルでの間接民主制の要素があまり存在していない[2]。ここでいう**「間接民主制」**とは、欧米の主要国の上場会社法制が普通に採用している、①株主・株主総会、②ボード、③経営者（業務執行者／マネジメント）の三層（あるいは三権分立的な）構造で、②のボードに（利益相反処理等を含めて）相応の法的権限がある法制である（①の株主には株主総会を通じて②のボードの選解任権限がある）。

　日本が直接民主制に偏っている代表的要素として以下の 2 つが挙げられる。

　第 1 に、マネジメントの利益相反処理の法的権限がボードにはほとんど付与されておらず、他方で株主が法的効果を伴って行える業務執行的な行為等の範囲が広い（「マネジメントと株主」との二択になっている）ことである。利益相反処理の一類型である株主代表訴訟制度も、株式をいつ買った株主（事象後に買った株主）でも、単独株主がマネジメントや取締役を提訴でき、当

---

　1)　本稿でいう「上場会社法制」とは、会社法だけでなく金商法事項（資本市場法制事項）も含まれる。また会社法制の中でも上場会社に射程を絞る。

　2)　松井秀征「株主／株主総会と取締役会（ボード）／経営陣（マネジメント）との役割分担に関する欧米の法制と日本への示唆」商事 2301 号（2022）37 頁、同「今、改めて株主総会を考える」株懇 833 号（2021）46 頁、山下徹哉「株主総会の権限と株主提案権」資料商事 444 号（2021）3 頁ほか。

該訴訟が会社利益に与える影響について審査を経る機会が事実上設定されていないなど、他の主要国の制度と大きく異なっている。役員に対する免責権限も（株主総会決議や定款には一定の権限があっても）ボードにはほとんどない[3]。業務執行役員には軽過失を対象とした責任限定契約も認められていない。

第2に、（第1のボードに利益相反処理権限等が乏しいこととも関連して）株主総会や定款等の株主の意思決定を経る場面が広いことである。①株主総会が業務執行事項を決めることへの制約規定がない点、②株主提案権の提案適格と提案対象事項等が広く、また会社費用で提案内容を掲載してもらえること[4]、③僅少な少数株主でも臨時総会がきわめて簡単に（かつ会社費用で）開催できること、④役員の責任限定など（ボード決議でなく）定款授権（すなわち3分の2以上の株主の賛成）が求められている事項が多いことなどである。

また直接民主制に関連して、株主側の行動に着目した透明性等に関する規律の整備が欧米に比べて遅れている。

② 欧米の間接民主制型

これに対して欧米の上場会社法制はおおむね、ボードにより多くの役割と法的権限を付与するなど間接民主制型の制度がビルトインされている。日本の法制と比べ、ボードの経営権限が尊重され、株主総会における意思決定権限や利益相反処理において株主がそのイニシアティブで各種のアクションを行うことには一定のハードルが設定されている。

なお、本稿でいう「**ボード**」とは、業務執行に対する監督機関であり、日本では CG コードの基本原則4に述べられている「**取締役会等**」[5]である。CG コードではボード機能について、株主に対する受託者責任・説明責任を踏まえ、会社の持続的成長と中長期的な企業価値の向上を促し、収益力・資本効率等の改善を図るべく、⑴企業戦略等の大きな方向性を示すこと、⑵経

---

3) 監査等委員会設置会社の監査等委員会の利益相反免責権限くらいである。

4) 米国は臨時総会の招集請求を認めていないか、認めているとしても議決権の20％や25％等の高い比率の株主しか請求できない。

5) 監査等委員会設置会社では監査等委員会、監査役会設置会社では監査役会、指名委員会等設置会社では指名委員会、報酬委員会、監査委員会を含む。

営陣幹部による適切なリスクテイクを支える環境整備を行うこと、(3)独立した客観的な立場から、経営陣（執行役およびいわゆる執行役員を含む）・取締役に対する実効性の高い監督を行うこと（基本原則 4）と言及されている。

米国とドイツでは、ボードに経営の固有権限があると会社法で明記されており、株主から権限が派生しているわけではない。株主総会の業務執行事項への決定権限は基本的に制約されている。またボードにステークホルダー利害に配慮することを求める規定が、米国各州会社法や英国や欧州の会社法でも規定されている。株主代表訴訟制度についても、ボードの判断を経た上で裁判所がボードの当該判断の適正性を判断している国が少なくない[6]。

さらに欧米は、透明性等の規律についても、実質株主の把握制度等、上場会社法制として多くの制度的対応を行っている。さらに一株一議決権についてもそこまで絶対視せず、透明性等の規律に違反した株主に議決権等の株主権行使を制限したり、また多様な種類株式上場を認めるなど、各種の例外も設けている。

3 「日本だけは直接民主制中心（二層構造）でうまく回る」と考えるのは幻想である

これまでの日本の上場会社法制では、株主総会と取締役会とのいわゆる所有と経営の分離関係を（昭和 25 年商法改正で）規定したものの（現行会社法295 条 2 項）、社外取締役という地位を会社法上正面から位置づけてこなかったこともあり、間接民主制型の制度はほとんどとり入れられてこなかった。しかし令和元年会社法改正で社外取締役の設置が義務化されたことも踏まえ、次回以降の会社法改正では、欧米と異なり直接民主制にあまりに偏ったまま放置されている現行法制について、両者のバランスのあり方に関する議論が進むことを期待したい。「日本だけは直接民主制中心（二層構造）でう

---

6) 米国の訴訟委員会制度は有名であり、会社利益にそぐわない代表訴訟を早期終了させることを含め、ボードに一定の裁量が付与されている。またドイツも、2005 年に導入された代表訴訟制度では、提訴に裁判所の許可がそもそも必要であり、かつ 1%以上または 10 万ユーロ持株金額という保有要件があること、行為時株主要件があること、法令定款の重大な違反で会社に損害が生じていても会社の福祉という優越的理由に抵触する場合には訴訟が却下されることなど、日本の制度と大きく異なっている。

まく回る」と考えるのは幻想である。

　なお本稿の前提として、上場会社法制の制度目的は、上場会社（個社 X 社)[7] の中長期的企業価値（ひいては株主共同の利益）の確保・向上であると考えている。

II　経済成長戦略と上場会社法制の設計上の視点

[1]　将来に向けた攻めの積極投資が求められている

　現下の日本経済が経済成長を果たすために、日本の上場企業に求められる事項として指摘されているのが、①グローバル化とデジタル化に伴って厳しさを増す競争環境と変動が激しい VUCA[8] の時代（強まるサステナビリティの諸要請への対応を含む）において持続的成長を見据えた経営ビジョンを描き、その上で研究開発や人的資本等への将来に向けた積極投資を行うこと、②①のような能力を持った経営者が選定されること、③①と②についてロジカルに資本市場等に訴求することである。

(1)　激化するグローバル競争下での積極投資

　①の積極投資の遅れは、この 20 年～30 年間、ずっと課題となったままである。日本はリーマンショックの（マクロレベルでの）ダメージが欧米よりも比較的少なかったのにもかかわらず、研究開発投資や人的資本投資の伸び率は欧米や主要アジア諸国より遙かに劣っていると指摘されている。他方で、高い成長率や企業価値向上を果たしている企業の多くが、研究開発投資や人的資本投資等に積極的な企業である。CG コードも企業の中長期的企業価値向上のため、「攻めのガバナンス」の重要性を明記している。CG コー

---

7)　ちなみにここを X 社個社でなく（数千社に上る）上場会社全体とみると、少し異なる論点が出てくる。気候変動対策等の市場の失敗への対応として現状のマクロ型株主（後記Ⅳ[1]（12 頁））が果たし得る役割についての議論もある。ただ X 社に個別の株主やステークホルダーがいる中で、会社法が X1 社の中長期的企業価値に適わない利害で法制度を設計することの是非が問われよう。

8)　Volatility, Uncertainty, Complexity, Ambiguity.

ドの制定背景も、日本企業の「稼ぐ力」、すなわち中長期的な収益性・生産性を高め、その果実を広く国民（家計）に均てんさせるため、コーポレートガバナンスの強化により、経営者のマインドを変革し、グローバル競争に打ち勝つ攻めの経営判断を後押しする仕組みを強化していくことであった。

(2) 健全な企業家精神（アニマル・スピリッツ）のある経営者の選定

日本企業の低迷は経営者の能力の問題であるという声もよく聞かれる中、CG コード制定等を経て、企業家精神に溢れる経営者人材の選定の見直しに向け、指名・報酬プロセスのあり方の見直し、ボード構成の多様性やスキル・マトリックスの向上、監督機能の見える化などが着実に進んでいる。（機関設計の別を問わず）多くの上場会社が独立社外役員を中心メンバーとした指名委員会、報酬委員会等を組成しており、またこれらの実務の実質化も（いろいろな試行錯誤を経つつも）着実に進展しつつある。

(3) ロジカルな発信

③については、非財務情報開示の強化の動きが急速に進んでいる。政府からも人的資本可視化指針、価値協創ガイダンス、知財・無形資産ガバナンスガイドライン[9]などが立て続けに公表され、人や知財・無形資産への投資を「費用でなく資本として」とらえることで（デットガバナンス的色彩が強い）企業会計に過度に引きずられた保守的経営の見直しが図られている。

昨今、サステナビリティの諸要請が強化されている中、社会のサステナビリティと企業のサステナビリティとを同期化しそのために必要な経営・事業改革を行う SX（サステナビリティ・トランスフォーメーション）[10]も、ロジカ

---

9) たとえば 2023 年 3 月 27 日に改訂された「知財・無形資産の投資・活用戦略の開示及びガバナンスに関するガイドライン（知財・無形資産ガバナンスガイドライン）Ver.2.0」では、企業と投資家等との間の思考構造のギャップを埋める工夫として、①将来の外部環境を起点に目指すビジネスモデルや事業ポートフォリオから「バックキャスト」した「ストーリー」上に戦略を位置づけること、②自社の本質的強みと無形資産・知財をビジネスモデルに接続する「企図する因果パス」を示すこと、③目指すべき KPI を無形資産・知財への投資・活用戦略と紐付けて「可視化すること」などのコミュニケーション・フレームワークが提示されている。

10) 2022 年 8 月 31 日に経済産業省から（価値協創ガイダンス 2.0 と共に）公表された「伊藤レポート 3.0（SX 版伊藤レポート）」参照。

ルな発信において重要となっている。同期化とは、社会の持続可能性に資する長期的な価値提供を行うことを通じて社会の持続可能性の向上を図るとともに、自社の長期的かつ持続的に成長原資を生み出す力（稼ぐ力）の向上とさらなる価値向上へとつなげていくことを意味している。また、サステナブルな社会の実現に向けた企業活動（投資活動を含む）の動機づけとして、リスク、リターンに次ぐ尺度として社会・環境等へのインパクトの可視化を図る動きも活発である。

2 上場会社法制の役割・機能の変化に伴う選択肢拡充の必要性

こうした現下の上場会社の経営（ひいては日本経済の成長戦略）を取り巻くマクロ的な課題の中には、これまでの会社法改正ではあまり意識されてこなかった事項も多く含まれている。

民法の特別法でもある会社法の改正議論では、その性格上どうしても、「ここを変えたらそのバランスや論理整合性からここを出す・ひっこめる」的な議論に最終的に帰着することが多い。他方で上場会社法制は諸外国においても、この20年〜30年の間、その役割・機能において不断の見直しが積極的に行われ、特に21世紀に入って、①関係者間の権利義務関係を規定する基本的私法から国の経済政策の重要インフラとしての役割変化が顕著であり、かつ②昨今の急速に進むデジタル化（DX化）の進展と証券市場の参加者・種類の変化および上場企業間（大企業間）のグローバル競争の激化に対応した改正を行っている。「……DXを主たる背景として、各国の大企業間の競争が国境を越えて一層激化しつつある。そして、各国の証券市場の規模が拡大し、その役割が一層重要になりつつある。さらに、投資家の種類の変化ということが重要である。ヘッジファンドやプライベートエクイティファンド、そしてアクティビストファンドといった新しいタイプの投資家が台頭し、その行動は市場や経済に大きな影響を与えるに至っている。これらの状況は、伝統的な会社法は十分には念頭に置いていない事情であって、伝統的な会社法は、かえって足かせになる場合が少なくない。会社法は会社の活動を事前に規制する面があるので、DXに対応した会社法改正を行わないと、会社の活動に支障が生じるのみならず、国の経済にとってもマイナスの影響が生じる」という重要な指摘[11]がある。日本も日本経済の国際競争力を高

第 1 章　経済成長戦略と上場会社法制——サステナブルな資本主義と直接民主制／間接民主制のバランスのあり方

めるという視点での上場会社法制の改正の議論を今後さらに進めていく必要
がある[12]。

III　直接民主制に偏っていることの弊害（その 1 ）

1　日本企業の競争力強化のために求められているイノベーション促進

　将来への積極投資が進まない理由の 1 つとして、日本の経営者側の萎縮も
指摘されている。長引く経済停滞の中で、リスクの高い積極投資を行った経
営者層は生き残れず退任を迫られ、積極投資に消極的な経営者でないと生き
残りにくく、保守的な経営判断が助長される傾向が強い 20 年～30 年であっ
たとの指摘もある。意義のあるイノベーションが起きるためには一定の失敗
を含んだ試行錯誤の積み重ねが必要なことが多いが、外部圧力を伴った短期
的な売上・利益至上主義の経営環境下では、こうした失敗や試行錯誤を受容
しない企業文化や社内評価制度が醸成されることがある[13]。現在の日本経済
の重要課題の 1 つはイノベーションの促進であるが、積極投資がないとイノ
ベーションも起きない。CG コード原案も序文 7 項で「本コード（原案）で
は、会社におけるリスクの回避・抑制や不祥事の防止といった側面を過度に
強調するのではなく、むしろ健全な企業家精神の発揮を促し、会社の持続的
な成長と中長期的な企業価値の向上を図ることに主眼を置いている」と明記
している。

---

11)　神田秀樹『会社法入門〔第 3 版〕』（岩波書店、2023）273 頁。

12)　経済成長戦略の観点からの選択肢の拡充としてはたとえば、ガバナンス以外の文脈では、企業
　価値を高める手段という観点から、株式を対価とした M&A に関する射程がきわめて狭いことも
　挙げられる。株式交付制度の射程拡大、混合対価を使いやすくする規律の見直し、現物出資規制
　の根幹的見直し等が挙げられる。拙稿「株対価 M&A 制度（株式交付制度）の今後の制度的課
　題」金融商品取引法研究会編『金融商品取引法制の近時の展開（下）』（日本証券経済研究所、
　2024）100 頁以下参照。

13)　また最近は ROE 数値の絶対的高低で、現経営陣に機械的に反対票を投じる形式的な議決権行
　使の傾向もみられる。ROE 数値はその事業が抱えるリスクや財務特性等を踏まえて出てくるもの
　であり、高いほうが企業価値が高いという単純な話ではない。他方でこうした株主側の形式主義
　がこのまま変わらないとしたら、企業経営者はもっとリスクをとる必要があるが、リスクをとら
　せつつも失敗したら責任だけとらせるという北風政策的な法制度で果たして、日本企業が（日本
　の資本主義社会との共存を果たしつつ）収益性を高めることができるのか。

Ⅲ　直接民主制に偏っていることの弊害（その1）

　昨今、企業の競争力を決める要因となっているのが無形資産への投資とその価値であり、日本でも人的資本を含む無形資産への投資の拡充、非財務情報開示等が、日本経済の重要な政策課題として制度的対応等が進められている。無形資産の多くが経営人材や従業員に付随しているし、欧米企業が近時こぞってパーパスやカルチャーを強調しているのもこうした背景がある。しかしこうした人的資本や無形資産について、現場にいない株主・投資家がその投資の必要性や付加価値を主導的に理解することには困難を伴い、直接民主制が強い法制のままで行われる意思決定等への弊害も懸念される[14]。

　上場会社がイノベーティブに成長戦略を実行できるためには「決められる」経営であることも重要である。他方で、昨今の複雑化した経営環境下では、最善の選択肢は「ゼロか100か」のような二択ではなく、またいったん決めた後で不断のチューニングが求められる事項が多い。グローバル化とDX化の進展で競争が激しくなり、また経営環境が激変しかつ予見可能性に乏しいVUCAの時代において、日本企業がグローバル競争で付加価値を短期志向で作り出すことはまず難しい。外からみて誰でもわかるような競争上の選択肢は、その大半がすでにほかの企業が行っており、逆にそうした選択肢を日本の上場会社が追随すると超過利潤が残っていないエリアに群がるハーディング現象となりえ、企業価値は向上しにくい。イノベーティブな挑戦や判断は、必ず誰かの反対があるものである。サステナビリティ課題への対処も、「Aの選択肢をとればBが怒り、BをとればAが怒る」と、何を選

14）　なお、宮川壽夫『新解釈　コーポレートファイナンス理論』（ダイヤモンド社、2022）402頁以下は「現代は知識や技術や情報ネットワークといった経営者と従業員に付随する無形の人的資産が競争優位となる知識集約型の産業に変化している。

　……これら無形資産は無形なだけに企業外部の人間からはなかなか理解しにくい。……これら特殊性の高い資産の使用について事業の現場にいない株主の支配権を強めることは合理的ではない。……

　事業の現場にいない外部の株主に……複雑な組織特約的資産に対するコントロール権を委ねてしまうことは不可能だし、おそらく株主もそんなことは望まない。もし資本の論理に基づいて敵対的な買収を実現させても、被買収企業の経営者や従業員が組織特約的な資産を持ち去ってしまうとその企業は無価値になってしまう恐れがある。なによりも問題なのは、それでも英国のように敵対的買収が強引に繰り返されると、本来企業の競争力の源泉である人的・知的資産を蓄積する意欲を持つ人々はもはやいなくなってしまう。結果として経済全体にとって非効率な状態をひき起こすことになる。株主の支配権を強化するだけが必ずしも妥当ではないことが理解できるはずだ」と指摘する。

9

択しても誰かが何らか文句をいいたくなる事項が少なくない。直接民主制が強すぎる法制は、物事を決められずイノベーティブな行動が起きにくい「根雪的」な環境要因になり得る。

② 人的資本としての経営者人材

能力の高い経営者が選定されるためには、多くの人材が経営者人材として挑戦できる環境が必要である。昨今は人的資本改革が政府の重要な施策として進められており、また人的資本改革の実現には各所で存在しているアンコンシャス・バイアスの解消等が論点となることが多いが、企業価値を高めるために直接的に最も重要な人的資本は経営者人材であろう。日本の上場会社法制においては、企業家精神を発揮しようとする経営者という人的資本の醸成に向き合い、VUCAで過酷さを増す経営環境下で幅広い経営人材が挑戦できる環境、現に就任して力を発揮できる環境を整えることも1つの重要な役割ではなかろうか。

これまでの上場会社法制の改正の歴史をみると、経営者の法的責任論を規律する役割の法律であることもあり、何か話題となった不祥事がある度に経営人材の法的責任が厳格化されたり、あるいは役員の責任の合理化に関する改正が見送られることも多かった。しかし、こうした北風政策に寄った議論においては、経営人材を貴重な人的資本であるととらえる発想はあまりとられてこなかったように感じられる。「経営者は社内から出世してなりたくなっている者である」「経営者は何か権限を濫用して会社利益を損なうことをする懸念があるから手足をいろいろと縛るべきである」などの価値観がもしあったとすると、こうした価値観こそ、現下の状況で見直すべき一種のアンコンシャス・バイアスではなかろうか[15]。

---

15) 少なくとも筆者の知る限り、日本の上場会社の経営者は真面目な方が多く、欧米の経営者に負けず劣らず（あるいはそれ以上に）時間的にも経営にコミットされており、真摯に経営と向き合っていらっしゃる。また、昨今の複雑化した時代に、多種多様な利害調整に追われる重責である。他方で上場会社法制のような責任法制の世界では、そのときに顕在化した（全体の中ではごく一部の）悪い経営者の事例を一般化して制度設計の議論が進んでいくことがあり得る。こうした責任法制の抱えている構造的なアンコンシャス・バイアスにも注意すべきである。

Ⅲ　直接民主制に偏っていることの弊害（その１）

③　グローバル競争下での役員就任環境のイコールフッティング

　日本は現行株主代表訴訟制度のもとで、単独株主の行為（誰かを提訴するという業務執行的な行為）によって、会社利益に適う提訴か否かのスクリーニングなく、本来中長期的企業価値の向上に尽くすべき経営層の貴重なmanagerial time が毀損されてしまうという、欧米にもない日本特異なプロセス法制となっている。単独株主による業務執行的な行為は、多数決を経る過程で一定の自浄作用が働く余地がある総会プロセス以上に、中長期的企業価値・株主共同の利益の観点から、より制約的な制度設計が適切である。

　また日本の役員の責任限定契約制度は、故意・重過失を射程外としている（軽過失に限定している）にもかかわらず、業務執行役員を対象外としておりかつ定款授権という３分の２以上の株主の賛成を求める直接民主制型になっている。欧米の役員はおおむね bad faith や willful misconduct 等々の諸概念によって「これはさすがに行ってはいけない」という故意・重過失的な（なので予見可能性がある）領域でしか個人負担を負っていない[16]。日本では、故意・重過失がなく軽過失にとどまっているにもかかわらず、（ビフォータックスベースで約）７年〜12年分[17]の報酬額の自己負担で許容される役員就任条件[18]も法制度上認めていない。

　株主は分散投資でリスクを回避できるのに比べ、リスク回避手段に乏しい経営者個人は、過失責任を嫌うことでより控えめな経営判断を選択する（過度にリスク回避的な消極的行動をとる）という懸念は、欧米でも責任法制の設計の世界で従前から共有されてきた点である。日本はイノベーティブに挑戦する経営者が求められている状況であるにもかかわらず、軽過失で責任限定なく青天井の巨額の個人責任を負わされる法制下で、果たして、そうしたアニマル・スピリッツのある経営者が、欧米に伍するほどに生まれてくるのだろうか。

---

16)　米国の会社補償の状況について、会社補償実務研究会編『成長戦略と企業法制 会社補償の実務〔第２版〕』（商事法務、2022）117 頁以下など。

17)　会社法 425 条以下が規定する業務執行役員の責任限定の報酬額年数４年〜６年は、ビフォータックスで換算すると概算で７年〜12年ほどとなる。

18)　責任があることを認めた上で事後的に総会決議や役会決議で免責決議をする制度（会社法 425 条および 426 条）だけでは、役員就任にあたってのアシュアランスにならないので、事前契約でないとグローバルにイコールフッティングな就任条件を整えることにはならない。

IV 直接民主制に偏っていることの弊害（その2）

次に、直接民主制に偏っていることの課題・弊害について、前記III（8頁）とは異なる論点として以下の①から③の3点が挙げられる。

① 「残余権者の株主が決めれば企業価値が高まる」という前提を否定する事象の増加

現在の日本の上場会社法制が直接民主制に偏っている1つの前提には、残余権者である株主が決めれば中長期的企業価値が高まる判断プロセスになるという議論（以下「**残余権者論**」という）があったと考えられる。しかしこうした前提が妥当しない構造的事象が株主側で進んでいる。

(1) 個社個社の企業価値向上を見ない株主（マクロ型株主）の増加

HFT、クオンツ運用[19]、パッシブ運用の増加など、個社個社の中長期的企業価値向上をみない株主（本稿では「**マクロ型株主**」と呼ぶ）が増加し、しかも大規模機関化されている。こうしたマクロ型株主の増加は、一過性のものというより、グローバルな証券市場の環境を踏まえた必然に近い現象となりつつある。数百社や1,000社〜2,000社を超える銘柄を保有する投資家にとって、保有する個社個社の状況を踏まえて個社ごとの建設的対話等を行うことには制約・限界がある。機関投資家側も金融業界内でのコスト競争等はますます厳しさを増しており、リソース上の制約等がある。議決権行使も、議決権行使は上場会社の個社個社に対応しないといけないので、対話に基づかない形式的行使の弊害など、市場原理からくる効率性の問題点が顕在化している。

こうした一種の市場原理からくる効率性の制約もあってか、「企業に関する理解が浅い」「対話に根ざさない形式的対応が多い」などの指摘が生じる事態にもなり得る[20]。もちろん、日本にも投資先企業の中長期的企業価値向上に向けて真摯にかつ素晴らしい対話等を行っていらっしゃる機関投資家の

---

19) クオンツ運用はアクティブ投資であるが、企業との対話に応じる動機に乏しい。

方[21] も現に存在しているが、全体でみるとまだ課題が継続的に指摘されている。

(2) 構造的に生じている新たな empty voting 現象

金融技術の利活用による議決権保有者とリスクマネー拠出者との間との分離現象については従前から指摘があり、現在もいろいろな現象がみられているが、インデックス保有や多くの銘柄を持っている場合についても、新たな empty voting の現象も増えてくる。教科書的な事例としてはたとえば、親子上場で親会社（P 社）と上場子会社（S 社）の両方の銘柄を保有している投資家が、「親子上場は日本の資本市場全体の performance を悪くしている現象だから、親子上場を解消しないのか」と P 社との対話等で求めてくることもあり得る。P 社としては S 社に追加投資すること（あるいは S 社を売却することで失われる収益減）の経済合理性が問われるのに、投資家自身の利害を P 社に株主として迫っているわけで、empty voting の現代事例ともいえる。要は、こうした株主側の行動は当該株主自身にとっては経済合理的なのだが、保有されている上場会社の中長期的企業価値に適わないことを迫ることになるという点で、残余権者論の前提が狂ってきている一事象でもある。

(3) インセンティブ構造のズレ

以上述べた株主側の構造変化（および後記Ⅳ②・③（15 頁・17 頁）の事象等）は、直接民主制に過度に依拠することの現代的問題点を示している（**図表 1**）。

---

20) 松田千恵子「企業と株主とのコーポレートガバナンスにおける争点(2)」商事 2324 号（2023）47 頁は、「経営トップが投資家に対して中長期の『会社の目指すところ』や戦略を説明し、その妥当性について対話をしようと思っても、相手方の投資家は経営戦略など勉強したこともないような若手（若手が悪いわけではないが）ばかりで、全企業共通の質問チャートに則り、形式的な質問ばかりする。まさにボックスティッキング的な評価しかしていない状態だ。定量的な予測についても中長期的な将来像に基づく質問ではなく、まるでエクセルの空白セルを埋めるためだけのような、四半期業績レベルの細かい数値確認を『企業トップ』に平気で質問してくる。こんな投資家とは二度と会いたくないという企業トップの本音は大いにうなづけるところである」と指摘されている。なお企業側の課題もご指摘されているので、ご趣旨等については原典をご参照いただきたい。

21) 筆者も少なからず知っている。

[図表1] インセンティブ構造の乖離

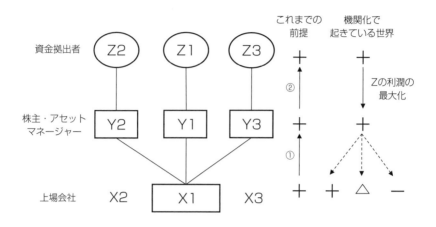

「X1社の企業価値が向上すると余剰権者である株主Y[22]も儲かり、資金拠出者である背後のZも潤う、なのでYによる直接民主制には合理性がある」という因果の流れが、これまでの1つの整理であった。

しかし前記(1)(2)（12頁・13頁）（および後記Ⅳ 2 ・ 3 （15頁・17頁））の各事象はこうした因果の流れが妥当しない場合がいろいろ生じていることを示している。Zが背後にいるY側の機関化が進む中で、機関化したYにとって最も重要な経済合理性はZの利潤の最大化であり、それはX1社の中長期的企業価値向上とは乖離し得る。Zが背後にいる機関化されたYは、経済合理性の縛りを必然的かつ強度に受ける者であり、また経済合理性をYに求めるZからの要請・圧力は強まる傾向にある。Zの利潤等の最大化とX1社の中長期的企業価値向上とは、一致する場合ももちろんあるが、ずれてくることも生じている。Y側のリソース等のコストをZ側が追加負担しない現象が変わらないことで、Y側のリソース不足もなかなか改善されない。Y自身の経済合理性等の各種縛りに適わないことをいくら求めても、Zが変わらない限り、Yにとって荷が重い話である。こうした株主側の構造はグローバル

---

22) Yには議決権行使の判断権者も含まれ得る。

Ⅳ　直接民主制に偏っていることの弊害（その2）

化とデジタル化等に伴う世界共通の現象である[23]。

　X1社（個社）の企業価値向上が上場会社法制の目的であることを前提にすると、「株主の機関化が進んで洗練化されてきたので、（数十年前からよく指摘されてきた）株主の無関心問題からの（X1社の）企業価値向上の課題は解消する」というわけではなく、「日本の上場会社法制だけは直接民主制中心の制度（二層構造）でうまく回る」ことにもならないと考えられる。

②　サステナビリティ対応の要請

　上場会社は、昨今のサステナビリティをめぐる諸要請に対応しないことにはレジリエントであるとみられない。上場会社が中長期的な戦略、将来の戦略を資本市場にロジカルに語るには、サステナビリティへの訴求は必要条件[24]となりつつある。

　なお、上場企業がサステナビリティについて訴求することは、当該企業が有意な人材を採用するという側面で重要なだけでなく、その国の資本市場としての魅力という観点からも重要性が増している。たとえば最近欧州でも、（日本に似て）個人株主の拡充の文脈で個人株主の高齢化の課題が議論されており、若年層に投資機会を増やすという問題意識からさまざまな制度論の議論が進められているところ、若年層にはサステナビリティに対する問題意識・関心が高い者が多い。

　機関投資家側にもESG投資の本格化など負の外部性を否定した投資傾向がみられ、直接民主制側にも大きな変容がみられる。ただこうした変容を前提にしても、強まるサステナビリティ対応の要請の観点から、直接民主制型にはいくつかの課題がある。

(1)　利害調整の複雑性等

　サステナビリティ事項は、総論では一致をみても各論ではいろいろな価値観等から乖離が激しいという性質のものが多い。何が適切なSX戦略である

---

23)　なおSSコードは、Y1に対してX1の中長期的企業価値向上の観点・切り口から期待される諸事項等をとりまとめており、その点で重要かつ画期的な制度的対応であった。

24)　収益性が十分条件となる。

かも、各種の利害調整等を経て適正な解が個別に導かれる高度な経営判断事項であり、株主が個別的に決することが適切ではない事項も多い[25]。

サステナビリティをめぐる対象事項は、気候変動、人的資本・人権、自然資本に限らず、DX化対応（サイバーセキュリティ対応を含む）、国家経済安全保障などきわめて多岐にわたっている。その中でたとえば国家経済安全保障のイシューは（インテリジェンスともいわれるとおり）その大半が公開の場での意思決定にそもそもなじまない、機密性が高いものばかりである。他方で直接民主制型の意思決定では、必然的に情報をオープンにした公開の場で決めることになってしまう。

サステナビリティをめぐる建設的対話の実効性向上についても、（カバー・理解すべき対象事項があまりに広い反面）機関投資家側のリソース不足等の課題が指摘されている。

(2) 当該国の社会そのものにかかわる話であること

サステナビリティ事項はその多くが当該国の重要な社会的課題であり、その国の上場会社がいかに対応するかはその国の社会のあり方にもかかわる。上場会社法制はその国の社会のあり方の根幹にも影響を与えるのに、お金をたくさん持った人であれば誰でも株主として（当該国の社会に多大な影響を与える）上場会社の経営を好きにできるという制度設計を欧米は基本的に採用していない。

「サステナブルな資本主義」「新しい資本主義」など資本主義自体のあり方への関心が高まる中、資本主義国が民主主義に根ざした資本主義を維持するためにはその国の社会の構成員からの一定の納得感が必要不可欠であり、上場会社を所管している上場会社法制もこうした課題と無縁ではいられない。

(3) 直接民主制型の意思決定に伴う硬直性の課題

直接民主制型の意思決定には、硬直性という課題がある。特にサステナビ

---

25) なお米国では、2023年からESG関連の株主提案が出しやすくなったが、提案数の増加とともにESG側と反ESG側のどちらの提案も賛成率が低下したり、また賛成率が低いにもかかわらず企業側は対応の協議に多くの時間・コストが割かれる現象なども指摘されつつある。

リティ事項は、今後さまざまな環境変化で内容等が変わっていく以上、その時々に柔軟な判断が行えないと、中長期的な企業価値向上に資する適切な措置がとれない。しかし直接民主制型の意思決定の場合、それが総会決議であれ定款変更であれ、会社役員には遵守義務が会社法上課せられているため、過去の一時点で固定化された意思決定によって将来の企業価値向上の適切な選択肢が奪われる弊害がある（これは中長期目線の株主にとっても不幸な事態である）。会社の中長期的企業価値向上について監督義務を負っているボードによる間接民主制型が主導しないと、当該上場会社の（将来の）中長期的企業価値向上が阻害される懸念がある。

③ 短期志向圧力による積極投資等への弊害

研究開発投資や人への投資が少ないという悩み（前記Ⅱ①（5頁））は、日本に限られない話である。欧米では、過度な株主主権は上場企業側の積極投資の後押しになるのではなく、株主から短期の payout ばかり求められ、ものづくりで得た収益等が新しい資本財に再投資されず、株主からの圧力等で株主還元に偏っているという指摘が、長年なされている。グローバルには2001年のエンロン事件以降、むき出しの株主至上主義に対する見直しの機運が生まれ、リーマンショック、英国のケイ・レビュー、2019年の米国ビジネス・ラウンドテーブルの提言、欧州の（サステナビリティ関連の各種指令の礎となった）2020年の EY レポート等々、多様なステークホルダーの利害を無視して株主の短期利益だけを単純に追求すべきという前提はとられていない。

また積極投資に現に成功している欧米企業の中には、種類株式上場や創業家が多数の株式を保有しているなど、直接民主制からの短期的圧力等を自衛的に mitigate している企業が少なくないことも見逃せない[26]。

こうした欧米の状況については、日本でも直接民主制主導によって同様の事態に至らないのか、論点となろう。

---

26) Google 社やバークシャー・ハサウェイ社の事例について、岩井克人「会社の新しい形を求めて
——なぜミルトン・フリードマンは会社についてすべて間違えていたのか」株懇846号（2022）
28頁以下など。グローバルにみても、経営者が強力なリーダーシップを発揮するオーナー系企業
の時価総額の伸びは大きい。

第 1 章　経済成長戦略と上場会社法制──サステナブルな資本主義と直接民主制／間接民主制のバランスのあり方

　イノベーション促進には中長期的なゴールを見据えた patience が必要であり、またこれが会社を取り巻くステークホルダーからの納得感を醸成する。ダブルコードが本来想定している株主も patient capital である[27]。日本の上場会社法制も短期志向の安易な選択肢等へと経営者が心理的に誘導される弊害に十分注意し、イノベーティブかつ健全な企業家精神を促進する制度設計が重要となる。

V　上場会社法制の見直し

1　直接民主制と間接民主制のバランスの不断の見直し

　直接民主制のメリットとしては、たとえば株主が総会で多数決で決めるということについては、いろいろあっても争いが終わる場になるなどがある。裁判上も、株主の判断によって決したことによって法的紛争が終わる場合があることは、社会として紛争が解決する 1 つのあり方となり得る。また SS コードの趣旨にきちんと則った建設的対話も、株主が投資判断と議決権行使をする以上、相互の理解が深まる（相互の誤解を解く）効能が期待される。

　他方で「マネジメントに利益相反性があるから」とか（もともと日本の会社法には株主第一主義などとはひと言も条文で書かれていないにもかかわらず[28]）「最後は株主が会社の所有者だから」的な印象論で「何でも株主が決められる（または決めるべき）」等の建て付けでは、現在のグローバル化、デジタル化、サステナビリティ要請等の諸状況を踏まえ、日本の上場会社が中長期的企業価値向上に資するイノベーティブなアクションをとっていく環境として

---

27)　CG コード原案の序文 8 項にも「本コード（原案）は、市場における短期主義的な投資行動の強まりを懸念する声が聞かれる中、中長期の投資を促す効果をもたらすことをも期待している。市場においてコーポレートガバナンスの改善を最も強く期待しているのは、通常、ガバナンスの改善が実を結ぶまで待つことができる中長期保有の株主であり、こうした株主は、市場の短期主義化が懸念される昨今においても、会社にとって重要なパートナーとなり得る存在である。本コード（原案）は、会社が、各原則の趣旨・精神を踏まえ、自らのガバナンス上の課題の有無を検討し、自律的に対応することを求めるものであるが、このような会社の取組みは、スチュワードシップ・コードに基づくこうした株主（機関投資家）と会社との間の建設的な『目的を持った対話』によって、更なる充実を図ることが可能である」と明記されている。

28)　神田・前掲（注 11）281 頁。

18

V　上場会社法制の見直し

課題がある。

　上場会社の株主はそれぞれ多様である（多様であることに資本市場としての効率性・意義もある）。また各株主には VOICE 以外に当該上場会社の株式を売却する EXIT も可能であり、またリスクマネーを拠出した者としてリスク回避手段をもっている。各株主は（有限責任でもあり）、投資先の中長期的企業価値向上に努める「法的義務」までは負っていない。取り巻くステークホルダーの多様な利害を踏まえ、自社の中長期的企業価値（ひいては株主共同の利益）の向上のために善管注意義務を負っているのは、ボードである[29]。

　これまでは「株主は会社の所有者なので株主総会が物事を決める全権がある➡その中からボードやマネジメントにどこまで権限委譲できるのか」という発想が、上場会社法制の制度設計において無批判にとられてきた可能性がある。しかし今後はこうした発想から脱却して、株主・株主総会とボードとのどちらが当該事項に関与して決定するほうが X1 社の中長期的企業価値向上に資するのかも考慮した制度設計を行うべき時期ではないか[30]。「日本だけは直接民主制に偏ったままでもうまく回る」と考えるのは幻想であろう。

② 変わらないガバナンスの重要性

　ダブルコードも含め現在行われているガバナンス改革の必要性・重要性は今後とも変わらない。企業の現場が責任をもって最善の選択肢を「決められる」上場会社法制であってこそ、今の日本企業に求められている攻めのガバナンスを支えるものとなる[31]。

　昨今のグローバル化、デジタル化、VUCA の時期、利害が先鋭化している

---

29)　X1 社の中長期的企業価値向上に向けたリソースを持っているのも、株主よりも、ボード（＋ボードが監督するマネジメント）である。

30)　会社法 295 条 2 項や 297 条 1 項（株主総会の目的である事項）などの解釈論の世界ですでに、機動的な経営判断や高度な経営判断事項が（株主総会ではなく）取締役会に委ねられている旨を確認している諸裁判例が近時いくつか出されており、これらは重要である。また「いよいよわが国でも、取締役（会）は固有の権限を有するのだ、という考え方をとり、その旨の規定を会社法に置くべきではないか。そして解釈論としては、取締役の経営上の裁量を制約する場合、定款による株主総会への権限留保は許されず（会社法 295 条 2 項における定款による留保の限界）、ひいては定款によって直接的に経営上の裁量を制約する規定を置くことも許されない（会社法 29 条における定款の任意的記載事項の限界）という解釈論をとるべきである」という有力な主張がある（松井秀征「株主総会の意思決定権限」法教 513 号（2023）76 頁）。

19

時期だからこそ、複雑な経営判断が求められるマネジメントにおける判断事項において、ボードが（非公開情報等も含めて）マネジメントの現場から（株主よりも）距離が近いところで適切に監督し（この仕組みがまさにガバナンスである）、ボードについて株主が総会で選解任するという間接民主制型の建て付けを、利益相反処理等の文脈で、もう少し組み込むべきである[32]。間接民主制もうまく組み込んで制度設計していかないと、前記Ⅱ①（5頁）の日本企業（および日本経済）の成長課題が解消しないままとなりかねない。

　また、マクロ型株主（前記Ⅳ①(1)（12頁））の増加等の資本市場の構造変化によって、機関投資家側も（自らが個社個社をみるよりも）企業のガバナンスの充実を求めている。ガバナンスが充実している企業に経営を任せたい、またインベストメントチェーンにおける説明責任の連鎖でも説明しやすい（投資の前提）ことになる。

　さらに経営者がアニマル・スピリッツを適正に発揮するには、経営判断の原則に端を発したプロセス論の充実や内部統制体制の充実など（何がセーフで何がアウトなのかの行動規範の明確化）は、上場会社法制において今後とも重要である。

③　ボードへの利益相反処理権限付与等を通じた役員就任環境のイコールフッティングの確保

　現下のグローバル競争の環境を踏まえると、欧米等の海外経営者人材が普通に享受している経営者の就任環境が保障できていない制度的箇所は、一つひとつ丁寧に検証し、見直すべきであろう。

　特に直接民主制に（日本独自に）偏っている株主代表訴訟制度（前記Ⅲ③（11頁）参照）などの利益相反処理[33]について、ボードにもより実質的権限を付与した選択肢を検討すべきであろう。利益相反処理を株主の個別行動に

---

31)　ボード機能が企業価値向上に果たす実務的意義・役割について、たとえば拙稿「社外取締役のコーチング機能——2021年度施行の会社法改正とCGコード改訂を踏まえて」法時93巻9号（2021）47頁など。

32)　なお、間接民主制をより強化するといっても、たとえば会社の機関設計を現行の3つからモニタリングモデルを中心とした1つに揃えて減らす制度設計としたほうがよいかというと、そう単純な話ではない。さまざまある日本の上場企業X1社にとって、成長する環境を整備するという観点から、制度的選択肢を減らすデメリットを検討する必要がある。

依拠することについては、多数決型の行為に比較してX1社の中長期的企業価値向上の観点から弊害が懸念されるので、より制約的に制度設計すべきである。マネジメントの利益相反の懸念の解消の手法として、単独株主に業務執行的な法的権限を付与する（日本特異の）直接民主制に偏った制度設計ではなく、間接民主制を実質的に介在させた制度設計が検討されるべきであろう。会社利益に適うのか否か等を含め、マネジメントと株主との二択・二層構造の中で裁判所の関与・役割が議論されてきた以前とは異なり、ボード機能を拡充した制度設計は新たに議論する時期に来ているように思われる。

　次に責任限定契約[34]についても、すでに故意・重過失を適用対象外としていることで不誠実な経営に対する抑止力としており、また軽過失でも業務執行役員について（ビフォータックスベースで）7年〜12年以上の報酬額の自己負担を強制している。にもかかわらずこれらにさらに上乗せして、①業務執行役員をおよそ責任限定契約の対象外としていること、②責任限定契約の導入に株主の3分の2以上の賛成（定款授権）が求められることは、グローバルな役員就任環境に照らして過剰となっていないのか、日本企業の国際競争力とグローバルなイコール・フッティングの観点から検討する必要があろう[35]。また事前免責契約を規定する会社法427条自体が、会社役員の任務懈怠責任の免責には全株主の同意を要するという会社法424条に対する例外であるところ、このような全株主の同意を要するというのは単独株主に拒否権を与える法制であり（なお昭和25年商法改正前は株主総会特別決議による免責であった）、このような強力な単独株主権を付与していることは、換言すると1人でも反対したりあるいは所在不明者がいたら前に進まないという制度

---

33)　なお、利益相反処理の文脈でいうと、現行会社法の解釈論として形成されている主要目的ルールも、「経営権に争いがある」という状況になっただけでマネジメントだけでなくボードさえも無力化させてしまうことがないよう、解釈されるべきであろう。米国では、修正されたビジネスジャジメントルールであるユノカル基準等がある。

34)　2022年7月19日に公表された経済産業省「コーポレート・ガバナンス・システムに関する実務指針（CGSガイドライン）」の改訂版とともに公表された「CGS研究会（第3期）における『今後の検討課題』」において、「現行の会社法上、業務執行取締役等である取締役は、責任限定契約の対象から除かれているが、今後、責任限定契約の対象の拡大や、より広く、訴訟委員会制度等を含めた責任追及の在り方について、検討する必要はないか」と言及されている。

35)　なお、責任限定制度のあり方は、（令和元年会社法改正で導入された）会社補償制度のあり方ともリンクする。令和元年会社法改正で導入された会社補償制度は重要な法改正であった。

設計であり、日本企業のイノベーション等を阻害する直接民主制に偏った法制である。現行の責任限定契約制度は定款授権のもとでの制度であり、株主の絶対多数が業務執行役員に対する責任限定契約を OK と考えている場合でも会社法が不可としていることはおかしい。

　さらに、会社法 429 条 1 項の責任についても、近時、制度論的課題が指摘されている[36]。サステナビリティ対応の流れでステークホルダーがきわめて広範にグローバル化する中、会社法 429 条 1 項が想定してこなかった「債権者」も増えてきており、429 条 1 項という日本特異な規定のあり方についても、会社法のグローバル対応の一論点として（解釈論の世界を含め）検討されるべきだろう[37]。

④　直接民主制における透明性の規律等

　欧米で普通に導入されている株主側の「行動」[38]に着目した透明性に関する規律も重要である。この点において日本の現行法制は欧米よりも相当遅れている。実質株主の把握制度[39]などの透明性の規律などがその典型であり[40]、これは建設的対話の実効性向上にとどまらず直接民主制の適切な運用という観点からも重要である。

---

36)　たとえば①「429 条 1 項については、その存在意義ないし必要性について根本的な疑問がある」（田中亘『会社法〔第 4 版〕』（東京大学出版会、2023）380 頁）、②「対第三者責任規定〔429 条〕は、その立法趣旨が不明確であることや、比較法的にも非常に珍しい規定であることから、立法論的に不要であると考えることにも相当の説得力がある」（髙橋陽一「役員等の対第三者責任——最大判昭和 44・11・26 民集 23 巻 11 号 2150 頁の再検討」田中亘＝白井正和＝久保田修平＝内田修平編『論究会社法』（有斐閣、2020）165 頁）など。詳細は原典をご参照いただきたい。

37)　また、サステナビリティ開示の強化に伴い、「株主が持つ会社や役員に対する損害賠償請求権が、一般債権者に優先したり、また損害賠償請求の結果、株主相互間に不平等が生じるような結果は極力避けるべく制約されるべきである」という会社法上の基本的考え方も改めて確認される必要があろう（会社法 429 条 1 項に限らず 429 条 2 項に関しても）。英国会社法は、戦略報告書や取締役会報告書等の統合的情報開示における役員の対外責任に関して、①「故意重過失があった場合」に限り責任を負い、かつ②「対会社に対してのみ」責任を負うと明文で規定している。

38)　経済産業省「新時代の株主総会プロセスの在り方研究会報告書」（2020 年 7 月 22 日）35 頁以下など。フランスにおける状況の分析等として、石川真衣「サステナビリティ・ガバナンスをめぐるフランス企業法制の最新動向——2019 年 PACTE 法とその後」商事 2300 号（2022）24 頁、同「フランスにおける株主アクティビズム規制をめぐる議論の現状」神田秀樹責任編集＝公益財団法人資本市場研究会編『企業法制の将来展望〔2022 年度版〕』（財経詳報社、2021）306 頁など。

透明性の規律の違反者には、議決権行使その他の権利行使の制限を上場会社法制の法規定で定めるべきである。日本での議論は諸外国に比して、一株一議決権をあまりにも絶対不可侵であるかのように考えすぎている傾向がみられる[41]。

特定株主と（個人株主を含む）一般株主との衡平の観点から、対話等における透明性確保に関する規律についても議論となっている[42]。

なお、透明性に関連した議論は、日本で着実な進展をみせつつある。たとえば、2023年に経産省でとりまとめられている「企業買収における行動指針」では第3原則として「透明性の原則」[43]が新たに提示されている。2024年金商法改正でも公開買付制度と大量保有報告書制度の法改正が行われた。

---

39) なお、実質的支配者の把握についても、マネロン規制の観点から、現在制度的検討が進められている。2022年3月のFATF勧告24では法人の実質的支配者を特定するための多面的なアプローチの義務化など、グローバルな規律が強化されている。

40) また最近では「集団投資スキームの背後の実質株主が、わが国と敵対する国家やテロリストなどの反社会的勢力であっても、金商法の開示義務の対象は名目上の集団投資スキームに限定されてしまう。そのため、企業買収の真の目的が明らかでなく、株主共同の利益を害するばかりか、国家安全保障上の問題ともなりかねない。……わが国では実質株主どころか、株主情報の開示義務自体が軽視されているといわざるを得ない」という指摘もある（坂東洋行「企業買収時に必要な実質株主情報の開示の方向性」金財3493号（2023）56頁）。

41) なお論点は異なるが、一株一議決権原則について、その絶対視は議決権種類株式の上場が日本で現在あまり採用されていない現象にも現れている面があるところ、欧米や他のアジア諸国と同様、議決権種類株式の上場についても多様な選択肢を認めていくべき必要性が高まってきている。多様な選択肢を認めることは、企業の創意工夫・イノベーションに資するだけでなく、資本市場の国際競争力強化の観点から多様な投資家のニーズにも対応できることとなる。

42) ①受領される情報等の観点からの分析として、たとえば三和裕美子＝山田剛志「アクティビストの活動と情報漏洩のリスク——株主との対話および株価の実証分析からみるわが国におけるアクティビスト活動の問題点〔上〕〔下〕」商事2304号（2022）18頁・2306号（同）42頁。②直接民主制と間接民主制とが交錯する論点として、特定株主によるboard representationの論点がある。日本では特定株主との間のガバナンスに関する約定等の有報等での開示措置が導入されている。

43) 「株主の判断のために有益な情報が、買収者と対象会社から適切かつ積極的に提供されるべきである。そのために、買収者と対象会社は、買収に関連する法令の遵守等を通じ、買収に関する透明性を確保すべきである」という原則である。

第2章
上場会社法制に求められる新設計
——株主／ボード／マネジメントの
新たな三層構造

松井　秀征
武井　一浩

第2章　上場会社法制に求められる新設計──株主／ボード／マネジメントの新たな三層構造

Ⅰ　上場会社法制に求められる株主／ボード／マネジメントの新たな三層構造

1　問われる直接民主制と間接民主制との適正なバランス

(1)　株主による意思決定の意味を問う（2023年度の日本私法学会）

武井：本日は立教大学の松井秀征教授をお迎えいたしまして、上場会社法制に関する論点として、特に機関周りの点について議論したいと思います。なお、いずれの点も属する組織としての見解ではなく、個人としての見解となります。

　松井先生は、従前から「会議体としての株主総会を考える」など、株主総会を含む会社の機関に関する研究を進められてきた第一人者でいらっしゃいます。

　2023年度の日本私法学会では「株主による意思決定の意味を問う──不確実な時代における株式会社の意思決定の仕組み」というシンポジウムを主導されました[1]。弊職も同シンポジウムに報告者として参加させていただきまして、いろいろと議論をさせていただき、また多くの点を学びました（第1章に所収）。

　そこで本章では、上場会社法制のグランドデザインの1つの重要論点として、直接民主制と間接民主制のバランス論について議論できましたらと思います。

　なお、ここでいう上場会社法制とは、日本の上場会社の中長期的な企業価値の向上を果たすことを目的とした法制であるという前提でお話しさせていただきます。

　特に株主・株主総会、ボード、マネジメントという三層構造の新たな関係について議論いたします。直接民主制か間接民主制かという用語を使っておりますけれども、欧米はおおむね、株主とマネジメントとの間にボードがあって、株主はボードの選解任権を有している、マ

---

1)　商事2335号（2023）4頁以下参照。

26

ネジメントはボードの監督を受けるという**間接民主制型**となっていま
す。株主とマネジメントの二層構造ではなく、ボードという監督機関
——監督という言葉は多義的ではございますが——を挟んだ欧米が採
用しているような、ある種の三層構造や三権分立の形のものを、ここ
では間接民主制と呼んでおり、中長期的な企業価値向上の観点から、
マネジメントとボードと株主の三者が役割分担するというものです。

　なお、**ボード機能**というのは、日本でいうとわかりやすいのが **CG
コード（コーポレートガバナンスコード）**の**基本原則 4** で明確化され
た、(1)企業戦略等の大きな方向性を示すこと、(2)経営陣幹部による適
切なリスクテイクを支える環境整備を行うこと、(3)独立した客観的な
立場から、経営陣・取締役に対する実効性の高い監督を行うことの 3
点です。会社法上は、取締役会（監査役会設置会社では取締役会と監査
役会）が担うことが想定されています。

　上場会社の中長期的な企業価値向上に向けた直接民主制と間接民主
制とのバランス論としては、制度設計としてもさまざまな議論や選択
肢があります。欧米でもさまざまな議論が長年の歴史の中でなされて
います。日本の現行法制は諸外国よりも直接民主制が強い法制になっ
ています（詳細は後記 Ⅰ ② （29 頁）参照）。そのメリット・デメリット
についてもさまざまな議論があるかと思いますが、直接民主制と間接
民主制のバランスは、常に検討していかなければならない論点なのだ
と考えられます。

　日本では 2015 年策定の CG コードを経て、**ボード機能の見える化**
がなされました。その後、令和元年の会社法改正によって上場会社等
について社外取締役の選任が義務づけられました。

　これらの制度的対応の以前からボード機能が存在していたといえば
存在していたのですが、日本ではボード機能が見える化されてこな
かった、なかなか見えづらいところがありました。そのような状況に
おいて、どうしてもさまざまな議論が直接民主制のほうに偏ってお
り、かつ、直接民主制に偏ったままの法制が現在まで残っているとい
うことかと思います。

　昨今のさまざまな状況を踏まえ、上場会社法制の制度設計の中でど

のような論点があるのか。歴史的にどのような変革を経て現行法制に至っているのか等々に関して、松井先生からお話を伺いながら、論点や検討の視点等を提示できればと思います。

　ではまず松井先生がこの論点にご関心を持たれた経緯等についてお話しいただければと思います。

(2)　古典的な権限分配論のままでよいのか

松井：ありがとうございます。私が研究者を志したのは1990年代半ばなのですが、そのときに最初に選んだ研究テーマが敵対的買収と防衛策についてでした。その研究の中では、アメリカ法との比較も行っておりまして、デラウェア州の判例法理にもなりました**ユノカル事件**[2]の基準（いわゆる**ユノカル基準**）をみますと、要は、敵対的買収に直面した企業が、どのような機関で、どのような仕組みで判断すると、その判断がオーソライズされるのかという問題が扱われておりました。すなわち、この点に関する1980年代半ばのアメリカの議論では、取締役会をベースとしつつ、ただし独立社外取締役が過半数入っていることを前提に、取締役会の判断を尊重するという方向性がとられたわけです。

　これに対して日本には、1970年代からいわゆる**権限分配論**という非常に堅い議論があって、取締役あるいは取締役会限りでは経営権の帰趨に関わる事項については判断できない、つまりこの事項は株主に委ねるべきであるという議論が強くありました。私は、ここに非常に強い違和感を持ったのです。

　経営権の帰趨に関わる事項は、その判断を行う取締役が利益相反的な立場に置かれるため、取締役会では決められず、株主総会の判断に委ねます、という論理は、一見わかりやすい。ただ、経営権の帰趨に関わる事項について判断するのに株主総会が適切な機関なのかといわれると、私が検討を始めた1990年代半ばは、株式の持ち合いもまだ

---

2)　Unocal v. Mesa Petroleum Co., 493 A.2d 946 (Del. 1985).

色濃く残っていましたし、そもそも株主総会そのものが機能している
のかどうかすらよくわからないという状況でしたから、きわめて怪し
かったわけです。そのような中で、株主総会に決めさせればそれでよ
いのだ、というある意味で単純な議論に非常に違和感を持ち、そこか
ら、そもそもなぜ株主総会という意思決定の仕組みがあるのだろう、
ということに関心を持つようになりました。

　その問題意識をもう少しかみ砕きますと、株主に会社に関する事項
の決定を委ねても、実質的にその機能を果たせない可能性は高いし、
現実問題としてはやはり難しい面があるのではないか、と考えており
ました。株主総会に権限を持たせることもそうですし、またその権限
事項を会議で決めることもそうなのですが、もう少し冷静に判断した
ほうがよいのではないかというのが出発点になります。

武井：ありがとうございます。ちなみに取締役会の構成員として社外独立者
が目にみえて増えて、監督機関性、ボード機関性が実装されてきてい
る昨今において、マネジメントでないボード機関についておよそ利益
相反があるからといって無視してしまう、飛ばしてしまうこれまでの
権限分配論自体、アップデートが必要なのでしょう。独立社外役員だ
けでの委員会とかも構成されている中、古典的な権限分配論自体、諸
外国と違って日本だけがアップデートできていない状況になっている
のだと思います。

2　直接民主制が強い日本の現行上場会社法制

(1)　日本の現行上場会社法制が直接民主制に偏っている6要素

武井：21世紀に入り、最近ですとサステナビリティ等の新たな切り口から
さまざまな形で株式会社のあり方を考えることが、社会的にも影響が
大きくなり関心も高まっております。制度は丁寧に作り込んでいかな
ければいけませんが、グローバル化も含めた現在の時代環境を踏まえ
て、どのような点が論点であるか、きちんと議論をして理解をすると
いうことが大事となります。

　そこで日本の現行の上場会社法制において直接民主制が強い要素を
何点か指摘します。日本の現行の会社法制も、295条2項（取締役会

設置会社においては、株主総会は会社法に規定する事項および定款に定めた事項に限り、決議をすることができる）など所有と経営の分離を規定しておりますが、海外の会社法制に比べて直接民主制が強い点が6点ほど挙げられるかと思います。

1点目が、株主が決定できる権限範囲および関与できる権限範囲が非常に広いということです。たとえば、会社法295条（株主総会の権限）や29条（株式会社の定款には、会社法の規定により定款の定めがなければその効力を生じない事項およびその他の事項でこの法律の規定に違反しないものを記載できる）を含めた総会決議事項の広さ・多さです。業務執行事項も定款変更経由で総会で決議できるという話です。

2点目が、**株主提案権**の行使が行使適格を含めて広くて容易であるということです。株主提案に関しては、令和元年の会社法改正でも見直しの議論がありましたが、結果として限定的な改正にとどまっています。また総会当日になって役員選任や配当議案などの修正動議を一定範囲で追加で提案できてしまうという問題もあります。

3点目が、少数株主による総会招集の容易さです。招集のしやすさが他国と全然違うといいますか、アメリカでは20%や25%ほどの株を保有していないと招集できないとしている企業も多数ございます。また、いつ総会を開くべきかに関して、そこまで少数株主のイニシアチブを広く認めているわけではないのですが、そこの点も日本は広くなっています。

4点目が、まさに先ほどのユノカル基準にも絡みますが、利益相反処理の点です。日本では、マネジメントに利益相反行為があったときに、ボード機能がいまいち見える化してこなかったこともあってか、株主総会等の株主が決めるという制度の建て付けがなされていたり、解釈・運用がされている事項が少なくありません。

海外は、ボードを活用して、ボードが利益相反の処理をするのが基本で、裁判所は当該ボードの判断プロセスの公正性を審査する、株主はボードの構成員の選解任権を持つというインフラになっています。日本は、この点の法制も特異で、典型的には日本の**株主代表訴訟**制度は、ボードの構成員である非業務執行役員（厳密には監査役会、監査等

委員会、監査委員会）は 60 日間のボールを持っていますが、60 日間何もしなければ、事案の後に一株でも買った株主がいつでも役員を提訴できるという、諸外国に比べてきわめて過酷な法制をとっています。提訴行為というのは業務執行行為なわけで、業務執行行為を一株主の判断ですべて実行できてしまう。そして会社利益を損なう提訴なのかどうかなど、会社利益の観点からの司法審査がおよそ行われないという、諸外国に比して異質な法制になっています。

　また、買収局面等でのいわゆる**主要目的ルール**について、取締役会という言葉がマネジメントを指しているという発想があってボードとして認識していないこともあってか、マネジメント機関だから利益相反の問題はボードではなく株主が決めるという判例法理になっています。ただこれは各種の特定事案を踏まえて示されてきている判例法理ですので、独立社外役員から構成される委員会などボードの実装化に伴って特定事案の元でいろいろな判断が示されていくこともあり得るのかもしれません。なお MBO などスクイーズアウト価格の公正性において、独立社外役員から構成される委員会の適切な手続を経た判断に司法も依拠するなど、少し萌芽はみられます。

　5 点目が、by-laws 事項が少なく、定款授権を要する事項が多い点です。たとえば**責任限定契約**などもそうですが、一定の措置をとるときに株主の 2/3 の意思確認を要する定款で授権されないと行えないとなっている事項があることです。アメリカでいう「**by-laws**」のようなボードが決める定款附則的な選択肢が日本にはない中で、さまざまな制度論を行うときに「定款授権を要する」という制度的選択肢がとられると、その措置はなかなか入らないわけです。たとえば会計監査人の責任限定契約も大半の上場会社で結局導入されていません。

　6 点目が、株主による業務への直接介入や会社の内部情報の会社利益に反する態様での利用抑制などについて、帳簿等の閲覧請求権による請求事由や業務財産検査役制度における司法関与等の一定の規律をおいてバランスをとっている制度と、調査者制度（会社法 316 条 2 項）のように特段の規律がおかれていない制度とがあるということです。

　これらの 6 点の中には、戦後の商法の時代から特段の問題意識もな

第2章　上場会社法制に求められる新設計──株主／ボード／マネジメントの新たな三層構造

く単に改正の議論が起きなかったというものもあります。他方で根っこのところとして、「株主は会社の所有者である」といった発想が何らか影響している面もあるのではないか。他の国、特に主要な資本主義国が間接民主制をベースにしている中で、日本だけ直接民主制に過度に依拠した法制のままで本当に中長期の企業価値が高まるのかというのが論点かと思います。

(2)　何十年もアップデートされていない不作為が原因

松井：ありがとうございます。とてもわかりやすい整理をしてくださって、私が付け加えることはあまりないのですが、1つ感じるのは、日本の特徴として挙げてくださった6点の内容について、果たして日本において本当に実務的な必要性からこのような制度になっているのかといわれると、実はそうではないのではないか、という点です。

　おそらく、そのような現実的な認識から制度化されたものは、2点目に挙げてくださった株主提案権くらいではないでしょうか。株主提案権は、昭和56年商法改正において、当時の株主総会の正常ではない状況を踏まえて、取締役等の説明義務や議長の権限と併せ、まとめ上げていった内容だと理解しております。それ以外の制度は、日本において実務的に必要だから意識的に導入したとはいえないようなものが少なからずあるような気がします。

　個別に見ていきますと、1点目については、株主は所有者であるから究極的には総会で何でも決められるという前提があり、定款による権限の留保の話もその前提から出てきている話だと思います。それが現実に必要だから制度化されているというよりは、かなり理念的な話になっている。そうであるがゆえに、その制度に現実の問題があるとしてもなかなか変えにくい。

　順番が飛びますが、4点目の利益相反の処理に関連して、株主代表訴訟が昭和25年商法改正の際に導入された際は、そもそもアメリカ法の制度に倣ったものですし、平成5年商法改正も、バブル期の企業不祥事が問題化し、また日米構造問題協議という特殊な外的要因が存在する中で、その実務的な影響などが十分に検討され切らないまま、

するっと変わってしまったというところがあります。平成 5 年商法改正時の議論を見ますと、制度改正の現実の必要がなかったとはいいませんが、経営に対して株主の影響力が強く及ぶ制度を導入することの意味を自覚していたかといえば、今日の目からみるといささか微妙である、という印象があります。

それから 6 点目に挙げてくださった調査者制度は、その淵源すら何だかよくわからない面があるのですけれども、古い明治時代の規定があたかも盲腸のように残っています。

③ 欧米の会社法制と日本の会社法制の歴史的比較

(1) 米独の会社法は 20 世紀半ばに「所有と経営の分離」を徹底させた

松井：株主の意思が反映される制度に関していえば、株主は、それぞれが独自の利益を持って権利を行使しますから、それが全体としての最適な判断になっているという保証は、そのこと自体からは生まれてこないのですね。

アメリカやヨーロッパでは、19 世紀末から 20 世紀前半の株式会社が巨大化する過程において、株主の意向、特に特定の大株主や特定の集団の剥き出しになった意向が業務執行の現場に反映されるということの危険性について議論した時期があり、その結果、所有と経営の間に位置づけられるボードがさまざまな利害を汲み取ることによって、会社にとっての最善の判断をするのだ、という方向に動いていきました。

15 年ほど前、ドイツで実務家や研究者に会社法の運用などについての聞き取り調査をしたことがあるのですが、実務家の方も研究者の方も仰っていたのは、やはり剥き出しの株主の意向が業務執行の現場に反映されるのは好ましくない。ドイツには Aufsichtsrat というボードがありますが——日本では監査役会と訳されますけれども——、この制度が以上のような考え方を前提とした仕組みだからこそ、このボードに従業員代表も入れられるのだ、という議論を聞いたことがあります。会社のステークホルダーが持つさまざまな意向を受けとめた上で、会社の最善の利益を考えられるような仕組みとしてのボードが

存在するのだ、という議論が、日本では成熟しないままきてしまって
いるのが現状だと思います。

　つまり、日本において株主の意思を経営に直接反映させるような議
論がすぐに出てきてしまうのは、以上のようなボードの議論が熟して
こなかったからだ、ということがあろうかと思います。その意味で
は、日本でもようやくこの議論ができるようになってきた、というの
が私の感想です。

武井：貴重なご意見をありがとうございます。先生からのお話で私も非常に
勉強になって、また驚いたことが、日本の商法の歴史的経緯からの分
析です。

　日本の商法の成り立ちについて、先生のいろいろなご論文[3]でもご
指摘があったのですけれども、元々明治期にドイツ法を下敷きに制定
され、戦後にはアメリカの制度も参照された一方、実は戦後のアメリ
カとドイツは日本とはやや逆の方向に制度設計を変更したとのことで
す。**免許制**との対比の文脈からの所有概念などですね。要するに、
「理論的に正しいからこうだ」という制度設計というのではなく、さ
まざまな要請・背景を通じて、株式会社の制度が設計されているとい
うことを勉強し、目から鱗の思いでした。100年近く前の話とかは知
らない人が非常に多いのではないかと思いますので、これらの歴史的
経緯の話を先生からもお話しいただけますと幸いです。

松井：明治期に制定された日本の現行商法がドイツ法を参考にして作られた
というのは仰せのとおりでありまして、1884年に改正された当時の
ドイツの商法がベースになっています。その商法が前提としていた株
式会社は、所有者である株主による契約的結合だ、という発想なので
す。ポイントは、当時のドイツがなぜそのような考え方をとっていた
のか、ということです。

　ドイツの株式会社制度について、最初からこのような理解がとられ

---

3)　松井秀征「株主／株主総会と取締役会（ボード）／経営陣（マネジメント）との役割分担に関
　する欧米の法制と日本への示唆」商事2301号（2022）37頁、同「今、改めて株主総会を考える」
　株懇833号（2021）46頁など。

ていたわけではなく、19世紀前半、株式会社が免許主義の下で設立され、ある種の特権団体として位置づけられていた時に、そのような理解を乗り越えるために「所有」と「契約」という概念が導入されました。その意味では、この「所有」と「契約」という概念は、ある種の**破壊概念**だと私は思っております。

　破壊概念である、ということの意味は、対象を破壊したらその概念の役割は終わる、ということです。ですのでドイツは、いったんは所有と契約の概念をベースに株式会社制度を作ったのですが、この理解では運用が難しいとなったら、どんどん理論も制度も変えていきました。これは、20年ほど前のわが国の様子と同様なのですが、規制でがんじがらめになっている状況について、時の政府が、新自由主義のわかりやすい発想でこれを壊していったのと一緒です。新自由主義の考え方は既存の仕組みを壊すために用いられていますから、従前の仕組みが壊されればそこで役割は終わるのです。だからこそ、今のわが国では揺り戻しがきているわけですし、意識的に行った行為だからこそ、そこは自覚的に戻すことも可能になります。これが、「新自由主義が理論的に正しいから維持しなければならない」となると、その考え方が所与となってしまって、状況に応じた判断ができなくなります。

　話が少しそれましたが、アメリカの各州の株式会社制度も、ほぼドイツと同じ時期に、免許主義に基づく特権団体だった株式会社をパートナーシップという契約的結合の位置づけに変えていくことになります。従前の特権団体である仕組みを壊すために、ドイツと同じような議論をしてきたわけです。そして、一旦作り出したものについて不都合なことがあれば変えていくというのは、アメリカも同様です。

　以上をまとめると、所有や契約という概念は、ある規制などを破壊し、乗り越えていくための**道具概念**として使われているのです。その道具は特定の目的を持ったものですから、状況の変化が生じてその道具が使えなくなった、あるいは目的を終えたということになれば、その道具を変えていくのは当然ですし、それを行ってきたのがかつてのドイツやアメリカだったわけです。

(2) 法制的考え方がアップデートされていない日本

松井：会社法の仕組みについて、日本は、ドイツやアメリカのような免許主義を克服するという歴史を持っていません。一応は所有をベースにして株式会社制度を構築する点はドイツの考え方が入ってきているのですが、契約的結合の考え方は導入されていません。免許主義の克服という契機がないので、この議論が不要だったのですね。その結果、会社は組合ではなく社団なのだ、というやたら観念的な議論がその後出てきてしまうのですが、この点はひとまずおいておきましょう。

　問題は、戦後の昭和25年商法改正です。この改正において、所有による基礎づけの議論は再度強調されることとなりました。これには、第二次世界大戦の苦い体験を経た当時の日本の背景があるのですけれども、その結果、株式会社ないし株主というものは、所有をベースにしてでき上がっており、なおかつ非常に重要な概念であるということが残ってしまったのだろうと考えております。

　日本の場合は、以上をベースにずっと考えてきたという背景がありますので、この考えを捨てるという議論が生まれないままきている。アメリカやドイツでは、先ほどお話ししたとおり、株式会社が巨大化する時期に、株主の意向が経営に反映しやすい制度では企業の経営が上手く回らないため、それは専門的な経営者に任せ、かつその自律的な判断に任せる仕組みにしなければいけない、というある種の発想転換が起こる時期がありました。そして、その延長線上にボードの発想が出てくるのです。要は、20世紀前半に、会社経営から株主の判断を遮断する仕組みを作る方向性で転換したわけです。だからこそ、今度は**所有と経営の分離から生じるガバナンスの問題**という、例の**バーリ＝ミーンズ**の話が登場し、経営者を規律する仕組みをどう構築しますかという話に変わっていくわけです。日本は、そのような議論をする素地が整わなかったこともあって、この100年あまりを振り返ると、まだ借り物のままの議論をしているのだと思います。

武井：ありがとうございます。今の会社法295条2項の元となる商法230条ノ10が規定されたのが昭和25年商法改正でした。株主総会の権限強化を図ってきていた昭和13年改正などそれまでの商法の前提を変え

た改正であったといわれています。ただ現状の日本は、アメリカやドイツでいうと20世紀の前半と似た、未解決のイシューがアップデートされずに残されたままということですかね。

松井：株主の判断を遮断し、専門経営者の側から会社法の制度を構築するという発想が組み込まれていない、という意味ではそのとおりだと思います。そのような議論は、ドイツでは20世紀の前半、1910年代くらいには出てきている議論ですし、アメリカでも20世紀の初頭あたりにそのような議論が出てきております。上場会社のような大企業の経営判断は、株主の意向に由来するものではなくて専門的な経営者に委ねるべきであり、株主の意向が直接に反映する制度は好ましくないという議論ですね。

武井：ありがとうございます。その中で日本が所有者であるということを特段いったのは、免許主義的な発想からの脱却の必要性があったからということもあるのでしょうか。

松井：明治23年に制定された旧商法においては会社設立について**免許主義**がとられていましたけれども、今の商法である明治32年商法においては、当時の諸外国の例にならって**準則主義**を入れました。旧商法を作った時に、その原案を起草したロエスレルが、日本には免許主義を入れておいた方がよいだろうということで免許主義にするのですけれども、次の新しい商法にするときに、ドイツが免許主義をやめているのをみて、免許主義をやめているのです。

　ですので、日本の場合、所有の概念を立てて、免許主義を壊すという発想で、免許主義をやめたわけではないのですね。所有の概念を使って免許主義を排除しましょうという議論が日本にはまったくありません。

武井：先ほどの所有と経営の分離からきたガバナンス論について、欧米のガバナンス論は、別に所有という概念を使っているわけではなく、ガバナンスという話をしているということでよいのですか。

松井：そうですね。要は経営を株主から切り離したからガバナンスの問題が生じるのですけれども、いずれにしても業務執行事項については株主（所有）の影響力は及びません。アメリカでもドイツでも業務執行事

項について独自の権限を経営陣に与えた上で、これをどうコントロールするかということがガバナンスの課題になっています。その場合でも、経営に問題があるからといって、もう1回株主にそのコントロール権を引き戻すのかというと、そう単純な話にはなっていないわけです。

　元々、株主から経営機能を分離させて作った仕組みですから、この機能を高めていくにはどうしたらよいかという方向で議論をしているわけですね。現にアメリカの場合はボードの機能がどんどん高度化していくわけですし、ドイツの場合は株主の意向だけではなく、従業員も入れたボードを設けることで、会社をある種の**共同体化**していくわけです。

武井：なるほど。ちなみにイギリスの会社法はどのように分析されていますか。イギリスは金融立国ですから、株主が強そうにみえますが、ボードがさまざまな利害を考慮しなければならないという会社法改正が15年ほど前になされています。イギリスも「株主が所有者だ」という単純論ではないという理解でよいでしょうか。

松井：私はあまりイギリスについて詳しくないのですけれども、株主が所有者であるから、というところから出発する議論ではないような気がいたします。基本的にイギリスでは定款による自治の範囲が非常に強いので、株主が強いのだと理解しておりましたが、イギリスの制度は、公私混然一体となっているところがあり、公に関わる事項も私の分野で決めさせますし、私のところに普通に公の話が入ってきますので、その意味では所有者たる株主から出発するのとはまた違う分析が必要かもしれません。

武井：そうですね。イギリスは**スチュワードシップ・コード**の母国的な国ですが、スチュワードシップの概念はイギリスにおいて株式会社の話に限られない、1,000年単位の長年の歴史がある概念ですね。こうしたスチュワードシップ概念からしたら、たとえば市場原理で環境破壊してまで株主が儲かることをイギリスのスチュワード概念は許容していないのだと考えられています。2020年のイギリスのスチュワードシップ・コードの改訂でも、経済、環境、社会への持続的可能な価値

をもたらす資本の責任のある配分・運用・監督がスチュワードシップの概念であると明記されています。

　またイギリスの会社法でも、Enlightened Shareholder Value（和訳は「啓蒙された株主価値」）という概念を提示した上で、2006 年の改正で取締役の責務として、従業員、取引先、環境等のサステナ要素を考慮する義務が明記されているところです。

　それからフランスも有名な 2019 年の **PACTE 法**において、企業利益において社会的課題および環境的課題というサステナ事項が考慮されると法律で明記されています。

　アメリカは **ERISA 法**があることもあって ESG 概念がさまざまな論争の対象になっていますが、日本の「三方よし」や「五方よし」の概念はサステナ概念でグローバルに共有されているのだと思います。三方よしを three directions 云々と訳しても伝わらないところ、サステナという用語がグローバルに汎用化され伝わりやすくなったのだと思います。

　少なくとも欧米の会社法制は、「市場からの短期的欲望・圧力によって短期的株主だけが儲かればよいわけではない」「そうした事象に警鐘を鳴らしている」のだと思います。先ほどの 20 世紀半ばの議論は、今でもアップデートされて妥当するイシューなのだと思います。

松井：私もそう思います。

武井：先ほどのボードに経営権限があるというのは、アメリカでは**デラウェア会社法** 141 条(a)であり、ドイツですと株式法 76 条 1 項などに条文がありますが、そこに明確に書いてありますね。またイギリスの会社法でもボードに経営権限があるということは条文にきちんと書かれていたと思います。日本でも会社法 295 条 2 項に規定されているわけですが、その解釈等に関して議論となることがあり、またその前提において株主が所有者であるという点の価値感があるかないかで影響があるということでしょうかね。

松井：そう思いますね。

武井：日本は、株主が決めればよいと思いがちになってしまうと。

39

松井：その背景として、日本は、ボードに対する信頼が元々高くなかったということもあるのでしょうね。今はわかりませんけれども。

武井：つい最近まで日本の上場会社の大半を占めてきた**監査役会設置会社**においては、ボード機能が取締役会と監査役会の２つの機関に分散している中で、取締役会は重要な業務執行事項を決める機関なのでマネジメント機関でもあり、純粋なボードではありませんので、ボードの見える化が厳しかった面がありましたね。そして、これまでの会社法改正の経緯等では、ボードの活用方法であったりボードを会社法上の制度設計にどのように組み込むかという議論がまだあまりされてこなかったということなのでしょうね。

松井：そのような感じがいたします。かなり昔に読んだ文献の議論で恐縮ですが、日本においては、取締役の位置づけ自体が欧米とかなり違っていたということがあるかと思います。日本の場合、従業員から昇進していった先に、どこかのタイミングで取締役という肩書きに変わるわけです。その結果、少なくとも平成の初期くらいまではそうだったと思うのですが、取締役の中にはまだ半分従業員みたいな方——従業員兼務取締役——が多くいらっしゃったのですね。いきおい取締役会は、各部門の利害代表が集まる場として調整機関になっている。そうだとすると、このボードに対しては監視監督の機能が期待しづらいですし、今の我々がボードと呼んでいるような機能はあまり持てなかったのではないでしょうかね。

武井：先ほど先生のお話の冒頭にもユノカル基準の話がありましたが、アメリカはボードが利益相反処理をし、そのプロセスを裁判所がみるという仕組みになっています。ドイツにおいてはさまざまな防衛策もボードが認めれば可能であるという仕組みになっております。要はボードを組み込んでいることによってさまざまな利益相反処理、利害調整をする選択肢を持っているというわけです。

　　　また、フランスは、**フロランジュ法**などもあって、２年以上保有している株式の議決権が倍であるとか**複数議決権株式**も相当積極的に行われていて、株主側の構成をいじっている面があります。そういう意味において、日本は、欧米と比べると、直接民主制に相当依拠した法

制だということはいえると思います。

松井：いえると思いますね。少なくともボードと株主との遮断ができていませんね。

④ 直接民主制のメリットとデメリット

(1) 直接民主制のメリット

武井：ありがとうございます。ここで、直接民主制のメリット・デメリットについて分析しようと思います。

議論の前提として、上場会社法制は日本の上場会社の成長戦略、中長期的な企業価値向上を支える法制であるという前提を置きます。

日本経済がずっと経済成長をしていないという課題がずっといわれていて、昨今も未曾有の円安を含めて依然として経済成長の課題が指摘されております。その原因として、今株価は高くなってきましたが、グローバルな時価総額に占める日本企業の占拠率が落ちているとか、30年株を持っていても報いられている銘柄が少ないとか、経営者サイドのアニマルスピリッツ的な挑戦が足りていないとか、さまざまな事業の新陳代謝がマクロレベルではなかなか起きていないなど、いろんな指摘が異口同音になされています。

日本経済が抱えている課題は今後とも解決が強く求められるわけですが、制度設計としては直接民主制と間接民主制との間のあるべきバランス論も関連してくるのだと思います。株主が一定の議決権を有するという基本構造は変わらない以上、上場会社法制の設計は、直接民主制と間接民主制とのミックスとなります。

そこで直接民主制のメリットですが、次の2つが挙げられているかなと思います。1点目が、株主からのプレッシャーがあったほうがマネジメントに緊張感が出るのではないかという指摘。これは昨今のマスコミ論調を含めて相当な風が吹いている状況なのだと思います。

2点目が、法的インフラとして、なんだかんだあっても最後に株主が決めればそこで紛争が終結するといいますか、株主総会で決着が付くという意味で最後に終わる場所があるということ。

以上の2つがメリットとして挙げられるかなと思います。

(2) 直接民主制に過度に依拠していることのデメリット

武井：他方で、直接民主制に過度に依拠していることのデメリットとしては
いろいろあります。欧米ではさまざまな経験をしたからこそ、間接民
主制がより進んでいるのだと思いますが、私の整理ですと5点ほど挙
げられるかなと思います。

　1点目は、株主は企業価値向上に対して法的義務を負っていないこ
とです。ボードもマネジメントも法的義務を負っていますけれども、
株主は何ら法的義務を負っていない。ご自身の利得の最大化の動機で
動くことが前提になるわけです。

　2点目は、1点目の延長にもなるのですが、1980年代以降から、ま
だ今でもあるかと思いますが、いわゆる**残余権者論**があって、最後に
損をするのは株主なのだから株主が決めるべきという議論がありま
す。他方で、上場会社の株主は投資家ではないか、いつでも売って去
れるではないかという議論も常にあるわけですが、昨今でいえば、
「従前から株主の無関心問題が、株主が機関化したことで、株主が責
任をもって判断できるようになっているのではないか」という議論も
あります。

　しかし、**株主の機関化**現象が起きているからといって従前からの株
主の無関心問題を解決するわけではないのだとも思われます。機関投
資家の多くを現に占めているパッシブ運用は、さまざまな費用対効果
の制約がある中で、投資先の個社個社に対してみるのは経済合理性と
して難しい面があります。また10年以上前から議論がなされている
いわゆるempty voting現象であったり、common ownership現象で
あったり、さまざまな角度から、幅広くさまざまな銘柄を持っている
株主が判断することの、個社個社であるX1社（図表2（図表1（14
頁）再掲））の利害からみたときの利益相反的な議論もあります。

　図表2は私が私法学会のときに示した表ですが、株主が機関化し
ていても、会社（X1）があって、アセットマネージャー(Y)がさまざま
な議決権交渉をし、その背後にアセットオーナー(Z)がいるわけですけ
れども、アセットマネージャー(Y)が負っているフィデューシャリー・
デューティというのは、アセットオーナー(Z)の利益の最大化であっ

Ⅰ　上場会社法制に求められる株主／ボード／マネジメントの新たな三層構造

〔図表2〕　インセンティブ構造の乖離

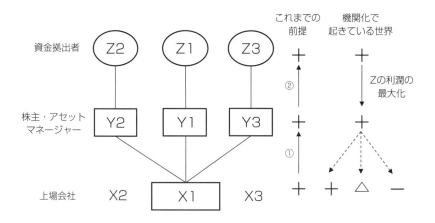

て、各X社の利益の最大化とは異なる概念なのですね。もちろんX社の利益を最大化したら反射的にYもZも儲かるという一致した場面も多々あるでしょうけれども、ずれる場合も当然あり得ると。要はインセンティブ構造にずれがあるわけですね。こうしたずれには時間軸のずれも含まれます。

　3点目は、昨今のサステナの関係のさまざまなイシューへの対応が、現在の多くの上場会社には求められています。サステナイシューは、相当複雑な利害調整が求められるのですが、その帰趨を決める場として株主総会が果たして適切なのかという点です。なおサステナ事項の中には経済安全保障などさまざまなセンシティブな非公開的な話もあるので、公開の場の意思決定になじまないものも多いわけです。また、短期的な熱で決めてしまったものがその後の会社の将来を拘束してよいのかという疑問も出てきます。サステナ事項はボードなりマネジメントが決定しないと回らない面があります。

　4点目が、これは欧米でもずっと指摘がある**ショートターミズム**の懸念です。どうしてもすぐにお金が欲しいという短期志向が強くなる中で、欧米でもショートターミズムに対するさまざまな懸念の報告が山ほど出されています。日本で著名な 2014 年の**伊藤レポート**[4] が日

本版ケイレビューとも呼ばれましたが、イギリスの**ケイレビュー**なども
そうでした。研究開発投資や中長期投資がなかなかなされにくい環
境になってしまうなども指摘されています。また「攻めのガバナン
ス」は日本企業に積極投資を促しているところ、短期志向の圧力から
の株主還元の増強がかえって過少投資を強める場合があるのではない
かなどの指摘もみられます。日本で短期志向が強化されていく傾向の
関連では、日本社会がマネジメントの1回の失敗を許さないという厳
しい社会文化も考えるべき面があります。1回失敗したものを次の成
功の糧と考える社会文化ならよいのですけれども、失敗したらワンア
ウトチェンジのような社会性もあると思っております。再チャレンジ
がなかなか難しい中で短期志向の圧力をさらに強めてしまうと、どこ
まで挑戦できるのかという弊害も出てくるかと思います。

　5点目は、制度設計の観点ですけれども、利益相反処理もそうです
が、結局マネジメント、株主、裁判所の三者の役割分担で処理するの
では、処理がうまく回らない事項もあるということです。マネジメン
トとボードと株主と裁判所という四者でさまざまな処理をする制度設
計のほうが、緻密な個別事案の処理ができるのではないかという論点
です。特に企業価値が向上するのかどうかの判定などの話もそうです
けれども、利益相反処理は株主でよいという単純な発想が、そろそろ
運用として限界にきているのではないかという気がしております。裁
判所が企業価値について決めることは難しいわけで、それは世界共通
の話です。それもあってボードをもう少し見える化したほうがよいと
思われます。

　以上の5点が直接民主制の限界、デメリットとして挙げられるかと
思います。どの角度からでもよいのですが、何かコメントがございま
したらお願いいたします。

松井：ありがとうございます。直接民主制にはメリット、デメリットがそれ
ぞれあるというお話だったわけですが、メリットとして挙げられた点

---

4)　「『持続的成長への競争力とインセンティブ〜企業と投資家の望ましい関係構築〜』プロジェク
ト」最終報告書（2014年8月）。

のうち、1点目の株主から経営に対してもたらされる緊張感の話は、デメリットの1点目と渾然一体となるところがあるので要注意かなと思います。要は株主による合理的な判断の上にある緊張感であるならよいのですが、たとえば株主が機会主義的な行動をとったり、何ら全体の利益にならない行動をとったりする場合であっても経営に対する緊張感は生じてしまうので、このメリットなるものは実は諸刃の剣の面がある話だということは留保しておくべきかと思います。

　その上で、デメリットの1点目である企業価値向上に対して法的義務を負っていないというのは、まさに先生の仰るとおりだと思います。この点は、古くから欧米が認識していた問題、少なくともアメリカやドイツが認識していた問題なのですね。要は特定の株主集団が特殊的利益を追求したときに、場合によってはその株主集団の意見が通ってしまう。この辺りは残余権者論でいくと自らがステークを負っているので、そこを最大化しないような判断はしないはずであるという議論が出てくるわけですけれども、特定の株主集団がやはり機会主義的な行動をとる、短期的な利益を取りにいく可能性があるので、やはりこのデメリットの1点目は大きいだろうと思います。

(3)　株主像のアップデートが必要（株主側の自益権と共益権とのアンバンドル現象を踏まえた上場会社法制の設計が求められる）

松井：デメリットの2点目（残余権者論）でご指摘いただいているところについても、改めて指摘しておかなければいけない論点だと思います。2023年の日本私法学会シンポジウムでもこの点は議論になったところですが、残余権者論や、あるいは株主の機関化を通じた問題解決という議論は、今からみると、すでに少し古い話のような気がいたします。

　残余権者論は、1980年代ごろから出てくる議論ですが、株主が会社における最後のリスクを取っているから、会社意思決定に関する究極の権限があるということにつながっていくわけです。これは、敵対的買収を目指して株式を買い集めたときに顕在化する事情ですが、しかしそれ以外の局面、たとえば個々の株主が無機能化しているとき

に、果たしてこの議論は成り立つのかということはあります。

　それから**株主の機関化**では必ずしも解決しないというのは、まさに先生がご指摘くださったとおりだと思います。株式保有が機関化したときに、資金を提供した主体の判断と、実際の意思決定の判断がきちんと一致していれば、すなわち古い株主像に従った議論ができる場合には、以上の機関化によってある程度の問題は解決できるでしょう。しかし、資金の提供主体と意思決定にかかる判断主体は、分離していくわけです。しかも、判断主体が株主や会社とは違う人に義務を負っている場合もあるわけです。そうなると、実は古い株主像を機関化された株主に当てはめて議論をしても、問題は解決しないかもしれません。ここでは、どんどん**自益権と共益権とのアンバンドル**が起きているわけです。

　このアンバンドルはこの30年、40年の間に顕著になった問題です。これが何を意味しているかといいますと、実態としての株主の像が、法の前提としている像と乖離している、ということです。資金の提供主体、意思決定にかかる判断主体、そして最終的に受益する主体が一体となっているのが、元来の会社法が想定していた株主です。しかし、この30年で株主に想定されていた上記機能がバラバラになってしまった、というときに、古い株主像を前提にして制度設計をしてよいのか、という問いが立つわけです。この点の議論は、1980年代、90年代までのそれとは随分違ってきているので、やはり今一度考え直さなければならないと思いますし、この点を指摘される武井先生のご議論にはまったくもって賛成です。

武井：アンバンドルですが、議決権だけの売買ができるかできないかという会社法上の論点がありますが、議決権と自益権との分離を会社法は実は前提としていないのかもしれませんが、実態としてアンバンドルが多数現に起きているということですね。

松井：はい、いくらでも可能ですからね。

武井：デリバティブ等を1個挟めばすぐ分離されますし。また、上場会社法制の設計の議論のときに、株主という存在を、何かまとめて同じ利害だと前提にしすぎていないかという点も感じます。上場会社の場合、

誰でもどんな動機でも自由に株を買えるわけで、またそれが市場の効率性、機能性を発揮しているとなると、買うこと自体の入場制限を行うことは不可能なわけです。各株主の利害は相当違うわけです。株主は残余権者だから何か一枚岩の利害を有しているかのような議論では、実態には合っていないのだと思います。

松井：はい。所有者である株主に意思決定をさせるという議論をする場合、そこで念頭に置いている株主のイメージはどのようなものでしょうか、という問いが先行する必要があります。しかし、この点に関して、今の株主の実態からはなかなか答えにくいのではないか、という気がします。

　古い時代の株主をみたとしても実態としては多様であると思うのですが、その株主自体がどんどん機能的に分解していくのだとすると、やはり今までの古い株主像では議論はできないはずです。そういう意味でいうと、この30年くらいの間に随分と会社法制が依って立つ前提が変わってきたのだと思うのです。

　昔、アメリカで大変有名な会社法の教科書を書いたクラークが、資本主義の発展段階に応じて、**起業家、投資家の機能がどんどん分化**していく過程を見事に描き出しましたけれども[5]、まさにその話がここでも顕在化しているわけです。最初は、起業家が自ら投資をして、会社についてすべての判断を行っていた。しかし、大規模な会社経営が求められるようになると、投資を行う者と専門的な経営の判断をする者が分化する。さらに時代が下り、この投資家も単なる資金供給を行う者と投資判断をする者に分化する。そして最終的には、資金供給者が貯蓄をするかどうかの判断も他者に委ねられ、これが単なる受益権者となっていく。彼の議論では、資金の供給者から専門的な判断をする機能が剥ぎ取られていき、それに応じて法的規制も変わっていく——会社法による規制から金融規制に重点が移動していく——ことが示されています。今日では、その話が極限まできていて、お金を持つ

5）　R.C.Clark, Four Stages of Capitalism: Reflections on Investment Management Treatise, 94 Harv. L. Rev. 561（1982）.

人、投資をする人、議決権を持つ人などがひたすら分化していく現象が生じてきているのですね。法的な規律もそれを支える理論も、以上の実態を前提に考えなければならないと思います。

武井：因数分解してどんどん小さくなってしまうということですね。

松井：そうです。最後はお金を出して、そこから上がる利益を受けるだけという人が一方に残り、判断をする人はどんどん複層化していくわけですね。

武井：今の間接保有はまさにそうですね。

松井：そうだと思います。そのような実態をみた場合、お金を持っている人がすべての会社をみて投資判断をして決めるといった前提は、ある種の幻想でしかなく、きわめて古い株主像です。

武井：礎として、最低でも株主がボードメンバーを総会で選ぶというところは、おそらく変わらないのでしょうが、それ以外に株主が何を決めるのがよいのかという、そういう問いになりますね。世界中で株式会社制度が採用されているとはいえ、別に確たる答えがあるわけではない、政策論になるわけですかね。

松井：確たる答えはないと思います。ちなみにこの前の日本私法学会ですと、小出篤早稲田大学教授からのご指摘では、株主がボードメンバーを選ぶ点すら必然なのか、疑ってよいのではないかということでしたね。

　たとえば投資家がお金は出しているけれども、その投資にかかる判断権はファンドのマネージャーにあり、また個別の会社に対する議決権行使の判断は議決権行使助言会社の判断へとさらに分化しているといった状況からすると、果たして誰が何を決めているのだろうという話にもなってきます。私自身は、役員の決定権限は最後まで株主に残ると考えていますが、それとてあまり理論的にきれいな議論はできないのかもしれません。所有の論理を前提としない場合、お金を出しているから決められる、という論理性があるわけでもないですからね。

武井：そうですね。それからアンバンドル現象については関連して**実質株主の透明性**についての論点があり、欧州の各国の会社法が導入している透明化措置を日本の会社法でどう受けるのかという法制的対応もリア

ルタイムで議論になっていると理解しています。

(4) 株主の意思決定権限と社会的責任論との調整がグローバル化を踏まえ問われている

武井：3点目のサステナ関連については、いかがでしょうか。

松井：サステナ関連は、昨今なされている議論であるという意味では新しい現象といえますが、見方を変えれば古くて新しい議論であるとも思います。

　1980年代、株主の位置づけについて残余権者論が強くなっていく中、株主の意思決定権限というのは、敵対的買収の文脈で非常に強い意味を持ったということがあります。他方で、会社の意思決定事項は、特定の株主の利益だけで決まるべきものではないとすると、株主がすべて決められる制度でよいのかというのは問題になるところであり、これは歴史的に何度も問われてきた課題となります。

　昔の**社会的責任論**がその例の1つですが、会社意思決定において社会的な利益をどのように取り込んで判断するのか、異なるステークホルダーの利益を勘案するにはどうすればよいのか、といった問題は、これまで何度も形を変えて出ていたわけです。つまり、これは株主利益を中心に据えた場合に必ずやってくる「揺り戻し」の現象でして、やはり会社の意思決定事項は株主だけで全部決められるわけではない、ということです。

　その決定において多様な利害を取り込むには、基本的にボードのような多様な利害を組み込めるような機関が進めたほうが議論としては対応しやすいでしょうし、そうでないと実際には回らないはずだと思います。

武井：ありがとうございます。古くて新しい問題であるところ、新しいほうの議論ですと、上場会社はその国の社会に与える影響がとても大きい中で、その上場会社の意思決定を入退場自由な無国籍な人たちで全部決めてよいのかという議論もあります。その点はグローバル化した現下での新たなイシューでしょうかね。

松井：文脈にもよりますけれども、上場会社に対するコミットメントが弱

く、短期的な利益だけを目指す株主が適切に判断できるか、ということはあるでしょうね。

たとえば公害のような環境問題が経営判断の事項として出てきたときに、目先の利益のことを考えるならば、その問題を負担しないように判断を行ったほうが当座の利益は上がるわけです。典型的な**外部性**の問題ですね。もし、明白に外部性の問題があるのだとしたら、それが簡単には起きないように法的規制をかけてしまい、会社の経営判断の中に組み込めるようにする、ということはあるかと思います。これは一番ハードな形の議論であり、このような対応ができるのであれば、短期的な利益を目指す株主がいたとしても、適宜の対応はとれるのだろうと思います。

他方で、これはいうまでもないことですが、環境問題等の外部性のある問題を含め、上場会社におけるすべての意思決定事項について、事前に規制の中に書き込むことは不可能であるわけです。そうなると、よりソフトな対応として、取締役の業務執行の判断に、株主の利益の最大化ではないようなものを取り込んでいけるのではないか、いくべきではないかという議論が出てくるわけです。この文脈において、まさに短期的な利益を目指す株主との緊張関係が生ずるのでしょう。

中長期的にみれば「外部性のある問題を全部外に付けまわして、株主の最善の利益になるということはあり得ない」ということはありますから、理屈の問題としていえば、この緊張関係はいったん止揚され、すでに解決された問題にはなっているのかもしれません。ただ、現実には株主による短期的な対応の経験をわれわれは持っているわけで、まさにボードが対応すべき課題なのだろうと思います。

武井：なるほど。短期的株主だけで決めてしまうと、自分が得をしようと思って、その先で社会に迷惑がかかる短期的判断も行われかねない。そうした外部性の問題を株主だけでは処理しにくいから、経営事項としてボードが関与すべきだということになりますかね。

松井：はい。サステナ的な事項を経営判断として取り込むときというのは、どうしてもそうなりますね。

武井：しかも、今のサステナのイシューは、短期志向ではなく、2030年や2050年などの長期の時間軸で議論をしている事項が多くあります。相当なコミットメントと、きちんとそれを主導する責任者が取り組んでいかないと進みません。こうした点がヨーロッパで改めて会社のあり方として問われ始めており、それがさまざまな資本主義のあり方の議論にもつながっているのだと思います。

(5) 欧州における株式会社と株主観

武井：上村達男早稲田大学名誉教授のご指摘ですと、フランスを含むヨーロッパにおいて、デモクラシーとしての議論をされていて、株主というのは別に株主であることによって権限を持っているのではなく、市民の中の株主といいましょうか、そことリンクしているのがフランスであるという分析もなされています。

松井：特にフランスはその考えが強いように思います。私もフランスへ会社法や金融規制の問題について聞き取り調査に行ったことがありますが、フランスで、「会社は誰のものですか」という問いを立てますと、誰も、株主という答えはせず、異口同音にステークホルダーのものだ、という回答が返ってきます。フランスも含む大陸ヨーロッパには、社会に存在する団体は、社会の構成を適切に反映しているべきであるという発想が歴史的に存在しており、おそらくフランスはその発想が強いはずです。それこそ企業というのは、資本の提供者と労働の提供者から構成され、これが生産手段となって成り立っている団体であり、同時にこれが社会の構成を反映しているはずですから、それぞれが意思決定に関与できるべきだ、ということになります。そうだとしたら、株主だけが全部を決められるという発想には、なかなかならないわけですね。

武井：日本ではこれまで「株主のことを軽視している」という議論があって、株主のことをもう少し考慮しましょうという議論になっていて、そこはそこで企業側としてもいろいろと見直すべき点が多々あるのだと思いますが、他方で100：0で最後は株主が決めるべきという単純な所有者論ではないということは明らかですね。ただ単純な議論がわ

かりやすくて、世の中でそういう理解が出てくることもあり得ますね。

松井：そうですね。単純化された議論というのは、概して現実に生起する多様な問題を調整する余地が乏しく危険なのですが、そこは会社法学者側もきちんと説明をしていくべきなのだと思います。

武井：それから、イギリスでは、2006 年会社法改正において、さまざまな**ステークホルダーの利害の調整義務**について 172 条で明文化していますが、先生の仰った社会的責任論の兼ね合いもあるのでしょうね。

松井：イギリスはかつて企業の国有化をした経験を持っている国でもありますしね。

武井：なるほど。

松井：揺り戻しはあるのだと思いますけれども、少なくとも第二次世界大戦後のイギリスにおいては、企業が社会において公的な役割を担うべきだという発想は、一定程度経験として共有されているはずです。そういう意味でいいますと、感覚的な点で恐縮ですが、公的なものを会社法の議論の中へ取り込んでいくことにそこまで抵抗はないのではないかという気がいたします。

(6)　ショートターミズムの懸念

武井：4 点目の欧米でも長年ずっと懸念されている**ショートターミズム**の点はいかがでしょうか。

松井：株主の側からすると、その負っている投資リスクに照らしても、短期的な利益を取りにいくことが合理的な場合があるわけですよね。

武井：そうですね。またアセットオーナーがそれを求めていたら、そうしないといけないですし。

松井：そうだとすると、結局、先生が冒頭に置いてくださった前提と真っ向から反する場合が生じ得るのだと思います。特定の株主の利益だけが企業の経営判断の一基準になるのは危ない。危ないというのは、社会的な富を最大化させない可能性があるということです。

武井：欧米には、ショートターミズムという言葉が多分 1980 年代からあったと思うのですが、今でもショートターミズムの観点からのさまざま

な議論は消えていないという理解でよいでしょうか。

松井：はい。そのように思います。

武井：先ほどのユノカル基準とか欧州における各種法制的対応など、ショートターミズムに対する弊害が主要資本主義国の米国でも欧州でも強く認識されてそれを前提にした会社法制の解釈がなされている中、こうしたグローバルな資本主義の議論は日本でも当然無縁ではないわけです。一部株主による短期的利益の追求が中長期的企業価値を目指す経営判断よりも安易に優先されることがないよう、たとえば会社法上の株主総会権限をさらに拡張させることに慎重な判例法理等が、今後さらに定着していくべきなのでしょう。

(7) 間接民主制を踏まえた司法審査のインフラ

武井：最後の裁判所との役割分担の点についてはいかがですか。

松井：結論についてまったくもって賛成です。冒頭の話にも戻りますが、過去の例でいいますと、ボードの機能が明確でなかったり、あるいはボードはあるけれども、実態として先ほど申し上げた各部門の利害代表の調整機関のような巨大なボードがあったりするだけですと、利益相反問題の解決も含め、そこに判断を委ねてもよいかといわれると、裁判所も躊躇したのではないかと思うのです。その点が正面から問われたのは、19年前の2005年の**ニッポン放送事件**[6]だったのではないでしょうか。

　その後については、武井先生が仰るとおり、2015年の**CGコード**を経て社外取締役が増加し、2019年以降は令和元年会社法改正で社外取締役の義務化もなされ、実態としていずれの企業にも、独立社外取締役が一定数入ってくるようになりました。このように制度上も実態上も整ってきた段階ですので、今後はかつてと同じようにすぐに株主総会あるいは株主に判断を委ねるという話ではなく、ボードに委ねるという議論の余地は出てきていると思います。その意味で環境は変

---

6) 東京高決平成17・3・23判時1899号56頁。

わってきているのだと思います。

武井：現在先行して、スクイーズアウトのときの価格とかで、独立社外役員の判断を踏まえた司法判断の建て付けが進んでいます。責任のある誰かが行った事項に対して司法がプロセス審査的にみるというのは、欧米が普通に採用している間接民主制の一要素になります。ボードがさまざまな利害を踏まえた上で判断する。こうしたボードの機能の整備が、中長期の経済成長のためにも重要なのでしょうね。

松井：ボードのメンバーが負っている善管注意義務の議論も、この10年、20年で随分進化しましたよね。具体的な判断の局面において負っている義務が何なのかということを考えられる議論の展開が重要ですね。

武井：独立社外取締役の概念も浸透しておりますし、監査役会設置会社も今全体でいうと5割くらいになり、また監査役会設置会社でも執行と監督の分離が進みつつあります。ボード機能がなぜ重要なのかについて、現場を含めリアルタイムで腹落ちしていっている状況なのだと思います。

松井：そんな感じがします。取締役会の機能や効果の議論が出てきたのも、その1つのあらわれだと思います。

Ⅱ　派生する諸論点

1　株主総会のあり方

武井：次に少し違う切り口になりますが、会議体としての株主総会というのはどうあるべきかについてです。会社法における昭和時代からの株主総会のあり方について、先生はさまざまなご意見をお持ちだと思いますが、いかがでしょうか。

松井：おそらく本日の論点からすると、少し周辺的な話になるのかとも思いますけれども、この点を取り扱ってくださりありがとうございます。直接民主制的な側面から申しますと、株主が最終的な意思決定権限を非常に強く持っていることが前提ですし、それは多数決で決めていく

わけですから、その考え方を手続的に支えるものとして、会議を開いて、議論ができる場があるという仕掛けは一応必要となります。しかし、そこまで強い株主総会を考えないのであれば、特に取締役の選任等の選挙投票等だけが重要なのであれば、総会当日において、何かを決めるための議論の場を用意するという前提が必須なのかということが1つあります。

　それからもう1つの問題として、昭和56年商法改正の特殊な文脈であらわれた諸々の制度があります。すなわち説明義務の問題であったり、動議や株主提案権の問題ですけれども、これらは、会議において総会屋が暴れているという実態があったり、あるいは強固な株式持合いの下で零細株主の意味がほとんど極小化された時期の話です。むろん当時としては、十分意味のある議論であったと理解しておりますが、今日では、株主の構成も変わりましたし、会議自体も丁寧にやるようになっており、状況は変わりました。つまり前提となる株主や株主総会の実態が変化する中で、この昭和56年改正により導入された制度の内容は本当にそのままでよいのか、一度、見直しをしてもよいような気はします。少なくとも幅広に義務が発生し得る説明義務の問題はそうです。株主提案権については、令和元年会社法改正で提案件数の上限など、少し限定が加えられましたが。

武井：昭和56年、1981年のころとはいろいろと違うといいますか、現在は明確にガバナンスという言葉も定着し、内部統制の構築運用義務であったり、企業がきちんとガバナンス態勢を整えるということが進んできています。他方で今でも現行法制として改正されていない昭和時代の商法ではマネジメントと株主総会との二層構造で考えてきたので、株主総会が最後にさまざまなことを決めないと、企業のガバナンスは成り立たないという前提であった。そういう昭和56年の状況から相当変わってきているのだと思います。

松井：変わっていますね。

武井：総会当日にいきなり修正動議が出せるという点についてもさまざまな角度から疑問の声が出てきています。

　なおコロナ禍を契機に、**バーチャルオンリー株主総会**の議論があり

まして、アメリカではコロナ禍のあとも変わらずバーチャルオンリーが現に多数行われておりますけれども、日本では、説明義務の話とか当日の修正動議の話とかの前提があまりに違うのでなかなか実施が難しい面があります。アメリカの総会では、最初に決議を終えてから、そのあとにIRタイムのようなことが行われています。

松井：20人や30人といった限られた人数の株主しかおらず、株主総会が本当に濃密に議論をできる場であれば、説明義務の話も動議の話も意味はわかります。しかし、一般の上場会社で数千人、数万人単位の株主が存在し、しかも事前の書面投票や委任状で議決が決まっている状況で、現在の株主総会に関する法的仕組みは現実離れした制度になっているのでないかという感じがします。

武井：ここも4-50年以上変わらずアップデートされていない点ですね。多くの論点がマネジメントと株主総会との二層構造で事実上考えてきた昭和時代の商法の制度設計に伴うものであり、企業価値向上の法的義務を負っている機関としてのボードの実装化、デジタル化に伴う総会自体の実態面での変容等を踏まえて、根幹的に考えるべき時期なのでしょうね。

② 実質株主の透明性

武井：直接民主制にさらに関連した論点として、**実質株主の透明性**などの規律強化の論点があります。実質株主の透明化は主に間接保有で重層化している機関投資家の話となります。株主には法的義務がないとはいえ、直接民主制下における一定の透明性が欧米では普通に整備されています。日本はこの点の制度整備も欧米よりも遅れている現状です。ようやく、最近、実質株主の把握制度は議論が始まりつつありますけれども。

松井：実質株主の透明性の点は武井先生が口を酸っぱくして仰っている話かと思いますが、先ほどの株主なるものが、機能的にアンバンドリングされている事実があるのに対し、日本は資金の提供機能と会社意思決定に対する判断機能が強固に結びついた非常に堅い株主制度を持っているわけです。このような実態と制度的な前提の距離が遠い状況で実

質株主の問題などはなかなか会社法としては取り込みにくかった面が
あるのかなという気もします。

武井：なるほど。

松井：会社法の問題なのか、金商法の問題かといったことはあるかもしれま
せんが、いずれにしても問題としては認識されているわけです。必要
性が認識されながら制度に落とし込みにくいというのは、おそらく前
提となっている株主像の考え方が動かしにくいからかとも思います。

武井：資本市場における規律の実効性から考えたときに、資本市場法制の重
要事項に違反があった場合に、どの国も当該株主の議決権等を停止す
る措置を法制化しています。またそれは資本市場法制の規律の実効性
の観点からも重要なのだと思います。日本でも会社法制等による明文
化が期待されます。

　　　あと透明性の点はマネロン等の観点からの**実質的支配者（UBO）の
開示**という切り口からも重要、待ったなしとなってきています。

3　業務執行役員の責任限定契約

武井：次にマネジメントの挑戦を支えるインフラの点です。1点目は、業務
執行役員に**責任限定契約**を認めていない点について、グローバルなイ
コールフッティングを踏まえ、これでいろいろな挑戦を日本企業がで
きるのかという点です。先生はどうお考えですか。

松井：そうですね。事後の免責の仕組みしか持っていないですよね。事前免
責制度は、平成13年の議員立法で入れられたわけですが、それ以前
は事後免責の制度しかなかったわけです。これも、以前は全株主の同
意による免責の制度しかなかったところを変えるということで、最低
限のところが入ったのですけれども、平成13年の制度改正からもう
20年ほど経ち、少なくとも非業務執行役員に関する事前免責契約は
一般化したわけですね。これと同時に、業務執行を行った役員について
も、保険その他の方法で負担を軽減するための仕組みを入れてきてい
るわけですから、業務執行役員に対する事前免責制度の議論をする環
境は整ってきたと思います。要は、上場会社において取締役に過度に
負担がかかる仕組み、ないし萎縮効果を持つ仕組みがあるならば、こ

れは論点として洗い出したほうがよいのではないかという気はします。

武井：今まさに**人的資本改革**が起きていますけれども、日本企業の経営者人材こそ人的資本の最たるものですから、育てなければならないですし、彼らの挑戦をいろいろと後押しする部分はやはり必要なのだと思います。ワンアウトで終わりという社会性もある中で、本気で挑戦させる法的インフラが問われると思います。

　　　　また、委任契約上の善管注意義務違反の免責制度は、基本は、**対会社責任の免責の全株主同意**（会社法424条）に対する例外措置として手当てされているという建て付けだけではいろいろと無理があると感じるところです。全株主同意というのは、およそ会社法の集団権利処理の法制とは思えない世界が入っています。会社法は民法の特別法だと思っており、民法ですと個別のさまざまな権利処理を、会社法だと集団権利処理として一定の集団の多数決で行うことができるわけですが、この免責部分は全株主同意という古い条文の建て付けを残したままというのもどうかなと思います。

松井：そうですね。全株主同意による免責などは、結局のところ、ある種の象徴的な条文なのだと思うのです。業務執行役員に対する事前免責は認めないという問題、あるいは会社法429条の広い責任範囲の問題もそうですが、会社法の発想が、何かあれば最後は取締役に保証人的な責任を負わせ、しかもそれは簡単には免責させないという仕組みなのですね。この古い形の仕組みは、アップデートをすべき時期なのだと思います。

武井：ご指摘のとおりですね。2点補足しますと、第1に、全株主同意というのは、要は一株主に絶対的拒否権を与えている法制です。そういう拒否権型の法制ではいろいろな挑戦とかイノベーションがおよそ阻害される懸念があります。イノベーションを起こせるためには企業として決める力、決められる力が重要です。ねじれていると決められない企業体となります。決められない企業体でイノベーションとか挑戦とかはなかなか起きません。イノベーションはただでさえ社内での反対がある中を押し切ってやるものが多いわけですし。

　　　　そういう時に、全株主同意は、今の時価総額で考えたら10万分の

Ⅱ　派生する諸論点

１とか100万分の１とかで、10万人とか100万人のうち１人でも問題視するともう前に進めなくなる。反対した場合だけでなく、１人でも連絡がつかない、所在不明であるというだけで前に進まないわけです。挑戦してイノベーションを起こせる企業体、決められる企業体にはそぐわない制度設計ですので、その必要性なり合理性について横断的に見直す必要があるかと思います。

　第２に責任限定契約は、現行の会社法制ですと定款授権が求められ、株主多数の意思が必要なわけです。換言すると現行の法制は、株主の絶対多数の意思がマネジメントに責任限定契約を認めてよいといっている場合ですら、会社法という法が責任限定契約をおよそ禁止しているわけなので、それはさすがにおかしいと思います。

[4]　会社法429条の解釈の現代化の必要性

武井：次に会社法429条（取締役の第三者責任）についてです。先生が最近書かれた会社法429条についてのご論稿[7]を読ませていただいて、これまたとても学ぶ点が多かったです。まさに保証人的な立場になる条文であると。しかも名目的な株式会社をめぐる裁判例が昭和時代にたくさん蓄積されましたから、法人成りに引きずられた議論が429条で多数あります。

　最高裁昭和44年判決[8]での松田二郎判事の反対意見は、あくまで株式会社法の規律の対象となるのは近代的企業としての株式会社であるべきで、会社法429条の解釈をする際に群小株式会社のために歪曲してはならないというご指摘でした。

　先ほどの対会社責任の免責時の全株主同意を含め、それが上場会社の取締役、マネジメントの方々に厳しい究極の北風政策だけをしていて、果たして挑戦が起きるのか。

松井：会社法429条、当時の商法266条ノ３に関する最高裁昭和44年判決は、中小企業をベースに考えられた判例法理ですけれども、上場会社

---

7)　松井秀征「取締役の第三者に対する責任」法教525号（2024）87頁。
8)　最大判昭和44・11・26民集23巻11号2150頁。

にもこの判例法理が及んでしまうのですよね。

武井：そうなんですよね。

松井：とりわけ監視義務違反が追及できるようになっているので、実際に義務違反が認定され、責任を負わされるかどうかはともかく、少なくとも萎縮効果は一定程度あるのではないかと思っています。

　武井先生からもご紹介いただきましたが、最高裁昭和44年判決には、松田判事の著名な反対意見がついておりまして、個人的にはあの反対意見に非常に強い感銘を受けてきました。条文の文言としては、取締役が職務を行うについて悪意重過失があり、第三者に損害が発生した場合、当該第三者に対して取締役が損害賠償責任を負うというものです。法律の専門家の皆さんには釈迦に説法ですが、この職務を行うについての悪意重過失の中身が問題で、最高裁の大法廷は、任務懈怠にかかる悪意重過失である旨を判示しているわけです。つまり、第三者に対する義務違反ではなく、会社に対する義務違反があり、かつそこに悪意重過失と因果関係があれば、第三者に損害賠償責任を負う、ということになりました。最高裁昭和44年判決は、第三者保護の観点からこの判断を出しており、この判断があることによって監視義務違反による会社法429条請求も成り立ちやすくなっていくのです。これに対しては松田判事が、会社法429条は第三者に対する不法行為責任の規定であって、取締役保護の観点から軽過失ではなく悪意重過失を要件にしているのだという反論を書かれています。実質的にみて、さまざまな複雑な判断をしなければいけない大企業の取締役に結果責任を負わせないようにするには、悪意重過失要件を設けて不法行為責任の成立を制約する必要があるという議論です。

　そもそも会社法429条には、そのベースになっている発起人の責任の規定があり、これが昭和25年の商法改正で取締役にも入れられて今に至るのですけれども、この発起人に関する規定は不法行為責任として解されていました。どうもこの昭和25年改正、そして最高裁昭和44年判決のところで、発想の転換が起こっているように思われ、松田判事はこの点も問題視されているわけです。

　むろん、当時のわが国の株式会社の実態を見ると、圧倒的に中小企

業が多くて、その取引先となる第三者保護の観点から議論がなされていましたから、最高裁昭和44年判決の法廷意見のように任務懈怠で監視義務違反による請求ができるというのも1つの価値判断ではあります。ただ、こと上場会社に関していえば、松田判事の議論のほうが適合的なのだと思います。その意味で、最高裁昭和44年判決の議論を一般化するのは、あまりよろしくないという感じがしております。

　先生がご紹介くださった法学教室の論稿も、以上の問題意識から書いたものでして、したがって私は、松田判事の反対意見にも賛成です。この論文を執筆する際に大いに参考にさせていただいた髙橋陽一京都大学教授のご論考[9]でも、やはり会社法429条についての考え方を見直す時期がきているのではないかという議論がなされております。

武井：ありがとうございます。この会社法429条の故意重過失を経て429条の責任が会社補償の対象ではないのではないかなどの議論も出てきていて、結構、重過失の判断1つで相当厳しい結果となります。重過失についても重過失として厳格に考えていかないといけないですよね。

松井：そのとおりだと思います。過去の裁判例などをみても、この重過失の判断はあまり緻密に認定されていないのではないかと感じられるところです。

武井：会社法上の債権者とは、社会一般になっているのだと理解しています。会社からみて、株主は株主名簿という概念があって、株主は会社側からみえているという前提になっておりますが、債権者はその全員をおよそ特定できないわけです。非自発的な不法行為債権者まで含めると、社会全体が債権者になり得るという構図です。それもあって会社法はさまざまな債権者関連のお知らせは官報公告を使っています。そうした中、その職務によって社会の誰からでも訴えられ得るという人の法的責任は、国家公務員法などでも重過失となっています。経営

---

9)　髙橋陽一「取締役の対第三者責任に関する判例法理は今後も維持されるべきか？──両損害包含説の問題性と直接損害限定説の再評価(1)・(2・完)」論叢177巻6号（2015）1頁、178巻2号（2015）1頁。

人材として考えたときに、重過失の判定はきちんと重過失として厳格に行うべきなのだと思います。

最近、さまざまな形でコンプライアンスに関する要請も多種多様化しています。サステナの要請の中で、グローバルな**サプライチェーンマネジメント**の流れもリアルに起きてきています。結果責任的に何でも全部個人賠償責任となるのは、挑戦をする経営人材が確保されない懸念もあるのだと思います。会社法429条は故意重過失が分水嶺ですが、海外だと bad faith や willful misconduct などのレベルで有責となっています。海外の有能な人材の方に取締役になっていただくとしても、日本だけ過酷な就任環境というわけにはいきません。

ちなみに会社法429条のような条文は、他の国の会社法にはないわけですよね。

松井：あるとしたら不法行為ですよね。先生からサプライチェーンマネジメントのご指摘もいただきましたけれども、サプライチェーンに関して、企業が川下・川上にきちんと目を届かせていくという議論において、会社法429条が変な使われ方をすると、非常に危険な武器になりかねないですね。

武井：昨今のグローバルなサプライチェーン・マネジメントの観点からも会社法429条の解釈は冷静にすべきですよね。会社法429条の裁判管轄といいますか、代表訴訟系のものは日本に専属的に裁判管轄がありますが、429条の不法行為系が日本の専属管轄になるのかも怪しいですし。

松井：準拠法の観点からみても、おそらく不法行為の結果発生地に連結されるでしょうね（法の適用に関する通則法17条）。

武井：海外の法廷での係争も踏まえて日本法の解釈を考えないといけない、そういうグローバル化された時代なのですね。

松井：少なくともわが国の会社法の観点からいいますと、公開会社という切り口でよいと思いますけれども、会社法429条の解釈をきちんと考えて、変えるべき点は変えておかないと危ないと思います。先ほどの最高裁昭和44年判決は、あくまでも閉鎖会社の名目的な取締役が出てきているような場面でなされた議論です。ここでは第三者保護の要請

が前面に出てきて、会社法 429 条を法定責任として位置づけ、直接、間接の両損害を包含するという話なのです。しかし、公開会社の場合については別に考える余地があり、この点の問題意識は声高に主張していかなければならない時期にきていると思います。

武井：英国会社法では、企業の戦略報告書等の虚偽記載について役員が責任を負うのは、故意・重過失がある場合に限られ、かつ対会社責任しか負わないという条文を新たに置いたりしています。サステナイシューを含めて少なくとも昭和の時代に想定していた利害とは相当異なるステークホルダーが上場会社を取り巻いている中、日本の会社法制も解釈論を含めて根本的なアップデートが重要ですね。

Ⅲ　上場会社法制のあり方に関する今後の視点

1 現下の経済環境を踏まえた不断のアップデートが重要

武井：いろいろと多岐にわたるご指摘をありがとうございました。「日本の中で特段困っていないから、変えてこなかった」ものは、経営現場の心理面で実は挑戦やイノベーションを阻害していた面があると現場で感じています。みえない形で挑戦やイノベーションがされないというのはまさに不作為で、その原因は実はいろいろみえない事項があります。不作為のことに関しては相当丁寧に何が原因なのだろうとみていかないといけないのでしょうね。そして、その中で、敢えて変えないというよりも不作為の原因になっているものを丁寧に拾い出していかないと、案外ボトルネックがあるのではないかということも問題意識として持っておいたほうがよいのでしょうね。そこを含めて会社法学会でも、若い方々が会社法 429 条にもご関心を持っていらっしゃるのはとてもよいなと思います。

松井：そうですね。

武井：少なくとも昭和の時代から今に至る 50 年の間に、株主が所有者であるような議論から始まり、さまざまな常識論、なんとなく前提としてシェアされてきたものがあるわけですが、それをそのまま前提にした

第2章　上場会社法制に求められる新設計──株主／ボード／マネジメントの新たな三層構造

ままで果たして日本企業が社会に付加価値をもたらして日本の経済成長に資するのか。諸外国の会社法も10年に一度とか定期的に改正が検討されていますが、日本も新しい目で不断の見直し、アップデートが必要な時代なのでしょうね。

松井：仰るとおりだと思います。日本の場合、基本が輸入法学なので、すでに他国で存在している理屈なり理念なりを取り込んで、制度を作ってきたわけです。立法を必要としている事情があり、そこから制度が設けられ、理論が支えていく、というプロセスとは異なるのですね。

　　　　平成期の会社法制定に至る時期には、ようやくその当時の経済背景をテコに制度を作り、理論が追いかけていきましたけれども、個々の制度なり個々の判例をみるとまだ古いものが残ってしまっているところがあります。これを動かすためには、今回の武井先生のご議論もそうなのだと思うのですけれども、研究者として、現実の経済背景を基礎として優先順位の高い価値が何であるかを、もう一回きちんと置き直して、そこから会社法の仕組みを見直してみるという作業がおそらく必要です。欧米と日本が異なるところは、前者は現実に生起する事象に応じて自覚的かつ柔軟に制度や理論を作ってきているのですけれども、日本は、すでにある理論や歴史的な経緯に引きずられて制度が作られやすいなとは感じています。

2　外付けの仕組みがあった上で「株主のもの」と表現している

武井：たとえば、「株主のもの」という概念についても、諸外国の状況とか歴史的な経緯を含めていろいろと違う点があるということを、先生から学ばせていただきましてまさに目から鱗でした。

松井：ありがとうございます。会社は「株主のもの」かどうかという議論は長く提起されてきましたが、「株主のもの」だと仮に答えるのだとしても、この「株主のもの」の意味を問わないと、この問いは意味をなさないだろうと思っています。「株主のもの」だといったとしても、株主ができる範囲は非常に限られているはずですよ、という議論が私の答えです。

　　　　この問いについて、フランスでの答えは先ほど少し申しましたが、

Ⅲ　上場会社法制のあり方に関する今後の視点

ドイツの実務家や学者に同じ質問をすると、面白いことに、ドイツは10人聞けば10人が株主のものですと答えるのですね。共同決定制度が入っているにもかかわらずです。

　これはなぜかというと、ドイツにおける株式会社制度のベースは株主におかれているのですが、そうではないものは制度を作って外付けで入れてあるというのが彼らの理解です。したがって、その意味では非常に割り切りがはっきりしているといえます。しかも、株主が全部決められる制度にはなっておりません。ここは、それぞれの国で株式会社制度の基礎に関する共通理解があるというところが面白くて、その意味でいうと、日本はおそらくそこまでの共通理解がないのではないかと思います。ざっくり株主のものだとはいえるのですけれども、この中身について詰めていく必要がある時期なのだと思います。

武井：日本では、まだ外付けのものも少ないということですね。

松井：仰るとおりです。ただし、先ほど武井先生も仰っておりましたけれども、実態としては、さまざまな利害を経営者がきちんと理解して、これを摂取しながら経営上の判断を行いますよね。この辺りが曖昧な状況で進んでいるのが日本らしいのかもしれません。

武井：ありがとうございました。

　現下のグローバル化した経営環境やサステナビリティガバナンスの時代、DX/AI ガバナンスの時代からしますと、会社法制上の論点についてもさまざまな方にさまざまな論点を知っていただくことが重要な時代なのだと思います。あと、社会的課題との調整問題、社会インパクトと収益性との両立については、インパクト投資をめぐる動きが最近とても活発ですし、またそもそも株式会社形態以外の benefit corporation（上場類型を含む）や B コープ認証などグローバルに大きな動きがみられます。こうした事象・論点も今日議論した上場会社法制の周りの部分として重要性があり法制的論点もいろいろあることを付言いたします。大変勉強になりました。誠にありがとうございます。

松井：ありがとうございます。こちらこそ発信の機会をいただけるのは有難いことです。感謝しております。

［2024 年 6 月収録／その後加筆修正］

第3章
企業を強くする サステナビリティ・ガバナンス

§1

サステナビリティ・ガバナンス
──サステナブル経営を支える攻めのガバナンスの実践に向けて

武井　一浩
小林和真呂
安井　桂大
渡邉　純子
加藤由美子
西原　彰美
山本　希望

第 3 章　企業を強くするサステナビリティ・ガバナンス

I　サステナビリティ・ガバナンスとサステナビリティ・デューデリジェンス

武井：上場会社の経営におけるサステナビリティ・ガバナンスへの対応の重要性が高まっています。上場会社のガバナンスについて検討する際には、サステナビリティに関する事項についてきちんとした検討が必要となってきています。そこで本日はサステナビリティの観点から、ガバナンスにおける諸論点等を議論したいと思います。なおいずれの点も、属する組織としての見解ではなく個人としての見解となります。

1　サステナビリティ・ガバナンスとは

武井：では最初に私のほうからサステナビリティ・ガバナンスのエッセンスについてお話をします。

　　上場企業経営においてサステナビリティ・イシューへの取組みがきわめて重要となっています。サステナビリティ概念とレジリエンス概念とが密接にリンクし、適者生存社会の中、自社にとってマテリアリティのあるサステナビリティ・イシューに対応・順応していかないことには存続できない状況となってきています。

　　企業がサステナビリティ・イシューに取り組むにあたっては、自社の中長期的な企業価値向上に結びつく必要があります。2015 年に CG コード（コーポレートガバナンス・コード）が制定されて以降、ガバナンス改革が日本の経済成長戦略の中で着実な進展をみせていますが、CG コード制定の政策目的である日本企業の稼ぐ力の強化、イノベーション促進等のいわゆる**攻めのガバナンス**は、現時点も変わらず日本経済の 1 丁目 1 番地の政策課題です。

　　そこで、社会のサステナビリティと企業のサステナビリティを同期化させて必要な事業戦略を構築する**サステナビリティ・トランスフォーメーション（SX）**が多くの企業で企図されています。ステークホルダーとの互恵的かつ良好な関係の構築を通じたイノベーション機会の創出、従業員等のエンゲージメント向上、現場現場の自分事としてのリスク管理の実践によるレジリエンス等々、企業のキャッシュフ

ロー創出能力を引き上げる要素は多くあります。

もともと日本企業には100年超の社歴の長い企業さんが多く、長年の間にいろいろ生じてきた変化の中、社会ときちんと共存してきています。日本の企業経営で有名な三方良しや五方良し等を"3 directions"云々と英訳しても意味が通じませんが、サステナビリティという用語が国際共通語となってわかりやすくなったといえます。パーパスなどの英語が使われる前から日本には企業理念、創業精神が明確にあります。

SX戦略と企業価値向上とのリンクを示すべく、非財務情報開示も強化されています。ロジカルな発信があってこそサステナブルファイナンスなどの投資も招き入れることができます。リスクと機会、事業戦略、指標目標、ガバナンスの4要素がロジカル面の共通項となっています。特にSX等の事業戦略等を実現させる仕組みとしてのガバナンスの説得力は重要であり、それが**サステナビリティ・ガバナンス**となります。気候変動対応、人的資本投資などのサステナビリティ・イシューに関して、投資家との建設的対話を踏まえた中長期的な企業価値向上策、ステークホルダーと協働した社会価値向上策等を、個別具体的な活動例や個別指標などを通じて示していくことが重要となっています。またDX対応やサプライチェーン・マネジメントなどについて、リスクの早期発見を含むリスク対応策を整備していることの訴求も関心が高まっています。

2 サステナビリティをめぐるエリアの広さ（対象イシュー、サプライチェーン等）

武井：まずは安井弁護士のほうから、各種の制度的動向についてご説明をお願いします。

安井：弁護士の安井です。コーポレートガバナンスやSR対応、M&Aなどのコーポレート分野を中心に、企業のサステナビリティ対応を専門の1つにして実務をしております。

企業のガバナンスの中で、サステナビリティの観点からのガバナンスの重要性が高くなってきています。

第 3 章　企業を強くするサステナビリティ・ガバナンス

［図表 3-1］ サステナビリティ・ガバナンス／ DD がなぜ必要か

> サステナビリティ関連のイシューがある事業等については、そもそも買収を含めた投資が難しくなるケースも増えてきている。
> ⇒ ①サステナビリティの観点から投資がそもそも不可と考えられるようなリスクの調査、②事業が環境や人権に与える影響について、これまでに問題になってきた環境汚染などの協議のコンプライアンスリスクを超えた、取引先やサプライチェーンまで含めた範囲で生じ得る影響についてのアセスメントの実施（「リスク」と「インパクト」）、③TNFDなどの枠組みも踏まえた、事業が自然資本（森林、水/海洋等）や生物多様性に与える影響についてのDDの実施等が求められる。
> サステナビリティに関する対応は、複数の（マクロにおける一面では）正しいと考えられる利害が複雑に絡み合ったところを現場で調整しなければならないという世界であり、こうした対応はまさにリーガルワークそのものである。
> サステナビリティ・ガバナンス／DDの実践は、企業のレジリエンスを高める観点からも重要になってきている（「サステナビリティ＋レジリエンス」）。

　　サステナビリティ関連のイシューの重要性がどんどん高まってきている中で、企業側のビジネス判断、たとえばM&A等を含めてある投資をする／しないといった判断について、関連するサステナビリティ関連のイシューについてもしっかり考慮に入れて対応していかなければならなくなってきています。

　　図表3-1にサステナビリティ・ガバナンスやサステナビリティ・デューデリジェンスがなぜ今必要になっているかについて、ポイントを3点挙げていますけれども、M&A等の投資を行おうとする際に、サステナビリティの観点からそもそも投資自体が難しくなるような事態に陥ってしまうケースが昨今増えてきています。

　　これまでも問題になってきた環境汚染であるとか、狭義のコンプライアンスイシューだけではなくて、取引先やサプライチェーンまで含めた範囲で生じ得るさまざまな環境関連のイシューや人権などへの影響をしっかりアセスメントしていくということが必要になってきています。

　　対応が求められるサステナビリティ・イシューの範囲も広がってきており、現状でも気候変動や人権などが特に重要なものとして認識されていますが、加えて、自然資本、たとえば森林や水、海洋などへの

§1-I　サステナビリティ・ガバナンスとサステナビリティ・デューデリジェンス

影響や生物多様性等のトピックも重要性が高くなってきていますので、さらに視野を広げないといけなくなってきています。

　本セクション全体を通してのメッセージということで、冒頭でやや結論的なことをお伝えするようなかたちになってしまうかもしれませんが、いろいろな話が複雑に絡み合っているのがサステナビリティの話です。そういったところを、企業ごとにしっかりと重要なポイント見極めて、必要な対応を適切にとっていくということが必要になりますが、こういった対応に際してはリーガルな視点が重要になってきます。複雑な議論の中でも、それらを貫くリーガルな視点を持ちながら検討を進められると、企業全体として筋の通った対応につなげることができます。

3　実務上の重要性が高まるサステナビリティ・デューデリジェンス（サステナビリティDD）

安井：今申し上げたようなサステナビリティの観点から、M&A等の際の**サステナビリティ・デューデリジェンス**（サステナビリティDD）の実施が実務的にも重要性が高まっていますので、ポイントをお話しします。

　最近よくいわれるのは「**レジリエンス**」という概念でして、何か有事が生じたときの企業としての復元力といったような意味合いで、広く使われるようになっています。そういった企業の弾力性、経営環境の急激な変化等への耐性等に結びついていくという観点からも、サステナビリティを意識していく重要性が高まっています。平時から自社・自社グループ向けにガバナンスの一貫として行うデューデリジェンス（DD）が今後の実務ではまずは中心的対応になっていくかと思いますが、考え方において共通する部分も多く、かつ、現状ではむしろ実務が先行している部分もありますので、ここではM&A等の際のサステナビリティDDについて導入としてお話します。なお、後段で取り上げますが、平時からのDDについては、昨今では企業サステナビリティ・デューデリジェンス指令（CSDDD）を含むヨーロッパの法律など、具体的なルールも出てきています。

第3章　企業を強くするサステナビリティ・ガバナンス

［図表 3-2］M&A の際のサステナビリティ DD（視点と依拠する基準）

▶ M&Aを行う際にもサステナビリティ要素を考慮する重要性が増している
　▷ サステナビリティ関連のリスクがビジネスに深刻な影響をもたらすケースが増加
　▷ サステナビリティ関連の事業機会に着目したサステナビリティ・ドリヴンのM&Aも増加している
　⇒ M&Aを行う際に(法務DDの範囲を超えた)サステナビリティDDを行うケースが増えている

▶ サステナビリティDDを行う際の視点と依拠する基準
　▷ 中長期的な収益機会・リスク／レジリエンスの視点とインパクトの視点
　▷ 国内外の関連法令等
　▷ 関連するソフトロー
　▷ 買い手側のESG関連ポリシー

　　図表 3-2 をご覧ください。図表の上の部分に書いていますが、サ
ステナビリティ課題への取組みの強化は多くの企業にとって重要性が
高くなってきています。たとえば、サステナビリティに関連するリス
クがビジネスに深刻な影響をもたらすような場面がどんどん増えてき
ており、また、足もとでは事業機会の観点からもサステナビリティに
着目した動きが多くみられるようになってきています。

　　そうした中で、たとえば M&A の場面を切り取っても、対象会社に
おけるリスク要因や、あるいは買収後のシナジーの獲得等に向けて、
サステナビリティ要素についてもしっかり事前に把握して必要な対応
をとっていくために、サステナビリティの観点からの DD を行うべ
きと考えられるケースが増えています。

　　こうしたサステナビリティ DD は、従来の法務の観点からの DD
（法務 DD）と連続性を持ちつつも、少なからずその範囲は拡大される
ことになります。その特徴については図表 3-2 でも少し書いていま
すが、1 つは、サステナビリティの観点から DD を行う際の視点と依
拠する基準が法務 DD とは異なるということです。この後開示のと
ころでも触れますが、機関投資家サイドの ESG 投資の視点なども踏
まえながら、中長期的なリスクと事業機会という視点からサステナビ

74

§1-Ⅰ　サステナビリティ・ガバナンスとサステナビリティ・デューデリジェンス

リティに関するイシューを捉えていくということが1つの重要な視点になってきます。そういった観点からの取組みが、たとえば有事の場合の復元力、企業のレジリエンスの向上といったところにもつながっていきます。

　近年では、今申し上げたような観点に加えて、特にヨーロッパの各ルールに反映されてきていますけれども、いわゆる**ダブルマテリアリティ**の考え方、サステナビリティ関連の課題が自社ないし自社グループの企業価値にどういう影響を与えるかと観点だけでなく、自社または自社グループの企業活動がサステナビリティ関連の課題、環境や社会全体等に対してどういう影響を及ぼしていくかという視点・考え方も併せてみていく、インパクトの視点も重要性を増しています。

④　グローバルな法規や関連するソフトロー等も視野に入れた対応が必要

安井：サステナビリティ DD を行う際の基準についても、従来の伝統的な法務 DD よりも拡大しています。通常の法務 DD では、国内外の関連法令に依拠して違反の有無等を確認していくといった対応が基本になります。サステナビリティに関しても近年になってさまざまな法律が各法域で立法されてきていますので、そうしたものをしっかり踏まえた検討が重要になるのは同様ですが、サステナビリティに関する検討に際しては、たとえば立法の背景にある人権であれば国際人権法といわれるようなものであるとか、あるいは立法に向けたロードマップなどが各国から出てきている場合には、近い将来に制定されてくる法令等も視野に入れて、より視野を広げた検討をしていくことが必要になるケースもあります。サステナビリティ DD においては、関連する ISO 等のソフトローと呼ばれるようなスタンダードや基準等があれば、そうしたものを参照することもあります。

　また、実務上、特に上場企業においてはグループ全体に適用されるようなサステナビリティ関連の方針やポリシーを策定しているケースが増えてきている中で、買主側においてそういったものを策定して運用している場合には、買収等の対象会社がそれらに適合しているのかという点も重要な確認ポイントになります。

第3章　企業を強くするサステナビリティ・ガバナンス

　今申し上げたような観点で、仮に対象会社が十分に対応できていないということになると、たとえば将来の法令等への対応準備が不十分であれば、対応に要するコストが出てくるということになりますし、買主側のポリシーに適合していない場合には、特に対象会社が買収後に子会社としてグループ会社になるケースでは、買収後のPMIのタイミングでグループ会社として必要な取組みを行わせるために一定の対応が必要になり、ここでもコストがかかってくることになります。また、サステナビリティDDの結果、大きなリスクを抱えてしまっているという評価になれば、取引の実施自体を再検討しなければならなくなることもありますし、そこまでいかない場合でも、バリュエーションに影響を与えるケースも実際に増えてきています。

　このようなかたちで、M&Aの文脈を切り取って簡単にご紹介しましたが、今申し上げたような観点から、サステナビリティDDを、従来の法務DDよりも視点や基準等を広げながら行っていくことが重要になってきています。

5　サステナビリティ・デューデリジェンスによるサプライチェーン・マネジメント

安井：もう1つ、サステナビリティDDの特徴として挙げられるのが、買収等の対象会社やグループ会社だけではなく、**サプライチェーン**までカバーする必要があるという点です。

　サステナビリティに関する課題はいろいろありますけれども、サプライチェーン全体で取組みを進める必要があるものが少なくありません。たとえば、人権デューデリジェンス（人権DD）もそうですし、気候変動に関するTCFDに関連した取組み、それから自然資本や生物多様性に関するTNFDも同様ですが、これらではサプライチェーンも含めた対応が求められています。

　他方、特にM&AのDDの段階では、実際にサプライチェーンまで巻き込んだかたちで本格的なDDを実施するのは、売主側の情報管理の視点等も踏まえると現実的にはなかなか難しいところがあります。実務上は、対象会社のサプライチェーンにどの程度リスクが潜ん

§1-I　サステナビリティ・ガバナンスとサステナビリティ・デューデリジェンス

でいる可能性があるかという点を関連情報から確認しながら、対象会社におけるサプライヤーに対する管理体制であるとか、自主的な監査の仕組みやその結果等を確認していくといった対応になりやすいところです。もっとも、この点は平時からガバナンスの一環として行うサステナビリティ DD の場合にはハードルは下がり、そうしたケースではより踏み込んだ DD を行うことも可能になりますので、実務においてもサプライチェーンまで含めた DD をいかに効果的に実施するかについて工夫をしていくことが必要になります。

　詳細は本セクション後半の EU の CSDDD に関する解説でも触れられるかと思いますが、たとえば、取引先との間の契約書においても、そういった DD についての協力等に関する規定を設けておく等の工夫が必要になってきます。

6　デューデリジェンスのスコープと深度の設定

安井：サステナビリティ DD の実践方法に関してもう 1 つ触れたいのは、実際に DD を行っていく際には、案件ごとに調査の範囲と深度を事前に適切に設定していくことが重要なポイントになるという点です。1 つの選択肢としては、法務や財務、税務等といった通常行われる DD とは別に、全体に横串を刺すようなかたちでフルスコープのサステナビリティ DD を、範囲を広げてやっていくという方法が考えられます。

　図表 3-3 にフルスコープでサステナビリティ DD を行う際の調査項目の一例を載せています。今日ご紹介するように関連するトピック自体が広がってきている中で、たとえば「E」については環境汚染や気候変動対応はもちろん、自然資本や生物多様性に関する項目も含むかたちでスコープを広げていくことが考えられます。個別の質問レベルでみると他の領域の DD と一部重なってくるところはありますが、先ほど触れたように確認の視点やサプライチェーンも含める等といった調査範囲が異なってくるため、DD 全体でチェック漏れを無くすというメリットがあることも踏まえて、フルスコープないしそれに近いかたちでサステナビリティ DD を実施していくことも有力な選択肢

77

第３章　企業を強くするサステナビリティ・ガバナンス

［図表 3-3］フルスコープのサステナビリティ DD の調査項目例

▶Exclusionリストへの該当性

▶ガバナンス（G）
　▷ 環境・社会マネジメントに関する方針・体制
　▷ 苦情処理メカニズム、ステークホルダーとの対話状況
　▷ 役員報酬制度における環境・社会関連のインセンティブ　等

▶環境（E）
　▷ 廃棄物・有害物質の管理、土壌汚染・公害
　▷ エネルギー・資源の利用、温室効果ガス排出
　▷ 生物多様性への影響　等

▶社会（S）
　▷ 人材に関わる方針、従業員のモラル維持
　▷ 労働安全衛生、強制労働・児童労働等の人権侵害
　▷ 人材開発　等

の１つです。

　もう１つ、実務的には、サステナビリティ DD の対象にする項目や調査の深度を、重要性（マテリアリティ）の観点等も踏まえてリスクベースで案件ごとに絞っていくという方法も考えられます。企業が実施主体となる場合、まずはこちらのアプローチが検討されるケースも多くあります。

　図表 3-3 の例で先ほど触れたとおり、フルスコープでサステナビリティ DD を行う場合には、幅広いテーマが調査項目に含まれてくることになりますが、買主側の方針やポリシーの内容によっては、そもそも買収等の対象として適格でないといった観点で EXCLUSION リストへの該当性をチェックしていくということもあり得ます。それに加えて、買収等の対象にはなり得ることを前提に、しっかりと必要な対応をとっているか否かという観点で、E・S・G それぞれの項目について、通常の法務 DD で確認される範囲を超えて、幅広く関連項目への対応状況等を確認していくことになります。

7　デューデリジェンスでイシューが見つかったときの対応

安井：最後に、サステナビリティ DD でイシューが見つかったときに具体

§1-Ⅰ　サステナビリティ・ガバナンスとサステナビリティ・デューデリジェンス

［図表 3-4］サステナビリティ DD でイシューが発見されたときの対応

▶DDで発見されたイシューについては、バリュエーションに反映するか、取引契約書で手当てする対応をとるのが一般的だが、サステナビリティ関連のリスクについても基本的には同様
　▷ クロージング前の誓約事項
　▷ サステナビリティリスクの不存在を表明保証
　▷ 表明保証違反とクロージングの前提条件・補償
　▷ 特別補償（バリュエーションへの反映は難しいが金銭的損失が見込まれる場合）
　▷ クロージング後の誓約事項

▶PMIにおける対応も重要になる
　▷ サステナビリティDDで発見された個別課題への対応＋取組みを平時化していくガバナンス体制の構築
　▷ サステナビリティ・ガバナンス体制の構築へ向けた対応例

的にどのように対応していくかについても、ご説明したいと思います。この点は通常のM&Aと似てきますが、先ほど少し触れたとおり、バリュエーションに反映すべきと考えられるイシューも最近では増えてきています。また、それとは別に、あるいは追加するかたちで、リーガルの観点から、取引契約の中で一定の対応をとることで、すなわち、**図表 3-4** に記載してあるような契約条項等を規定することで、そうしたイシューに関するリスクについて手当てすることが考えられます。

　具体的な契約書への反映方法は**図表 3-4** のとおりですが、クロージング前の誓約事項として定めたり、一定のサステナビリティリスクの不存在を表明保証させる、そして、そうした表明保証に違反した場合についてクロージングの前提条件と紐付けたり、補償の対象にすること等が考えられます。あるいは、バリュエーションへの反映はテクニカルに難しいけれども一定の金銭的損失が見込まれるような場合には、買主側の交渉力次第では、特別補償のアレンジをとることも考えられますし、ケースによって売主側の協力を得られるようであれば、クロージング後の誓約事項として継続的な改善に向けた協力義務を課す等の対応をとることもあり得ます。

79

第 3 章　企業を強くするサステナビリティ・ガバナンス

　先ほども触れたとおり、たとえば買収によって支配権を取得すると
グループ会社になりますので、少なくとも PMI のタイミングではグ
ループの一員としてサステナビリティに関する取組みを一緒に実施し
ていくことになります。そういった視点で、実際に買収等を実施する
前の段階で是正することができればそれが 1 つの理想的なかたちでは
あるものの、そういった対応が難しい場合には、クロージング後の
PMI の段階で是正を図ることも考えられます。もっとも、新たにグ
ループの一員となる対象会社に一定のサステナビリティ関連のリスク
が存在していることを認識しつつ買収等を実施する場合には、社内の
取締役会等における説明はもちろん、その他のステークホルダーに対
しても、そうしたサステナビリティ関連のリスクに対して具体的にど
のように対処する方針であるのか等について説明することができるよ
うに、事前にしっかり検討して対応方針等を定めておくことが必要に
なります。このあたりの考え方は、平時のサステナビリティ DD とも
近い部分があるかと思います。

　最後に具体的な PMI における対応についてですが、実際に M&A
を実施していく上では、サステナビリティ DD で発見された個別イ
シューについて取引契約書での手当てやバリュエーションへの反映で
対応できるケースもありますが、PMI での対応にならざるを得ない
場合も少なからずあるというのが現時点での実務の状況かと思いま
す。ここはまさに平時からの対応にもつながってくるところですけれ
ども、しっかり自社・自社グループ、M&A の場面では対象会社・対
象会社グループに対して DD を行い、そこで発見された個別イ
シューがあれば、まずはそうしたイシューにしっかりと対応していく
ことが重要になります。また、1 つイシューが見つかって対処した
ら、一回的な対応で済ませるということではなく、関連する取組みを
平時化していき、そうした検討と改善を繰り返しながら、併せてそれ
らの一連の取組みをモニタリングしていくサステナビリティに関する
ガバナンス体制を作っていくといった継続的な対応が、PMI の取組
みとして重要になります。

　具体的には、たとえば、サステナビリティ関連のポリシーを策定す

§1-Ⅱ　サステナビリティ開示の強化

るといった対応については先ほども触れましたけれども、そうしたことも重要ですし、狭い意味でのガバナンス体制の整備として、サステナビリティ委員会のようなものを設置したり、あるいは、インセンティブ報酬制度とサステナビリティ関連のKPIを紐付ける対応等も考えられます。もっとも、繰り返しになりますが、一番大切なことは定期的な取組みにつなげていくということで、サステナビリティDDや人権DDを平時からしっかり回していけるようにすることがなによりも重要です。

　この後で触れますが、サステナビリティについては情報開示のルールが昨今どんどん充実してきていますので、たとえばM&Aの実施によって対象会社がグループ会社になっていく場合には、買主が上場会社である場合には連結ベースで関連する取組みについての開示が必要になってきます。そうしたグループ全体でのサステナビリティに関する情報開示に向けては、関連する情報を随時吸い上げてしっかりモニタリングできる体制も整備していく必要があります。こうした体制を会社としてしっかり整備していくことの重要性が高まっているという観点は、M&Aを行う際だけでなく、平時からサステナビリティDDを行っていくことの重要性が増しているというところにもつながってくるポイントです。

Ⅱ　サステナビリティ開示の強化

武井：わかりやすく詳細を解説いただき、ありがとうございました。続いて開示に関する内容についてお願いします。

安井：承知いたしました。では、まず西原先生からご説明をお願いします。

　1　整備が進むサステナビリティ開示法制

西原：コーポレートガバナンスなどを専門にしております弁護士の西原です。私のほうからは、サステナビリティ情報開示に関する近年の動向ということで、まずは2023年1月に施行された企業内容等の開示に関する内閣府令（**開示府令**）の改正概要についてお話しさせていただ

81

きたいと思います。

　開示府令の改正は、2023年3月期の有価証券報告書からすでに適用が開始されております。開示府令の改正と併せて、**開示ガイドライン**と呼ばれる「**企業内容等の開示に関する留意事項について**」と、「**記述情報の開示に関する原則**」の別添「**サステナビリティ情報の開示について**」も改訂されています。この開示府令の改正は、2022年6月に公表された金融庁の金融審議会「ディスクロージャーワーキング・グループ」（令和3年度）の報告書で取りまとめられた提言を踏まえたものになっていますが、こうしたサステナビリティ情報開示強化の動きの背景には、2021年のCGコード改訂もございます。2021年のCGコード改訂では、上場企業に対して、中長期的な企業価値の向上の観点から、自社のサステナビリティをめぐる取組みについて基本的な方針を策定した上で、サステナビリティに関する情報開示を充実させていくことが求められました。こうしたサステナビリティ情報開示の充実化の流れが、開示府令の改正にも反映されてきたということになります。

　改正開示府令におけるサステナビリティに関する情報開示の内容について、概要をご説明させていただきます。まず大きな点としまして、有価証券報告書の第一部「企業情報」の中の「第2　事業の状況」という項目の中に、「サステナビリティに関する考え方及び取組」という記載欄が新たに設けられたというのが一番の特徴です。当該記載欄では、企業の中長期的なサステナビリティに関する事項について、経営方針・経営戦略等との整合性を意識しつつ説明を行うことが求められています。具体的な開示の枠組みとしましては、**図表3-5**のとおり、「ガバナンス」、「戦略」、「リスク管理」、「指標及び目標」という4つの柱に沿った開示が求められており、現行法の下では、「ガバナンス」と「リスク管理」についてはすべての上場企業に対して開示が求められていますが、「戦略」と「指標及び目標」については、各企業において重要と判断する場合にのみ開示することが求められています。

　個別テーマについて、たとえば気候変動対応等についても、各企業

[図表 3-5] 有価証券報告書におけるサステナビリティ情報開示の枠組み

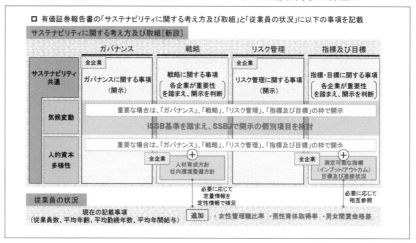

出所：金融庁「企業内容等の開示に関する内閣府令等改正の解説」6 頁

における重要性判断の下で、今申し上げた4つの柱で構成される開示枠組みの中で記載することが求められています。これとは別に、人的資本および多様性については、CG コードや関連する法令との平仄を合わせるかたちで、人材育成方針や社内環境整備方針、これらの方針に関する指標の内容および当該指標を用いた目標・実績など、いくつか個別に必要的な開示が求められる項目が別途規定されています。

2　国際開示基準を踏まえた SSBJ による日本のサステナビリティ開示基準

西原：今申し上げたのが現行法の下での有価証券報告書におけるサステナビリティ情報開示の枠組みでございますけれども、このような開示府令改正の動きと並行して、IFRS 財団においてサステナビリティに関する国際開示基準の策定も進められています。日本国内の開示基準も、国際開示基準に合わせるかたちで、今後より強化していくことが想定されており、足もとでは具体的な開示基準の策定も進められています。2022 年に財務会計基準機構の下にサステナビリティ基準委員会（SSBJ）という組織が設立されています。SSBJ においては、IFRS 財団に設定された国際サステナビリティ基準審議会（ISSB）が 2023 年 6 月

第３章　企業を強くするサステナビリティ・ガバナンス

［図表 3-6］SSBJ によるサステナビリティ開示基準の公開草案

▶ サステナビリティ基準委員会（SSBJ）は、2024年3月、日本におけるサステナビリティ開示基準案として以下の公開草案を公表
　▷ サステナビリティ開示ユニバーサル基準公開草案（「サステナビリティ開示基準の適用（案）」）
　▷ サステナビリティ開示テーマ別基準公開草案第1号（「一般開示基準（案）」）
　▷ サステナビリティ開示テーマ別基準公開草案第2号（「気候関連開示基準（案）」）
▶ 意見募集期間は2024年7月31日まで
▶ 公開草案では、東証のプライム市場上場企業又はその一部が対象として想定。公開草案の構成は以下の図のとおり

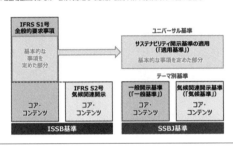

出所：サステナビリティ基準委員会「コメントの募集及び本公開草案の概要」5頁

に策定した国際開示基準（IFRS S1 号「サステナビリティ関連財務情報の開示に関する全般的要求事項」および IFRS S2 号「気候関連開示」）を踏まえて、2024 年 3 月に日本におけるサステナビリティ開示基準の公開草案を公表しています。

　SSBJ の公開草案においては、3 つの開示基準案が公表されております。具体的には、**図表 3-6** にも記載がありますとおり、「サステナビリティ開示ユニバーサル基準公開草案」（サステナビリティ開示基準の適用（案））、「サステナビリティ開示テーマ別基準公開草案第 1 号」（一般開示基準（案））、「サステナビリティ開示テーマ別基準公開草案第 2 号」（気候関連開示基準（案））の 3 つが公表されています。これらの 3 つの開示基準案については、2024 年の 7 月末までパブリックコメントに付され、その後遅くとも 2025 年 3 月末までには最終化する方針が示されている状況です。そのため、現状の SSBJ の想定どおりに進めば、これらの国際開示基準を踏まえたサステナビリティ開示基準の適用は、遅くとも 2026 年 3 月期からは可能になることが見込まれます。SSBJ のサステナビリティ開示基準については、先ほども触れたとおり国内法への取り込み、すなわち義務化が想定されていま

すが、この取り込みの時期については、現在金融庁の審議会で議論されているところです。

SSBJ のサステナビリティ開示基準案の中身につきましても時間の許す範囲で簡単にご説明させていただきます。基本的な枠組み自体は開示府令と同様、「ガバナンス」、「戦略」、「リスク管理」、「指標及び目標」の4つの柱に基づいています。開示府令の改正は ISSB の国際開示基準に関する議論状況を踏まえながら行われたため、基本的な枠組みは揃っていますが、国際開示基準と比較して、特に SSBJ の開示基準案が若干異なっている点をご説明させていただきます。

まず開示が求められる対象ですが、当初は上場会社全体とされていましたが、今回の公開草案においては、東証のプライム市場上場企業またはその一部とすることが想定されています。また、図表 3-6 を参照いただければと思いますが、ISSB が策定した IFRS S1 基準においては、サステナビリティ関連財務情報開示を作成する際の基本的な事項を定めた部分と、サステナビリティ関連のリスクおよび機会に関して開示すべき事項(コア・コンテンツ)を定めた部分とで構成されており、コア・コンテンツに関する定めは、個別テーマに具体的に適用される基準が存在しない場合に適用するという建て付けとされています。他方で、SSBJ の公開草案においては、わかりやすさの観点から、IFRS の S1 基準に相当する基準を、基本的な事項と定める適用基準とコア・コンテンツを定める一般基準とに形式上も分けて整理することが提案されており、その結果、2つではなく3つの開示基準によって全体が構成されるかたちとなっています。

また、適用開始時期につきましては、先ほども言及いたしましたけれども、確定基準の公表日以後に終了する年次報告期間に係る開示から適用可能とされています。その上で、各基準において経過措置が設けられており、たとえば気候関連開示基準(案)については、適用する最初の年次報告期間に経過措置を適用するとした上で、同基準を適用する最初の年次報告期間の直前の年次報告期間において、温室効果ガス排出量の測定に GHG プロトコルまたは各法域当局もしくは上場する取引所が要求している方法以外の測定方法を用いていた場合に

第3章　企業を強くするサステナビリティ・ガバナンス

は、その測定方法を引き続き用いることが可能であるとされています。また、スコープ3の温室効果ガス排出量（サプライチェーンにおける排出量）を開示しないことができるといった経過措置も設けられています。

　他方、気候関連開示基準（案）における「指標及び目標」については、報告期間中の温室効果ガス排出の絶対総量について、スコープ1・2・3に区別した開示と、これらの排出量の合計値を併せて開示しなければならないとされています。この合計値の開示は、ISSBの国際開示基準では求められていないところです。

　温室効果ガス排出量の測定方法については、地球温暖化対策の推進に関する法律（**温対法**）に基づく温室効果ガス排出量の算定・報告・公表制度の対象企業との関係についても、SSBJの開示基準案の中で考慮されています。たとえば、気候関連開示基準（案）の中では、温対法における温室効果ガス排出量の報告のための算定期間とサステナビリティ関連財務情報開示の報告期間を合わせて調整計算をしたり、あえて追加的にGHGプロトコルに基づく再計算をしたりすることまでは求めないといった整理がされています。

　また、スコープ1・2の温室効果ガス排出量につきましては、対象企業に関するものとその他の投資先に関するものとに分解して開示しなければならないとされています。ISSBの国際基準との違いという観点では、スコープ2の排出量については、ロケーション基準によるスコープ2の温室効果ガス排出量を開示しなければならないとされていますが、それに加えて、契約証書を有している企業においては、その契約証書に関する情報を開示すればよいとされていますが、ない場合にはマーケット基準によるスコープ2の温室効果ガス排出量とその測定方法を開示することが求められています。特に今申し上げた後者、契約証書を有していない場合のマーケット基準によるスコープ2の温室効果ガス排出量の開示が可能となるという選択肢が追加されているところは、ISSBの国際基準と異なる点です。加えて、スコープ3については、SSBJにおける検討の中でもさまざまな議論がございましたが、公開草案をみてみますと、結論としてはスコープ3につい

86

てもカテゴリー別の排出量の開示を要求しています。

　以上、SSBJのサステナビリティ開示基準案の概要まで、西原からご説明させていただきました。

安井：西原先生、ありがとうございました。サステナビリティ情報開示をめぐる法制については、グローバルにサステナビリティに関する情報を企業サイドに対して開示するよう求めていくという大きな流れがあります。後でも触れますが、投資家サイドでそういったサステナビリティ関連の情報を考慮して投資判断をしていくという動きが高まっている中で、各国で法制化が進んでいます。

　日本に関しては、西原先生からご説明いただいたように、IFRS財団という国際会計基準を作っているのと同じ主体がサステナビリティに関する国際基準を策定しており、それを証券監督者国際機構（IOSCO）がエンドースして日本にも取り込もうとしているという流れになっています。その中で、詳細な開示基準を国内法化する前段階として、4つの構成要素から成る開示枠組みを有価証券報告書に準備をしているというのが足もとの状況です。今後、国際基準をベースにした具体的な内容をそうした枠組みに当てはめて開示していくという段階が次に迫ってきており、すでにSSBJから公開草案も公表され、2025年の3月にはルールが確定してくるという状況になっています。

③　EUにおけるCSRD/ESRS（ダブルマテリアリティ）

安井：関連して、EUとアメリカにおける開示法制の動向についても少し補足させていただきたいと思います。詳細については、別途解説したものを本章§2（163頁）に掲載しておりますので、そちらもご参照ください。

　EUでは、もともと非財務情報開示指令（NFRD）の下で企業に対して一定のサステナビリティ情報開示を求めてきましたが、対象企業の範囲や開示事項を拡大するかたちで全体がアップデートされたのが、**企業サステナビリティ報告指令（CSRD）**です。各EU加盟国においては、CSRDに基づいた国内法を整備する必要があるものとされています。日本企業についても、ヨーロッパにそれなりの規模の子会社があ

第3章　企業を強くするサステナビリティ・ガバナンス

る場合等には、親会社も含めて適用対象になる可能性があります。

　CSRDやその内容を具体化した**欧州サステナビリティ報告基準（ESRS）**で求められている開示内容の詳細についてはここでは割愛しますが、開示トピックは非常に広範にわたっていて、この後でお話しするアメリカとの比較では、気候変動対応に関する温室効果ガス排出量については、いわゆる**スコープ3**と呼ばれるサプライチェーンにおける排出量についても開示が求められています。その他、気候変動関連に限らず、自然資本や生物多様性に関連する項目も広くカバーされています。また、社会に関連するトピックについても、バリューチェーン上の労働者に関する項目等も含まれています。

　EUの開示ルールの大きな特徴の1つとして、いわゆる**ダブルマテリアリティ**の考え方が採用されている点があります。それぞれの開示項目について、各企業が自社のビジネスモデルや事業活動の内容等を踏まえながら、サステナビリティ関連の課題が自社の企業価値に及ぼす影響だけでなく、自社の企業活動がそれぞれのサステナビリティ関連の課題に対して及ぼす影響という2つの異なる観点を考慮して重要課題を特定し、開示を行うことが求められていますので、その結果、関連する課題について広く開示が求められてくることになります。

④　アメリカにおける開示法制の動向

安井：次にアメリカについてもお話します。2024年3月に米国証券取引委員会（SEC）において気候関連情報の開示を求める最終規則（**SEC気候関連開示規則**）が採択されました。SEC登録企業であれば、日本企業を含む外国企業にも適用されます。先ほどご説明したEUとの違いでいうと、SEC気候関連開示規則では、いわゆる**シングルマテリアリティ**の考え方が採用されており、自社の企業価値に及ぼす影響の観点からサステナビリティ課題の重要性を捉えていくという考え方になっています。ガバナンス、戦略、リスク管理、指標及び目標という4つの要素を中心とした開示が求められていますが、温室効果ガス排出量については、スコープ3についてはさまざまな反対等を受けて開示を求めないかたちに最終的に落ち着いた経緯があります。保証につ

88

§1-Ⅱ　サステナビリティ開示の強化

[図表3-7] サステナビリティ情報開示・保証に関する日米欧の状況

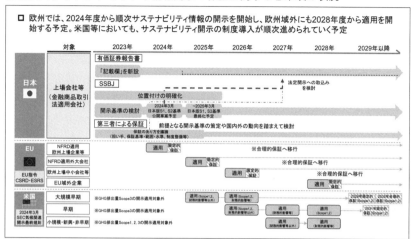

出所：金融審議会「サステナビリティ情報の開示と保証のあり方に関するワーキング・グループ」（第1回）事務局説明資料3頁

いてもあわせて導入が想定されているという点はアメリカも同じで、温室効果ガス排出量の開示については、順次保証も求めていくこととされています。

　SECのルールは今ご説明したとおりですが、アメリカでは州ごとにも連邦とは異なるルールがある中で、たとえばカリフォルニア州ではより踏み込んだルールが作られています。**カリフォルニア州気候関連開示法**と呼ばれるものですが、温室効果ガス排出量の開示については、カリフォルニア州ではスコープ3まで開示せよとされており、SECのルールとは異なっています。このカリフォルニア州気候関連開示法もアメリカ法を設立準拠法とする企業で、かつ一定以上の売上高がある企業には適用されるかたちになっていますので、日本企業の子会社も該当してくる可能性があります。

　グローバルな動きとしては、今ご説明させていただいたとおりEUやアメリカそれぞれの開示法制に動きがある中で、日本の動きと重ねたのが**図表3-7**です。各法域で急速にサステナビリティ情報開示とそれに対する保証に関するルールの整備が進められています。

89

第3章　企業を強くするサステナビリティ・ガバナンス

5　サステナビリティ情報の保証

安井：今まさにこのサステナビリティ情報開示に関するホットイシューの1
つは保証のあり方です。財務情報については監査法人がしっかりそれ
を確認し、保証という形でお墨付きを与えた上で、有価証券報告書に
掲載されます。それと同じようなかたちに非財務情報開示についても
していこうということで、保証のあり方に関する議論が近年急速に進
んでいます。EUでは、CSRDに基づく報告については第三者による
保証も義務づけられており、適用開始当初は限定的保証と呼ばれる部
分的な保証から始まって、その後により厳格な審査が求められる合理
的保証へと移行していく流れが想定されています。

　保証に関するグローバルな議論の流れを少し補足すると、2023年
にIOSCOが「サステナビリティ関連企業報告のためのグローバルな
保証フレームワークの開発に向けた国際的な作業に関する報告書」を
出しており、これが大きな流れを作りました。これを受けて、国際監
査・保証基準審議会（IAASB）が、サステナビリティ情報の保証に関
する新しい国際基準として「ISSA5000」の策定を進めており、すでに
公開草案も公表されていて2024年末までには最終化されることが見
込まれる状況になっています。また、国際会計士倫理基準審議会
（IESBA）でも、**サステナビリティ関連倫理基準**の策定が並行して進
められており、こちらも年内の最終化が目指されています。

　こうした国際的な動きの中で、現在、日本では「サステナビリティ
情報の開示と保証のあり方に関するワーキング・グループ」が立ち上
げられ、サステナビリティ情報開示とその保証に関するルールのあり
方について議論が進められています。

　具体的には、日本企業に対してどのタイミングでIFRSの国際基準
を反映したSSBJの開示ルールを適用していくか、それに対していつ
のタイミングからどの程度の水準の保証を求めていくか等といったと
ころについて、具体的に検討が進められています。現時点では最終的
な結論は出ていませんが、一定以上の規模の会社から順に、適用開始
時期に段階的に差をつけるようなアレンジ等が検討されています。

§1-Ⅱ　サステナビリティ開示の強化

6　企業において求められる対応

安井：現状の日本の開示ルールにおいては4つの要素を軸にした開示の枠組みだけがまずはできていて、それに従ってある程度自由に書けるというのが今の状況です。ご説明したような今後の動きを見通していくと、そうした状況は今だけであって、IFRS の国際基準を反映した国内ルールが策定されて今後に適用されてくることになります。さらにいうと、EU やアメリカのルールも、企業によってはグループ会社を含めて直接適用を受けることもあり得る中で、これらに対応していかなければいけない日本企業においては、総合的な開示対応が求められてくることになります。特に EU の CSRD は、先ほどご説明したとおりダブルマテリアリティの考え方を採用していますので、日本国内の開示ルールに沿った開示内容のままでは、要件を満たすことができないところも出てくることが見込まれます。

　加えて、企業においては、ご説明したようなサステナビリティ情報開示を進めていく前提として、サステナビリティへの取組みそれ自体や、関連する体制を強化していく必要性が高まってきているということでもあります。EU では、開示規制である CSRD だけでなく、CSDDD 等の企業の行為規範レベルでしっかり関連する取組みを行っていくことについて直接義務を課すようなルールもセットで設けられてきていますので、企業においてはそうした発想で取り組んでいく必要があると考えられます。

　サステナビリティ情報開示の基準や、それに対する保証の基準が具体的にできてくると、自社のサステナビリティに関する取組みや関連する情報開示の中身が、保証基準等に照らしてもしっかりルールに沿ったものになっていると評価できるかということについて、社内でしっかりモニタリングしていくことが**内部統制**の役割として今後求められていくことも見込まれます。そういった状況がすぐ目の前に迫ってきており、したがって関連する対応をできるだけ早いタイミングから進めていく必要があるということが、ご紹介申し上げたサステナビリティ情報開示等のルールの動向からみえてくるポイントです。

91

第３章　企業を強くするサステナビリティ・ガバナンス

武井：ありがとうございました。途中で言及がありましたとおり、サステナビリティ情報の開示と保証のあり方について、ちょうど 2024 年春から金融庁の WG で議論が進められています。適用範囲、作成・開示時期、スコープ３の開示、非財務情報開示の虚偽記載責任等に関するセーフハーバーのあり方、保証制度あり方など、とても重要な論点が議論されています。

　今後の開示法制への効率的対応の要請も含め、必要なデータ等の収集を含む適切な内部統制のあり方、リスク管理のあり方を含むサステナビリティ・ガバナンスの強化は必須となっていきます。

Ⅲ　進展するサステナブルファイナンス

1　サステナブルファイナンスの動向

安井：では次に、**サステナブルファイナンス**の動向について、西原先生からご説明をお願いします。

西原：少し観点を変えて、サステナブルファイナンスの動向について簡単にご紹介させていただきます。

　まず統計データのご紹介ですけれども、GSIA の「Global Sustainable Investment Review」によれば、グローバルの **ESG 投資**の規模は、2022 年時点で 30.3 兆ドルになっているとされています。2020 年の調査と比較すると全体としては減少しており、特にアメリカにおいては 51％減少したという結果になっていますが、アメリカ以外の欧州や日本といった調査対象地域では、全体で 20％増加しています。アメリカにおいてはいわゆる反 ESG の流れも出てきており、政治的な動きにつながる可能性も指摘されていますので、今後はそうした影響が出てくる可能性もあるかとは思われます。他方、日本をみてみますと、**日本サステナブル投資フォーラム**が実施した「サステナブル投資残高調査 2023」によれば、日本における ESG 投資の残高は 2022 年時点で約 493 兆円、2023 年時点では約 537 兆円となっており、2021 年まで急成長したペースと比べると足もとでは若干上昇率は落ち着いてきてはいますが、引き続き拡大傾向にあります。

92

§1-Ⅲ　進展するサステナブルファイナンス

　近年になってサステナビリティ情報開示の充実に向けたルール策定
の動きが急速に進んでいるのは、こうした投資家側の動きとニーズに
対応しているという面があろうかと思います。特に日本においては、
企業と機関投資家との間のサステナビリティに関する対応を促進する
という観点も強調されており、そうした対話に先立った企業側の情報
開示の充実化が進められています。

2　インパクト投資の活発化

西原：次に、サステナブルファイナンスに関する日本政府の動向ですが、金
　　　融庁においてはサステナブルファイナンスの推進を目指して有識者会
　　　議を継続的に開催しています。この有識者会議ではこれまで4つの報
　　　告書が公表されていますが、2024年7月に最新の第四次報告書が公
　　　表されています。詳細は省きますけれども、企業開示の充実等に加え
　　　て、**インパクト投資**の推進についても言及されています。

　　　ESG投資の手法としては、ESGインテグレーションやポジティブ
　　　またははネガティブの観点からのESGスクリーニング等が主なもの
　　　としてあり、これらがESG投資の拡大に寄与されてきたといわれて
　　　います。

　　　他方、これらの手法については、個別の投資が実際にどの程度サス
　　　テナビリティ課題の解決に貢献しているのか、具体的な技術の実装や
　　　ビジネスモデルの変革等に本当につながっているのかという点につい
　　　ては明確には確認しづらいという課題が指摘されています。こうした
　　　課題を踏まえて、最近ではインパクト投資の機運が高まっていると
　　　ころです。この**インパクト投資**というのは、持続可能な社会経済基盤の
　　　構築といった基本的な意義を共有しながらも、投資の効果、すなわち
　　　インパクトに着目する手法です。インパクト投資は、通常の投資と同
　　　様に一定の収益を生み出すことを前提としつつも、個別の投資を通じ
　　　て実現を図る具体的な社会・環境面での効果、すなわちインパクトと
　　　これを実現するための戦略により主体的にコミットする点に特徴があ
　　　るとされています。インパクト投資を通じて実現を図る効果や収益を
　　　具体的に特定することによって、投資家と企業双方でのアカウンタビ

93

［図表 3-8］インパクト投資に関する基本的指針

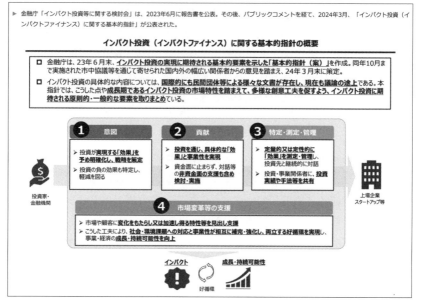

出所：金融庁「インパクト投資（インパクトファイナンス）に関する基本的指針の概要」

リティを明確化するほか、そうした効果や収益の実現に向けた具体的な技術であるとか、具体的な方策等に関する目利き力が向上する、エンゲージメントの重点が明らかになり対応の実効性を高められるといった効用があると考えられています。

　今ご紹介したインパクト投資の意義等につきましては、金融庁に設置された検討会において2023年6月に取りまとめられた「インパクト投資等に関する検討会報告書」において説明されています。この報告書と併せて「インパクト投資に関する基本的指針（案）」が取りまとめられ、パブリックコメントを経て2024年3月に確定版「インパクト投資（インパクトファイナンス）に関する基本的指針」が公表されております。概要は図表3-8をご覧ください。

西原：この基本的指針においては、インパクト投資の具体的な内容についてさまざまな見方がある中で、こうした点や成長期であるインパクト投資の市場特性も踏まえて、多様な創意工夫を促すよう、インパクト投

資に期待される原則的かつ一般的な要素が取りまとめられています。

　具体的な内容としましては、**図表3-8** にも記載されていますが、インパクト投資として実現が望まれる4つの基本的要素として、①投資が実現を意図する社会的・環境的効果が明確であること、②投資の実施により、具体的な効果と事業性の実現に貢献できること、③効果の特定・測定・管理を行うこと、④市場や顧客に変革をもたらし又は加速し得るよう支援すること、という各要素が挙げられています。

　基本的指針の策定の後には、投資家や企業、自治体等の幅広い関係者が参画する**インパクトコンソーシアム**も、2023年11月に設立されていまして、ますますインパクト投資をめぐる議論が活発化しています。先ほど触れたたインパクト投資に関する検討会の報告書では、インパクト投資に関する国内外の動向についても触れられていますが、その中では、企業会計や開示におけるインパクトの加味に関する取組みについても項目として掲げられています。インパクトを可視化して、企業が社会や環境に与える効果を貨幣価値に換算し、財務諸表とあわせて情報提供を行おうとする取組みです。

　サステナビリティ開示の充実化に向けた動きの中でインパクト投資が推進されている状況ですが、インパクトをどのように測って可視化し、具体的な改善につなげるか等といった議論に今後つながっていくものと思われます。

　今申し上げたインパクトをどのように可視化するかというところについては、インパクトの測定手法の1つとして、「インパクト投資等に関する検討会報告書」の中ではハーバードビジネススクールにおける**インパクト加重会計**の議論が紹介されています。

　この考え方の中では、すべての企業はインパクトを有しているものの、そのほとんどが比較可能かつ包括的な方法で測定されていないという問題を指摘して、ビジネスリーダーに実用的なシグナルを提供するためには、インパクトと財務諸表を結びつける必要があるという必要性を説明した上で、インパクトを加重した財務会計、いわゆるインパクト加重会計の整備が必要であるとしています。インパクト加重会計の具体的な算定式等については割愛しますけれども、若干のみ触れ

させていただきますと、インパクトの対象範囲としては、現状では大きく雇用、製品、環境に分けられているようです。たとえば製品に関するインパクトの算定にあたっては、特定の企業の製品が環境等に与えるインパクトがどういったものかというところが考慮されます。製品インパクトの測定を行うにあたっては、決められたテーマがございまして、たとえば規模ですとか質、それから製品の需要者へのアクセス可能性など、環境、健康や安全等のテーマが事前に定められているのですが、こうしたテーマを設定して、それに対するより詳細な項目と指標が用いられて具体的なインパクトが測定されるというアプローチになっています。西原からのご説明はいったん以上です。

安井：西原先生、ご説明ありがとうございました。触れていただいた投資家サイドの動きですけれども、企業側でサステナビリティに関する情報開示が求められるようになってきている背景に投資家側のニーズがあるという話を先ほどさせていただきましたが、説明のあったインパクトのところについても、まだ発展途上ではあるものの、具体的にどういったところが重要なインパクトなのかといったポイントが絞られてきて、投資家側がそうした点を気にしてチェックしてくるようになると、企業側でもそうした点に関する開示が期待されてくることになると思います。先ほども申し上げましたが、そうした開示のためには具体的なサステナビリティに関する取組みや、モニタリング、ガバナンスといった体制整備がその前提になってきますが、その際にインパクトの視点も具体的に盛り込んでいくような、そういった動きにつながってくる話であると思います。

武井：ありがとうございました。サステナブルファイナンスの関連で少しコメントしますと、気候変動をはじめとする社会・環境課題が中長期的な投資リターンに影響を及ぼすとして、投資に当たってサステナビリティ課題を考慮するサステナブル投資が広がっています。SX戦略が進むことで高い収益が生まれる可能性があること、サステナビリティ課題には投資家にとってもシステムリスクレベルとなるものが少なくないこと、サステナビリティ課題を重視したい最終受益者としての個人も増えていることなどが指摘できます。さらにサステナビリティ・

§1-Ⅲ　進展するサステナブルファイナンス

イシューはこのまま放置すると不可逆的事態に陥ることから解決に時限性があるという認識が広まることで、サステナビリティ投資が進展する面もあります。

　元々サステナビリティ課題は経済学的には負の外部性の問題、市場の失敗からの事象です。短期志向からのコスト負担最小化等の市場原理ではうまく回らない面があるわけです。先ほどのⅡ（81頁）の上場会社側の箇所でいろいろとご紹介があったSX戦略を含め、上場企業側の活動においてもこうしたサステナビリティ課題をいわば内部化した形での企業価値向上こそが、CGコードが目的としている中長期的企業価値向上、持続的成長となります。SSコード（スチュワードシップ・コード）も中長期的企業価値向上、持続的成長が目的ですので、アセットオーナーとアセットマネージャーとの間の関係でも、パッシブの概念、受託者責任の概念等を考えていくことが求められています。

　上場企業の文脈では機関投資家側にパッシブ運用の者が増えていることは顕著な流れですが、サステナビリティ課題に対してパッシブのアセットマネージャーが取り組む対話等は、一種の受託者責任的な面が出てきています。また3年等のアクティブ運用ではサステナビリティ課題への対策の時間軸と合わないときが多くなります。そこでパッシブ運用であってもアセットマネージャーによるこうした意味のある対話等に対して運用報酬等が支払われることを、アセットオーナーや個人も受け入れるべき時代なのだといえます。日本で重要政策として進められている資産運用立国も中長期の視点です。

　インパクト投資は2024年度に入って加速度的に進展してきています。2024年6月に公表された「**新しい資本主義のグランドデザイン及び実行計画**」の2024年改訂版でも、「社会課題解決という目標に向けて、インパクト投資手法を確立させ、成長分野に対する官民の資金供給の担い手を拡大させていくことで、社会課題の解決が新たな市場としてスピード感を持って拡大する仕組み作りを進め、**マルチステークホルダー型企業社会**を推進する」として、インパクトスタートアップに対する総合的な支援策が言及されています。またアセットオーナーシップの改革の箇所にもサステナビリティ投資に関する言及がな

97

第 3 章　企業を強くするサステナビリティ・ガバナンス

されています。

Ⅳ　EU で推進されるサステナ関連のハードロー

武井：では EU の最新動向について、渡邉先生と加藤先生からよろしくお願いします。

[1]　グリーンディールのもと推進されている EU のハードロー（開示規制と実体規制）

加藤：ありがとうございます。フランクフルトオフィスを拠点に企業法務、ESG 関連法務全般を専門にしております加藤です。

　　EU の近年の動向について渡邉弁護士と加藤で紹介させていただきます。周知のとおり EU では、ESG やサステナビリティに関する規制強化が急速に進んでおりますが、EU における規制強化の特徴として、規制によって事業者とか消費者の負担が増えたとしても、環境や人権に配慮しながらの EU の持続可能な成長と経済強化の両立を図るためのものであれば、規制を積極的に進めるという傾向があるように見受けられます。

　　現在進んでいる EU におけるサステナビリティ関連の規制強化の根幹にあるものが**グリーンディール**です。グリーンディールとは、人々の幸福と健康の向上を目的に 2019 年に策定された EU の政策方針で、EU におけるすべての政策分野において気候と環境に関する課題を機会に変えることで EU 経済を持続可能なものに転換し、その移行をすべての人々にとって公正かつ包摂的なものにするための行程表と位置づけられています。クリーンで循環型の経済に移行することで、資源の効率的な利用促進、気候変動の抑制、生物多様性喪失の逆転、汚染削減等に取り組みながら、経済成長も実現するという、野心的な姿勢をとっています。その政策実現のため、特定の分野に限られず業種に関係なくサステナビリティ関連の規制強化が図られています。

　　グリーンディールのもとで立法されてきた法令の中でも特に注目されているものが、先ほど安井弁護士、西原弁護士のパートで取り上げ

98

られた、企業によるサステナビリティの取組み状況に関する情報開示の充実化を目指したCSRDです。また、開示に加えて、企業行動の実体面を規制するルールとして、人権や環境を中心にサステナビリティに関するDDを義務づける**企業サステナビリティ・デューデリジェンス指令**（Corporate Sustainability Due Diligence Directive：CSDDD）が2024年7月に施行され、EU各加盟国は2026年7月26日までに国内法を整備することが求められています。さらに、**バッテリー規則**、**森林破壊防止規則**、温室効果ガスの削減を目指す**EU-ETS規則**、**強制労働製品流通禁止規則**をめぐる最近の動きからもわかるように、今後も規制強化が推進されていく傾向にあります。なお、これらの規制強化は必ずしも新たな法制度が導入される形でなされるとは限らず、従前からある指令が規則に変更されたり、適用範囲が拡大されたりする形で実施されることもあります。

2 CSRD（＋ESRS）がガバナンスとサプライチェーン全体の開示を要求

加藤：CSRDの内容は先ほどでてきましたので、簡単に日本企業に影響する点につき触れさせていただきます。CSRDは既存のEU会計指令の内容を改正するもので、一定の要件を満たすEU域外企業も、2028年会計年度から適用対象となる予定です。これに伴って日本企業としては、自身の適用対象該否を検討の上、該当するのであれば、2028年会計年度の情報を、2029年に開示をする前提で準備が求められますが、そこまで待たずに積極的に開示を行っていこうとする企業もあると認識しております。また、欧州企業についてはその規模によって2024年会計年度（開示2025年）から適用対象企業が段階的に拡大されていきますので、欧州にある子会社についても、該否判定を実施の上、対象となる場合には開示の準備を進めていく必要があります。欧州において複数の子会社がある場合には、連結で開示していくことで効率化を図る動きもありますが、場合によっては個別で開示した方が効率的な場合もあり、各企業の状況に合わせて最適な開示を模索していくことになります。

　あとは、仮に自身が開示の対象にならなかったとしても、開示対象

第 3 章　企業を強くするサステナビリティ・ガバナンス

［図表 3-9］ESRS による開示要請項目

ESRS （全セクター共通）	【採択済】	横断的基準	ESRS 1	全般的要求事項（一般原則）
			ESRS 2	全般的開示（必須開示事項）
		環境	ESRS E1	気候変動
			ESRS E2	汚染
			ESRS E3	水と海洋資源
			ESRS E4	生物多様性とエコシステム
			ESRS E5	資源活用と循環型経済
		社会	ESRS S1	自身の労働者
			ESRS S2	バリューチェーン上の労働者
			ESRS S3	影響を受けるコミュニティ
			ESRS S4	消費者と最終顧客
		ガバナンス	ESRS G1	事業行動
ESRS （セクター別基準）	【未採択】	2026 年 6 月 30 日を期限に採択予定。		
ESRS （中小企業向け基準）	【未採択】	2026 年 6 月 30 日を期限に採択予定。		

　企業からサステナビリティに関する対応を求められるという動きがすでにみられますので、法令にもとづく開示義務の有無、開示義務開始時期にかかわらず、積極的に自社のサステナビリティに関する対応を進めていくことが EU におけるビジネス継続のためにも重要な要素になっています。

　ガバナンスの観点から言うと、CSRD に基づく開示の具体的な項目を決めた ESRS の中で、サステナビリティ関連のガバナンスについての開示項目が定められています（図表 3-9）。

　具体的には、自身のビジネスモデルや企業活動に照らして、(1) サステナビリティ関連の課題が自分の企業価値に及ぼす影響と、(2) 企業活動がサステナビリティ関連の課題に及ぼす影響の両方を考慮して、重要課題を特定の上（いわゆる「ダブルマテリアリティ」による重要性判断）、それらに関するガバナンスがどうなっているかについて

§1-Ⅳ　EUで推進されるサステナ関連のハードロー

の説明が求められます。また、この際、自身の事業だけでなく、バリューチェーン全体におけるリスクや重要性などを考慮することが求められます。

③　CSRDの国内法化と国際基準との整合性

加藤：CSRDは指令ですので各EU加盟国で国内法化する必要がありますが、その国内法化の期限が2024年7月6日であったところ、期限までに法制化された国は一部の国にとどまっており、2024年10月22日現在、引き続き法制化作業に取り組んでいる加盟国が残っています。

　　　EUは、サステナビリティに関する他の法令との整合性に加えて、国際基準との整合性についても意識しているところで、複数の開示要請に従わなければならない企業側の負担を考慮して、先ほども出てきたISSBとの整合性等を含めて、CSRDのもとでの開示の実務に関するFAQやガイドライン等を整備していく動きもみられます。FAQについては2024年8月7日に欧州委員会からドラフト段階のものが公表されています。

　　　このように、EUは、独自の規制強化を図りながらも、国際レベルでの動きを配慮する姿勢もみられます。

④　EUバッテリー規則

加藤：**バッテリー規則**は、2006年に発効したバッテリー指令の内容を改正し、各加盟国に直接適用される規則に変更することでEUレベルでのルールの調和を図り、「欧州グリーンディール」に掲げられている2050年までの温室効果ガスの排出を実質ゼロにすることを目標にしています。2023年8月に発効し、2024年から段階的に実施規則と委任規則が施行されます。バッテリー規則は、自動車用、産業用、携帯（ポータブル）用など、EU域内で流通するすべてのバッテリーが対象となっており、バッテリーの原材料の調達から設計、製造、品質管理、回収、再利用、再使用までの流れを規制し循環型経済への移行を促進してくために製造業者、製造業者から委託を受けた欧州認定代理

101

第 3 章　企業を強くするサステナビリティ・ガバナンス

人、輸入業者、販売業者、生産者にさまざまな義務を課しております。具体的には、適用対象者には、バッテリーの品質検証、リサイクル状況の確認、カーボンフットプリントの申告、リサイクル資源材料の使用、バッテリー回収率の確認に加え、責任ある原材料調達ということで、自社だけではなくてサプライチェーンにおける環境や人権への影響に関する配慮が求められ、それに関する報告が求められるようになっております。日本企業では、自動車産業をはじめとして影響を受ける企業も少なくなく、自社の製品がバッテリー規則上のバッテリーに定義されるかといった該否判定はもちろんのこと、欧州の基準を満たした製品の開発も課題となっています。

5　EU 森林破壊防止規則

加藤：**森林破壊防止規則**は、2010 年に発効した木材規則を廃止し、新たな規則を導入するもので、2023 年 6 月に発効しています。大企業には 2024 年 12 月 30 日から、中小企業には 2025 年 6 月 30 日から適用される予定でしたが、2024 年 11 月 14 日に当該適用開始時期をそれぞれ 1 年延期する改正が欧州議会により可決され、2024 年 11 月 20 日には EU 理事会も同様の立場を表明しており、所定の手続を経て改正規則が施行され、それぞれ 1 年延期される見込みです。同規則は、気候変動対策と生物多様性の保護を目的に、パーム油、牛肉、木材、コーヒー、カカオ、ゴム、大豆、皮革、チョコレート、家具、印刷紙、パーム油ベースの派生製品等を EU 市場に上市、供給、または EU から輸出するすべての事業者、貿易業者に対して、EU 域内で販売、または域内から輸出する対象製品が、森林破壊によって開発された農地で生産されたものではなく、また、土地使用権、労働権、人権などに関する法令に従っていることの確認・声明が求められます。この規則においても、サプライチェーンに関する情報収集が不可欠であり、モニタリング制度の確立が求められます。

6　EU-ETS 規則の改正および CBAM

加藤：**EU 排出枠取引制度（EU-ETS）**とは、エネルギー集約産業を主な対象

§1-Ⅳ　EUで推進されるサステナ関連のハードロー

として、温室効果ガスの排出量に年次の上限を設定し、排出枠の過不足分を売買する手法を通じて温室効果ガス排出量の削減を目指すものです。2003年から導入された制度ですが、2023年6月、欧州グリーンディールの一環として、2030年の温室効果ガス排出量を1990年比で少なくとも55%削減するという目的を掲げた「Fit For 55」の下で、EU-ETSの対象拡大、排出枠の削減等を内容とするEU-ETS規則の改正がなされました。エネルギー消費量が多いエネルギー産業、製造産業、航空産業等に加えて、船舶による海上輸送に伴う温室効果ガスの排出もEU-ETSの対象となっています。温室効果ガス排出枠の売買を通して、排出努力をした企業に、金銭的なメリットを与えることで、目にみえる形で排出量の削減を促進していくという考え方が背景にございます。

　EUレベルのEU-ETSに加えて、ドイツやオーストリアのように国別のETSを独自に取り入れている国もあります。これらの国々では、EU全体で足並みを揃えてグリーンディールを実行していくという姿勢を維持しつつも、EUレベルにおける取組みだけでは不十分な部分があると判断し、たとえば建物での暖房用燃料、陸上輸送、廃棄物焼却についても国別ETSの対象にする等、自主的にEUで求められている以上に規制を強化する、または規制時期を早められたりしています。EU-ETSの対象と国別ETSの対象に重複が生じるような場合には、事前控除や事後還付といった制度を準備するなど、重複適用を避ける仕組みも整備されています。

　このようなEU域内での排出量規制強化に伴うカーボンリーケージ対策として、炭素国境調整メカニズム（CBAM）が導入され、EU-ETSに基づいてEU域内で生産される対象製品に課される炭素価格に対応した価格を域外から輸入される対象製品に課す制度が取り入れられています。

7　強制労働製品流通禁止規則

加藤：EUでは、企業の本店所在地や規模にかかわらず、EU市場に製品を流通させる事業者、またはEU市場からEU域外に輸出する事業者すべてを対象として、強制労働により生産された製品（強制労働製品）

のEU市場への流通およびEU域外への輸出を禁止する**強制労働製品流通禁止規則**が2024年11月19日に採択され、今後EU官報への掲載を経て施行されます。施行3年後に適用が開始される見込みです。この規則の下では、ある製品が強制労働製品であると当局に判断された場合、当該製品はEU市場への輸入・流通およびEU市場外への輸出が禁止されることになります。また、管轄当局の調査対象になった事業者には、すでに流通している製品のEU市場からの撤去や廃棄も求められます。ただ多くの産業がEU域外からの輸入に頼っているという事情もあり、どこまで調査が可能か、またはどこまで禁止が徹底できるかといったことは課題としてあげられています。この規則自体が既存の他のEUのルールに加えて新たにDD義務を課すといった建て付けではありませんが、事業者側としては、当局による調査が入った場合に備えて、**国連ビジネスと人権に関する指導原則**（「指導原則」）やOECD等のガイドラインに沿って、リスクベースアプローチに基づく人権DDを実施していること、サプライチェーンにおける人権への負の影響の特定、防止、緩和、是正、救済といったプロセスを経ていることを説明できるガバナンス体制を構築しておくことが求められます。

　次に、人権DDに関しては、2023年12月のEUにおける政治的合意から紆余曲折を経て2024年7月に発効したCSDDDについて渡邉弁護士からご説明いただきます。渡邉先生、お願いします。

V　サステナビリティ・ガバナンス／サプライチェーン・マネジメントにおける実務対応

1　欧州のデューデリジェンス指令（CSDDD）を踏まえた実務対応

渡邉：ありがとうございます。渡邉です。アジアや欧州等の海外法務および日本国内のさまざまな企業法分野との連携をしつつ、ビジネスと人権分野を含むサステナビリティ関連法務を専門に対応しております。

　EUのCSDDDに関しては、今加藤弁護士からお話があったとおり、ごく最近、2024年7月に発効し、大企業については2027年から

もう適用が開始されるというタイムラインが明確になっています。この法律は、これまでの人権DDの実務を大きく変えていくものであり、世界中の企業に対して本腰を入れて人権DDをやらなければいけないというメッセージを出すものであります。

　というのも、第1に、**域外適用**、すなわち欧州企業以外の世界中の企業にも適用があるためです。第2に、法律の直接の適用対象にならない場合でも、バリューチェーンを通じて世界中に効果が波及していくので、事実上、グローバルサプライチェーンを通じて欧州マーケットにつながっている企業については、取引先からの要請により人権・環境への取組みをしていかなければならなくなるという効果も見込まれているためです。

　第1の域外適用については、欧州マーケットでの一定の売上要件を満たせば、欧州に拠点がなくても、たとえば日本の本社であってもDDを行う義務が生じることになります。また、本社単体では当該要件を満たさなくても、連結グループレベルで一定の売上要件を満たす場合のEU域外の最終親会社も、グループ全体としてのDDを行う義務が生じるので、グループレベルで域外適用がなされるという非常に大きなインパクトもあります。これは、グループガバナンスの観点でも非常に重要な点と思われます。

　このCSDDDは、これまで企業が人権DDを実施する際に参照していた、「指導原則」を含む国際的なガイドラインを参照した法律とされています。よって、環境対応もやらなければならないなど新たな義務も随所に追加されてはいるものの、これまで指導原則上の重要な要素をきちんと押さえて人権DDを行ってきた会社にとっては、基本的には、これまで行ってきた方法の延長として考えられる部分が多いと評価できるかと考えています。逆に、多くの日本企業は、必ずしも指導原則の重要な要点には沿わない形で、どちらかというと従前のCSRの取組みの延長として人権DDの実務を進めている部分も大きい感覚であるため、CSDDDには対応できない部分もあり、今、かなり実務を変えなければいけないタイミングに来ているように感じています。

第３章　企業を強くするサステナビリティ・ガバナンス

2　リスクベースアプローチやステークホルダーとの対話の実践

渡邉：具体的な注意点をいくつか申し上げますと、第１に、**リスクベースアプローチ**です。これまで実務上は、バリューチェーン上の特に深刻なリスクを特定して優先順位を付けながら進めていくという、いわゆるリスクベースアプローチを特段意識せず、直接取引先すべてに対し、すなわち数百社や数千社に対して同じ内容の一般的な調査票を送付し、それを回収し、今年度は何社に対してアンケート調査を実施しましたといった開示をして終わっているような運用も多くみられたところです。そのような運用では対応できなくなってくるのが、CSDDDに明記されているリスクベースアプローチです。

　　　そして、何が深刻で発生可能性が高いリスクなのかを適切に特定するために、ステークホルダーとの対話もCSDDDの中では重要性が強調されています。これまでの日本企業の実務では、国際NGOなど海外の専門家との対話を年一度行うなどの運用はみられたところですが、CSDDDでは、権利に悪影響を受けるまたはその可能性のある当事者のみがステークホルダーと定義されています。たとえば労働組合との対話などが有効ですが、この点も、これまで日本企業が非常に不得意としてきた部分です。DDの方針を作るにしても、CSDDDの中では、事前にステークホルダーと協議をするという要件がありますし、協議対象のステークホルダー側が有する情報請求権も規定されました。単に機関投資家向けの開示をするための情報を集めるという視点を超えて、さまざまなステークホルダーに対して情報開示をしなければならなくなり、また、後述する民事責任を事前にできるだけ回避するための実質的な調査対応も必要であり、そのために、実質的にどのような取組みをしてどのような情報を社内で適切に記録化しておくのかも考えていかなければならなくなります。

3　グリーバンスメカニズムの整備

渡邉：第２に**グリーバンスメカニズム**（救済制度）についても、同様に、CSDDDで規定されているとおり、指導原則上の要件に照らして従前

§1-V　サステナビリティ・ガバナンス／サプライチェーン・マネジメントにおける実務対応

の内部通報制度の実務をアップデートすべき点が多く生じてきています。社外からの通報も受け付けるように窓口をオープンにしていくことに対しては、やはりまだまだ日本企業の中では抵抗感があるところですが、一方で、CSDDD でもグリーバンスメカニズムの設置義務がすでに必要とされていますので、これをいかに実務に落とし込んでいくかという検討が、今、日本企業各社でもまさに始まっているタイミングです。

4 契約関係を通じたサプライチェーン上の取組み

渡邉：第3に契約関係を通じてサプライチェーン上での取組みを求めていくことも、リスクへの対処方法の1つとして言及されています。ただし、取引契約の中でサプライヤーに対して一方的に責任を押しつけるという考え方ではなく、バイヤーとサプライヤーとの間で責任は共有されるべきという考え方が根底にある点に留意が必要です。たとえば、自社のサプライヤーのところで何らかの人権リスク、たとえば違法な賃金の支払留保が生じていた場合、その原因がすべてサプライヤーのみにあるかどうかは調査してみなければ分かりません。労務費の適切な価格転嫁をしていなかった顧客としての自社の責任がある場合もあります。そういった事態にも対処するため、バリューチェーン全体でパートナーシップを築きながら、共にリスクに対処していこうという、そういった発想になります。ですので、特に中小企業が取引相手である場合、契約書の内容は公平なものでなければいけないと規定されていたり、キャパシティビルディングを含むさまざまな支援を提供することもリスクへの対処方法の1つとされていたりします。

　第4にバリューチェーンの下流に関しても、法案の審議の最終段階で、適用範囲から大幅に落とされてしまったものの、一部残っています。これまでの実務ではサプライチェーンの上流の労働者の労働権ばかりに焦点が当たりがちでしたが、今後は下流のリスクも考えていかなければいけない。具体的には、製品の流通や輸送・保管に関する自社の下流の取引先も DD の対象になっています。

107

第3章　企業を強くするサステナビリティ・ガバナンス

⑤　企業の民事責任

渡邊：第5に**民事責任**です。サプライチェーンで生じた人権・環境リスクに関してもきちんと対処していかないと、一定の場合、企業の民事責任が発生することが明記されました。純粋に第三者である事業パートナーに原因があるリスクについては民事責任の対象から外されるとされていますが、どこまでが純粋に第三者の責任といえるのかの認定が難しいことが予想されるのがバリューチェーン上の DD の性質となりますので、企業としては、今後は、民事責任を問われることも視野に入れつつ、行為義務としての DD を益々適切に実施していく必要があろうかと思います。

⑥　日本における人権 DD の進展

渡邊：欧州の CSDDD など、海外の関連法令に関する動向は先ほど申し上げたとおりですが、最近は日本でも人権 DD が浸透しつつあることを感じています。大企業だけでなく、世界で勝負しようとするスタートアップ企業も含めて、人権への取組みに対する必要性に対する認識が広がってきていることを感じています。オールジャパンでやっていこうという傾向といいますか、中小企業であっても、今後海外マーケット向けの売上げを戦略的に伸ばしていこうというときに、人権・環境への取組みをしないと生き残れないという問題となり、海外のパートナー企業から契約上も取組みが求められ始めている状況です。上場企業か非上場企業かを問わず、各社の本気度が高まってきていることを肌で感じています。その 1 つのドライバーとしては、やはり海外での規制化が大きいのですが、必ずしも海外規制による要請がなくても、世論、すなわち市民社会側や消費者からの一般的な見方も変わってきていることを感じています。リスクが発現してしまった場合、今の時代は、SNS 等のオンラインメディアを通じてすぐに世間に広がりやすい状況になっていますので、特に海外の規制を意識しなくても、当然に企業の社会的責任に含まれるため企業としてもサステナビリティへの取組みを考えていかなければいけないという風潮に

§1-V　サステナビリティ・ガバナンス／サプライチェーン・マネジメントにおける実務対応

なってきているように感じます。以上、日本で浸透しつつある人権
DD の動向の背景についてでした。

　その中で、日本企業が人権 DD を行うにあたって重要な点は、先
ほども一部申し上げましたが、とにかく基本に戻ることが重要と考え
ています。CSDDD は、**国連指導原則を基礎としており**、たとえば、
先ほど申し上げたリスクベースアプローチやステークホルダーとの対
話のあり方については、ほぼすべての企業が見直すべきタイミングに
来ていると感じます。

7　ハードローの進展

渡邉：また、個別の法律に具体的に規定されているコンプライアンスに関す
る取組みも、実は人権 DD の取組みとしても数多く必要となります。
必ずしもこれまで企業法務の M&A 実務などの中では焦点が当てられ
てこなかったような個別の規制でも、人権への取組みと密接に関連し
ており、人権 DD の中で調査していかなければなけないようなもの
も多くあります。

　日本における最近の独占禁止法と下請法の執行強化や改正に向けた
議論も重要です。サプライチェーン全体で労務費の適切な転嫁に向け
た価格設定を定着させていくべきという発想に基づき、日本でも取引
の適正化が大変重要視されて来ています。人権 DD の調査対象の一
類型である、自社による取引先の人権リスクの「助長」の有無は、ま
さにサプライチェーン上で十分な労務費の転嫁がされないことなどを
根本原因とする人権リスクへの対処の話でもあり、独占禁止法と下請
法の執行強化による企業に対するリスクへの対処は、コンプライアン
スの問題として、人権に関する取組みと重なるものといえます。つま
り、先ほど申し上げた、CSDDD でも触れられている「責任は（取引
関係の当事者間で）共有されるべき」という考え方に基づいて、持続
可能なサプライチェーンを共に構築していこうという観点と同じで、
私たちも人権 DD のご支援をする中で、日本法上のコンプライアン
スの問題としても、そういった観点での助言をすることが増えていま
す。

第 3 章　企業を強くするサステナビリティ・ガバナンス

　　　契約書の規定の仕方に関しても、一方的にサプライヤーに対して責任を押しつけないような条項としていくことが求められていたり、グリーバンスメカニズムに関しても、これまでの内部通報の実務運用を大きく変えていくご苦労を各社にて抱えていたりするところかと思います。

8　紛争地域対応

渡邉：もう 1 つ、**紛争地域対応**も重要です。この点も CSDDD の前文で重要性が言及されました。日本企業がビジネスを展開しているさまざまな海外各国で紛争等の影響を受ける地域、すなわち、武力紛争や軍事占領、人道に対する罪など大規模な残虐行為が行われている地域に関しては、それだけ重大な人権侵害のリスクが高くなることから、人権侵害に企業が関与する可能性も高まります。よって、**強化された人権DD**、すなわち平時の状況下での人権 DD よりさらに企業が活動する状況を深く理解し、紛争の火種になっている状況等を激化させている勢力を特定することで、企業の活動が暴力を助長しないようにすることが求められることになります。本日は詳細まで話せませんが、国際人権法の観点だけではなく、国際人道法の観点も必要になってくるのですが、実は、企業として国際人道法上の刑事責任を負うようなケースも海外では実際に存在しています。知らず知らずのうちに戦争や内紛に加担してしまうと、企業にとってのリスクにもなってしまうため、国際人道法など新たな法分野との関わりも留意していかなければなりません。

9　経営トップのコミットメント

渡邉：次に、今回のテーマであるガバナンスの観点で、私が人権 DD の実務対応を支援する中で日頃どういったことを考えているかということを補足します。

　　　まず、個別企業レベル、すなわち各企業の内部でも、人権 DD の必要性を社内で理解してもらうことにご苦労されている日本企業のご担当者の方もこれまで多かったと感じています。そのため、とにかく

§1-V　サステナビリティ・ガバナンス／サプライチェーン・マネジメントにおける実務対応

トップのコミットメントから始まり、トップレベルで適切に管理監督
をし、まさにガバナンスにきちんと組み込んでいかなければ、現場で
の取組みは円滑に進まないということを日頃私も感じています。やる
べきことが非常に多い上に複雑なため、現場だけに任せていると進み
にくいということになります。

　CSRD でも、実はガバナンスに関する開示が非常に詳細に求められ
ています。どの機関がどのような責任を持つのかや、それぞれの階層
の機関でどういった方がどのようなサステナビリティ課題に関するス
キルを持っているのかということなども含めた開示をすることが必要
になってきています。おそらく多くの日本企業では、現場での取組み
を年に 2、3 度開催されるサステナビリティ委員会等で報告をするこ
とになっているというのがこれまでの実情かと思いますが、各機関の
権限を決めて、どういったレベルのことが生じたら取締役会で決議や
報告をしなければならないという基準もルール化し仕組みの中に落と
し込んでいかなければ、重大なリスクに関し、現場だけでは適切な対
処が難しいと感じています。

[10]　グループガバナンス態勢の整備

渡邉：また、サステナビリティ DD の話は**グループガバナンス**の観点から
考えることも非常に重要です。具体的には、まず、グループレベルで
域外適用がされるということがあります。EU 法その他の海外の法律
であっても、域外適用がされ、かつそれがグループレベルで適用され
るケースがあります。たとえば、CSDDD では、連結グループレベル
で欧州における一定の売上高を満たす場合、EU 域外の最終親会社レ
ベルでグループ全体のサステナビリティ DD を行っていくことが義
務とされています。また、親会社と子会社それぞれが CSDDD の適
用対象になる場合は、一定の要件を満たせば、それぞれの子会社にお
いて対応するのではなく、親会社が子会社の代わりにグループレベル
での DD に取り組むことで、子会社レベルでの開示を含む独立した
取組みが免除されることにもなっています。その一定の要件の中に
は、子会社と親会社が互いに必要な情報を共有し合うことなどの要件

111

第3章　企業を強くするサステナビリティ・ガバナンス

もいくつか入っていますので、今後はグループレベルで対応していかなければならない範囲が増えていくと思います。

　次に、直接的に海外の法律の域外適用がされない場合でも、たとえば海外の子会社がその設立国の人権環境関連法令の適用対象である場合は、日本の会社法に基づく親会社取締役の子会社管理義務として、子会社の人権環境に対する取組みを適切に監督していかなければいけないことになります。その点、人権に関する取組みは、性質上、グループレベルでレピュテーションリスクが問題になりやすいことも日頃のご支援の中で感じています。背景として、そもそもビジネスと人権という法的枠組み自体がグローバリゼーションの結果として生まれたものであり、子会社のみが現地法に基づいて責任を負うだけでは国際人権基準に即した企業グループの責任のあり方として足りず、人権課題に対する実効的な対処ができないという問題意識から始まったということも根底にあります。

　そのため、現地子会社の課題について、これまでは現地法に基づく現地マターとして処理されがちでしたが、それだけでは済まないというダイナミックな変化が生じてきています。現地法が国際人権基準に沿っていない場合や不足している場合に、現地法を遵守しているからといってそれで問題ないとされる世界ではなくなってきており、実際のケースの中で、私もそういった事案に直面しております。たとえば、実際に、現地で長年適法とされてきた取扱いについても、日本の親会社も巻き込んで、現地NGOや労働組合からの主張がなされる例も生じています。子会社のみを相手に主張をしても、現地法人の保有する資産に関する限界などもあり、また、実効的な取組みが進みにくいということも懸念されるので、権利保持者やこれを擁護する団体としては、レピュテーションリスクを気にしやすく影響力の行使もしやすい立場にある海外の親会社に対してキャンペーンをした方が実効的であるという関係性が背景にあります。

　さらに、DDの開始時には、まずグループとしての方針を策定することがトレンドとなっています。人権であれば、グループ人権方針というタイトルですでにかなり多くの日本企業も人権方針を策定してい

§1-V　サステナビリティ・ガバナンス／サプライチェーン・マネジメントにおける実務対応

ますが、そうするとグループレベルで責任を負うことの根拠にもなり得ます。単体のみではなく、グループ全体でDDを進めていきますということをコミットしていることになるので、子会社が関与した問題であっても、それを根拠に海外の親会社に対して責任が追及される例が、実際に海外の訴訟事例でも日本のNGOや労働組合から指摘される事案でも生じています。ここでも、現地法のみを遵守していればよいということにはならない点に留意が必要です。親会社として、海外の子会社の人権・環境への取組みも国際基準に沿ってケアしていかないと、グループとしてのリスク管理ができないということになってきていることを感じています。

　では実際に、どのように親会社と子会社間での連携を行っていけばよいのかについては、日本企業各社がまさに今悩んでいる点だと思いますが、多くの場合においては、少なくとも初めの段階では親会社からのリードが必須かと思います。先ほど申し上げたリスクベースアプローチも、まず何がグループとしてのリスクなのかを検討していく段階では、グループ全体の状況がみえている親会社がリードしていくべきですが、この段階でも現場の状況を知らずに議論することはできないので、DDの初期の段階から中核事業子会社の方も巻き込んで対話をしながら共に進めていくということも有効と感じています。

　なお、海外子会社の場合の難しい点として、各国の人権に対する考え方が異なるといわれる場合やハレーションが生じる場合もあり得ます。各国の法律を遵守しているだけではなぜ駄目なのかという議論になったり、たとえば差別の問題などは各国ごとのいわゆるお国事情もあるため、丁寧なコミュニケーションを取りながらやっていくことも必要になります。各国現地法と、国際人権法または国際労働法の間のギャップがある部分など難易度が高い課題に関しては、親会社レベルで、専門家も関与して議論して行かなければ対処が難しい問題かと感じています。その他、親会社のサステナビリティ委員会の中に中核的な事業子会社や海外の事業子会社のトップの方をメンバーとして入れているような企業も少しずつ出てきているかと思いますが、そういった取組みも考えていかなければ、グローバルなグループレベルでのガ

113

第3章　企業を強くするサステナビリティ・ガバナンス

バナンスを通じて、現場と連携していくことも難しいのではないかと
日頃感じているところです。

11　サイロ化させない横断的取組み

武井：ありがとうございます。では、少し議論をしましょう。

　少し頭出しでコメントしますと、1つ目が、サステナビリティ委員
会が発足してから数年経っておりますが、同委員会は、単なる器では
なく、取締役会に近い委員会ができることによって、社内におけるア
ジェンダとしての重みが重たくなるわけです。この点は、2つ目にも
絡むわけですが、2つ目は、渡邉先生の話にもあったように、いかに
サイロ化しないか、横串をさすか、蛸壺化させないでコラボをするこ
とが大事です。

　この点は、3つ目にも関わりますが、やはりこのイシューに対する
会社全体、企業集団全体における重みを達成するという意味、すなわ
ち、アジェンダの重みを高める上でも、サステナビリティ委員会や、
取締役会での取組みが進んでいると思います。サイロ化してしまって
は本当に回りませんから、横断的に取り組まなければならないと思い
ます。

　そのような中で、3つ目として、サイロ化の1つの中のグループと
いう話を最後にされていました。域外の話でも企業集団全体のレピュ
テーションに関わることも増えておりますし、親会社がきちんと取り
組まなければなりませんが、親と子の連携もそうですし、企業の中で
の連携もそうなんだけれども、やはり何でもかんでも上というように
しても、責任の所在も不明確になるし、きちんと現場がコミットしな
くなるから、何でもかんでも上という話ではないと思います。どのよ
うな権限と責任を分配すれば現場で正しい判断ができるのかという仕
組みを考えなければならないということが肝だと思います。何でもかん
でも親に聞いている状況ですと、逆に子は現場で何も考えなくなり
ます。他方、現場から遠い親が何でも決めるということは、さまざま
な意味で都合の悪い場合もありますので、その点を含めたグループガ
バナンスのあり方を考えることが有用であると思っています。

114

§1-V　サステナビリティ・ガバナンス／サプライチェーン・マネジメントにおける実務対応

渡邉：ありがとうございます。まったく異存ありません。少し補足をいたしますと、先ほど私が親会社レベルでのリードが必要であると申し上げた理由は、初期段階では子会社側で自然に取り組み始めてもらうことが難しいことが多い現状において、啓発も含め、親会社の方からまずは促進していく必要性を感じることが多いためです。ただし、結局、現場に落としていくところがゴールになるというのは本当に仰るとおりで、それをいかに早い段階でできるか、円滑に進められているかどうかで、企業集団全体としての人権・環境への取組みの適切さが分かれてきているという感覚があります。

武井：そうですね。横串を刺すためには経営トップを含むマネジメントのコミットメントが重要になるわけですが、たとえばサステナビリティ委員会の設置が上場企業において急速に広がっています。サステナビリティ委員会設置の１つの最大の成果は社内における横串化だと思います。社長直轄のサステナビリティ委員会も多いですし、ボード直轄も多いですが、いずれであってもサステナビリティ委員会がふえている大きな効果は、サイマル化の防止というか、横串が社内で刺さるのです。社長直轄、ボード直轄となることで、このイシューが重要事として社内に浸透して、みんなが本気で取り組むという形での横串を刺している効果が相当大きいところです。統合報告書の作成等も同様です。サステナ等の非財務情報開示の強化も企業集団内での情報連携、横串化が強化される効果があります。横串を刺している効果が相当大きい。当該事項に対して社内が全体で取り組んで、企業集団内、親会社、子会社、全体の情報連携が大変大事になるわけですが、これに対する横串を刺す効果が高い。いろいろな手続ばかり重ねて、物事が決まらないということにならないようにする。よりリアルタイムで一緒に考えて、多角的で多様な、後から言われかねないことを先に考えておくということを行うことになります。

　　　続いて、加藤先生、何かコメントはございますか。

加藤：ありがとうございます。欧州の企業の取組事例などをみていると、やはりトップによるコミットメントは必須で、先進的な取組みをしている企業のほとんどは CEO からのメッセージとしてサステナビリティ

第 3 章　企業を強くするサステナビリティ・ガバナンス

への取組みについて内外に情報発信をしています。トップダウン型が大前提でありながらも、どのようにしたら会社全体に浸透させていけるかという観点からは、基本的なことですが、研修などを非常に熱心に行っている企業が多いという印象があります。大規模な会社ですと特に、どうしてもオンライン形式が主流にはなってしまうのですけれども、このような形で周知徹底するという例はよくみております。また、企業内におけるトップからダウンまでの浸透もそうですが、サプライチェーンでつながっている以上、サプライヤーについても取組みを求めていく必要があり、それを実行力を持ってやっていくためには、供給方針、サプライヤー方針の中で、サプライヤーに対して、どこまで強制できるかという観点から言葉使いとしては多様にありますが、指導原則をはじめとした国際基準の尊重を求めている例もみていますし、契約の中で具体的な規定が設けられている場合もあります。欧州で活躍する日本企業からも、以前に比べて取引先からサステナビリティに関する取組み状況について確認される機会が増えてきたというような声も聞いております。実効力という意味では、ハードローの存在だけではなく、このような取引先からの要請も企業のサステナビリティへの取組みを加速させる一因となっていると思われます。

12　社内取組みにおける KPI の設定

安井：渡邉先生にご質問したいのですが、大きなビジョンや方針をマネジメントでしっかり考えて、それに沿って実務に落とし込んでいくところは現場で行っていくという大きな役割分担の中で、ある種の KPI を想定して関連する取組状況をモニタリングしていくことが 1 つのアプローチとして考えられると思うのですが、人権への取組みに関してはそうした KPI のような発想があるのか、どのようなところをみていくべきなのかといった点について何かヒントをいただけないでしょうか。

渡邉：これは実務上もよく聞かれる重要なご質問であると思います。さまざまな方法があり、たとえば、労働組合との対話の回数や、個別の人権課題に関するさまざまな定量的、定性的な KPI があります。労働安

116

§1-V　サステナビリティ・ガバナンス／サプライチェーン・マネジメントにおける実務対応

全衛生のリスクが高く、労災が多い事業であれば、労災に関する事故件数を指標に据えることもあり得ると思いますし、社内の差別に関する課題については女性管理職比率や男性育休取得率などの数値的なKPIもあるかと思います。また、定量的なKPIのみで測るのではなく、定性的なKPIもあわせて検討していく必要性があり、その点はケースバイケースで検討していくべきところと思いますが、このように、人権関係についてKPIがまったく存在しないわけではないということはいえます。

　また、本日、私がリスクベースアプローチということを何度か強調いたしましたが、やはり現場でどのようなリスクがあるのかという、ボトムアップからのマテリアリティの特定や優先順位付けという側面も重要だと思っています。もちろん、親会社側から、人権への取組みを適切に進めていくべきという大きなビジョンを描いて啓発していく必要性があっても、武井先生のコメントにもあったとおり、たとえばそれぞれまったく異なるさまざまな事業を行っている子会社各社の現場でどのようなリスクがあるのかということは子会社自身に考えてもらわなければ、リスクベースアプローチの出発点にもなりにくいという性質もあります。トップダウンとボトムアップを、出来るだけ初めの段階から同時並行的に行うことが理想かと感じています。

安井：ありがとうございます。よくわかりました。

13　デュープロセス的発想の整備

武井：ありがとうございます。以上のお話を踏まえて、私のほうからも改めて補足コメントをします。

　サステナビリティの要請、本書第4章で議論していますDXやAIガバナンスでも起きているアジャイル・ガバナンスの要請、厳格なコンプライアンスの要請のもとで、企業がイノベーションを起こしていくことが求められています。前に進める、「いろいろと大変だからやめておこう」的なキャンセル型でなく攻めの経営判断が行われていくためには、多種多様な利害について当該利害はすでに考慮された上での決定であるという**デュープロセス**（due process）的な発想が特に重

117

第3章　企業を強くするサステナビリティ・ガバナンス

要になっています。

　多種多様な利害が主張される中、企業として「闘える力」が「決める力」の源にもなります。コンプライアンスも「現場で自分で考えるコンプライアンス」を実現できることが重要です。今のサステナ、DX／AIの中で大事なのは、業務執行・マネジメントにおける多種多様な利害を考慮してどういう形でdue process的に判断できる仕組みをつくれるか。あとから当該利害に気づきませんでしたというのではなくて、当該利害はすでに考慮済みであるというのがdue processで、そういった適正プロセスで意思決定をする体制整備がより一層大切になっている時代なのだと思います。用語として行政法等で議論されるdue processとは厳密にはやや意味が異なるのかもしれませんが、物事を多角的にみられることで執行プロセスを強化すること、これがここでいうdue processとして述べている趣旨です。

　まただからこそリスクの多角性を踏まえて、diversity、いろいろな形での多様な人材が必要になります。多様の中には2線も3線も入るのですが、多様な人が入った中での意思決定をやっていくという仕組みをマネジメントプロセスの中にきちんと入れなければいけないわけです。

14　イノベーションを達成するための「闘える力」の重要性

武井：そしてより現場的な各論の話をしますと、日本の現状をみると、法務等を含めた2線が、当初からリアルタイムで関与できているのか、という論点が依然としてあります。

　コンプライアンスとなったときには、ルールベースでこれが反していますか、反していませんかということだけでなく、もっとリアルタイムできちんと関与している仕組みなのか。あと、関与する2線側の専門性があります。あと、専門性も別に自然に育つものではなくて、現場現場でいろいろな案件に接しないと育たないわけです。その意味での真の2線、3線の能力育成をやっているか。あと、リスクベースに対する正確な情報の共有、bad news firstの適時な情報共有等が重要要素。ここら辺の部分の2線、3線を含めた仕組みのところをきち

118

§1-V サステナビリティ・ガバナンス／サプライチェーン・マネジメントにおける実務対応

んとやることが不可避なのだと思います。

　サステナビリティの時代、生成AIを含むDXの時代、アジャイル・ガバナンスの時代には、いろいろな利害が出てきていますから、前に進んで決断していくためには、決めたことについて「闘える力」も大事になるわけです。後から言われて変えるとかやめるのではなくて、すでにそのポイントはわかっている、わかっているから闘える。決めたことをそのまま前に進められる。そういう意味で、多種多様な利害を含めて、多角的な議論を経ているからこそ「闘える力」「決める力」になってくるのだと思います。

　いろいろな視点を知って、その上で、何らかソリューションを開発して前に進める力をつける。イシューとかをあとで知ってやめることを繰り返していてはイノベーションは起きません。また、単なる批評や批判の議論をしていても前には進みません。そうではなく、アニマルスピリッツという用語もありますが、何とかソリューションを見つけて前に進む力をつける。それが「決める力」、場合により「闘える力」であり、経済成長戦略としての日本企業における攻めのガバナンスの、1つの根幹的要素として求められているのだと思います。

15 自律の連鎖を支えるインテグリティ研修

武井：関連して「『現場で自分で考えるコンプライアンス』の重要性」です。当然多角的な視点が必要になってきている。一人ひとりの常識では不十分、各人各人には個々人のアンコンシャス・バイアスがいろいろありますから、「現場で自分で考えるコンプライアンス」をいかに徹底するか。これを本質的にやるのが、1層においてまずもって大事。この部分を企業が本当にやってこそイノベーションが進むことになります。

　ガバナンスで求められるのは『自律の連鎖』の態勢整備です。Tone at the top の重要性は、企業集団ガバナンスを含めて言うまでもありません。その上で、最近「コンプラ研修」から「**インテグリティ研修**」に変わるという1つの現象がみられます。コンプラは「人として悪いことをしない」的な印象の言葉でもあります。インテグリティ

119

第3章　企業を強くするサステナビリティ・ガバナンス

は、社会のためにやるという語感です。インテグリティは、特にマネジメントにとって就任の際の必要条件となっています。インテグリティはとにかく会社全体にきちんと浸透させなければいけない。それがあって初めて、外部等から言われなくても、自分で自分のことを考えて正しいことをやっているという、ガバナンスの本質である自律を企業は進めていけるわけです。インテグリティを全体の組織について実施するためには、例えば法務とか誰かがコンプラをみているというだけではなくて、きちんと一緒にやらなければならない。その観点から、当然社内でヒトのローテーションをもっとやっていかなければいけない。「何とか部の何とか」だけでは足らない。ヒトのローテーションには意味があります。何でヒトを回しているのかという意味を各人にきちんとわかってもらう。そういう意味での人事ローテーションのあり方です。これは今まさに重要政策となっているリスキリングの一環です。企業集団全体としてのリスキリングをどうやるかを考える。それによって初めて強い経営人材が生まれ、マネジメントが強くなる。ガバナンスの実質論として、そこを本質的にやっていかなければいけないと思います。

VI　自然資本をめぐる制度的議論

武井：まだいろいろと議論したい点がありますが、全体の分量が多いので、サステナビリティの各論に戻ります。こちらも重要イシューとなっている自然資本です。

1　気候変動の次に議論が活発化している自然資本

安井：ESGの「E」に関して**自然資本**の話を少しさせていただきたいと思います。**図表3-10**をご覧ください。

　　　「E」の次のテーマと書いていますが、気候変動への対応が重要だということがいわれてきた中で、自然資本に関する課題が注目されてきています。**図表3-10**では、統合報告書のフレームワークとして広く活用されている**オクトパスモデル**と呼ばれているものを示してい

§1-Ⅵ 自然資本をめぐる制度的議論

[図表 3-10] 自然資本関連課題の重要性の高まり

▶ 近年になって、「E」の次のテーマとして、自然資本に関連する課題が注目されている
  ▷ 企業活動は様々な資本によって支えられているが、そのうちの一つが自然資本

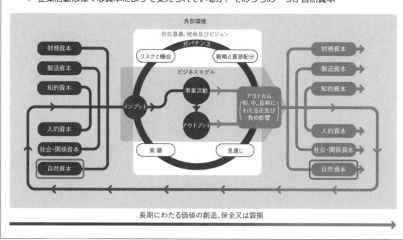

出所：Value Reporting Foundation「統合報告および統合報告フレームワークについて」12 頁

ますが、このフレームワークでは、各企業のビジネスモデルの下で、財務資本や人的資本等のさまざまな資本はインプットとして利用されて、事業活動を通して製品、サービスとそれらの副産物等のアウトプットに変換されていくこと、そして、そうした事業活動やそこから生じたアウトプットが、各資本への影響というアウトカムをもたらして、これにより全体が循環していくというモデルが示されており、その中で、自然資本も主要な資本の 1 つとして位置づけられています。自然資本は、企業活動を支える重要な資本の 1 つであるということです。

自然資本について述べるものにはさまざまなものがありますが、たとえば Stockholm Resilience Centre が公表している**プラネタリー・バウンダリー**と呼ばれるモデルでも、地球環境に重大な影響を与える 9 つの項目の中でも、特に限界値、バウンダリーに近づいているものとして、気候変動も非常に重大なリスクではあるのですけれども、それに加えて自然資本に関連するリスクが危機的なレベルにあるというこ

121

とが示されています。

　自然資本に関する課題は個別にみるとさまざまで、特に注目されている**生物多様性**という概念も多様なものを包含していますが、その中でも森林や水、海洋、プラスチック等に関するトピックが注目されていますので、この後で簡単に個別にご紹介できればと考えています。それぞれのトピックごとに関連するリスクもさまざまで、地理的な条件なども含めてリスクの具体的な内容はケースバイケースですが、それぞれの企業の経済活動が自然資本に依存している割合は総じて非常に大きくなっていますので、関連するリスクも当然大きくなるおそれがあります。

　典型的なリスクの種類としては、**物理的リスク**、すなわち自然資本それ自体が劣化していき、それに紐づいた生態系サービスが失われてしまうことに起因するリスクとしては、自然災害もそうですし、特定の作物がとれなくなってしまうといったことも含まれます。また、**移行リスク**と呼ばれるものは、自然資本を保護し、回復させ、あるいは自然資本に対する悪影響を軽減していくことを目的にしたアクションがグローバルにどんどんとられるようになってきている中で、そうしたものとの不整合・不適合が個別の企業活動との間で生じた場合のリスクです。新しい規制が導入された場合にそれに対応できないという**政策リスク**もそうですし、そういった政策等に先立って、対応が不十分な状況を企業価値評価等に反映させてくる**市場リスク**、これは投資家だけではなくてたとえば消費者による商品やサービスの選別等も含まれますが、さらにはそれらに関連する**訴訟リスク**等も含めた、さまざまなリスクが想定されます。

　これはご参考までですが、前半で議論したサステナビリティ開示の話とつなげると、ISSB が気候関連の開示ルールを作っていますが、次に何のテーマに関する開示基準を作るかという点に関して、**生物多様性**に関するテーマを今後取り上げていくことが検討されています。これは、特に生物多様性は、先ほども申し上げたとおり多くの企業が依存している自然資本であり、関連するリスク・機会が大きいということを踏まえたものです。このテーマに関する導入は以上にして、

TNFD について西原先生からご説明をお願いします。

2　TNFD による開示

西原：ありがとうございます。では TNFD について、簡単にご紹介させて
いただきます。まず前提として、生物多様性を含む自然資本全般への
取組みについては、2022 年にカナダのモントリオールで行われた生
物多様性条約第 15 回締結国会議（COP15）において、昆明・モント
リオール生物多様性枠組が策定されており、2050 年ビジョンとして、
「2050 年までに、生物多様性が評価され、保全され、回復され、そし
て賢明に利用され、それによって生態系サービスが保持され、健全な
地球が維持され、すべての人々に不可欠な恩恵が与えられる」自然と
共生する世界の実現が掲げられ、そのための 2030 年までのミッショ
ンとして、「必要な実施手段を提供しつつ、生物多様性を保全すると
ともに持続可能な形で利用すること、そして遺伝資源の利用から生ず
る利益の公正かつ衡平な配分を確保することにより、人々と地球のた
めに自然を回復軌道に乗せるために生物多様性の損失を止め反転させ
るための緊急の行動をとること」が設定されました。

　また、機関投資家からの関心も高くなっており、GPIF が毎年実施
している委託先の運用機関に対するアンケート調査の結果によります
と、調査対象となったすべての国内株式パッシブ運用機関が、生物多
様性への取組みを重要課題として挙げています。

　そのような中で、TNFD（Taskforce on Nature-related Financial Disclosures、
自然関連財務情報開示タスクフォース）という生物多様性に関する情報
開示枠組みの提言が公表されています。TNFD は国連開発計画等の国
際機関によって 2021 年に正式に発足されましたが、その提言は 2023
年 9 月に最終版が公表されています。この TNFD 提言の特徴の 1 つ
は、TCFD の構成や開示提言等を可能な範囲で取り入れて整合性を
図っている点です。

　したがって、TNFD 提言の中では、基本的な概念や一般的事項に
加えて、TCFD と整合するかたちで、ガバナンス、戦略、リスクとイ
ンパクトの管理、測定指標とターゲットという 4 つの柱を中心に構成

第３章　企業を強くするサステナビリティ・ガバナンス

された 14 個の開示項目が整理されています。

③　依存／インパクト／リスク／機会の 4 要素

西原：TNFD が TCFD と少し異なるところとして、依存、インパクト、リスク、機会という 4 つの概念があります。

　　　考え方としてはシンプルなのですけれども、企業においては自然に対する「依存」があって、かつ自然に対して企業が引き起こしたり、寄与する「インパクト」があることによって、自然関連の「リスク」であったり「機会」が生じるという説明がされており、企業にとってのリスクと機会を評価するためには、自然に対する企業の依存とインパクトを診断することが不可欠とされています。TNFD 提言に基づく開示にあたっては、この 4 つのすべてについての組織の対応を開示対象とすべきであるとされています。**図表 3-11** に示させていただいているとおり、TCFD の開示フレームワークとよく似た内容ではありますが、先ほど申し上げた 4 つの柱と、その下に紐づく 14 の開示項目がございます。

　　　図表 3-11 で赤枠で囲ったところが、TCFD には言及がなく、TNFD 特有の開示項目が含まれているところです。たとえば、ガバナンスの C の項目については、特に自然という性質上、先住民族がかなりの割合を保有したり管理しているところが多いため、そうした先住民族であったり、地域社会において影響を受けるステークホルダーが存在するということが前提とされています。したがって、そうしたものを想定した人権方針ですとか、具体的なエンゲージメント活動等についての開示が求められています。

　　　もう 1 つ特徴的なものとして、**LEAP アプローチ**がございます。TNFD 開示に向けた自然との接点ですとか自然との依存関係、リスク・機会を評価等するための手法として、義務ではないのですけれども、このアプローチの採用が推奨されています。LEAP アプローチは、発見（Locate）、診断（Evaluate）、評価（Assess）、準備（Prepare）の 4 つのフェーズで構成されています。たとえば、**図表 3-12** のとおり、業種等も踏まえつつ、バリューチェーンの地理的な位置づけと

124

§1-Ⅵ 自然資本をめぐる制度的議論

［図表 3-11］TNFD に基づく開示フレームワーク

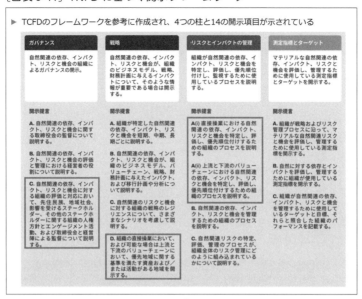

出所：TNFD「自然関連財務情報開示タスクフォースの提言」

自然環境への依存関係、影響を持つ可能性のある企業活動等について、絞り込んでかつ優先順位をつけながら、重要な依存やリスク要因・機会を特定した上で、それを診断・評価して、報告するための準備につなげていくという形のアプローチが示されています。

4 EU で要請される森林破壊フリーの DD

安井：ご説明ありがとうございました。次は、森林関連について、EU に関するところを加藤先生からご説明をお願いします。

加藤：ありがとうございます。先ほどの EU におけるハードローのご紹介と重複しますが、EU では**森林破壊防止規則**が成立しており、2024 年 12 月 30 日から適用開始予定でしたが、適用開始時期を 1 年延期することを定めた改正規則が欧州議会で可決されており、所定の手続を経て改正規則が施行された後、それぞれ適用開始時期が 1 年延期される見込みです。

第 3 章　企業を強くするサステナビリティ・ガバナンス

［図表 3-12］LEAP アプローチ

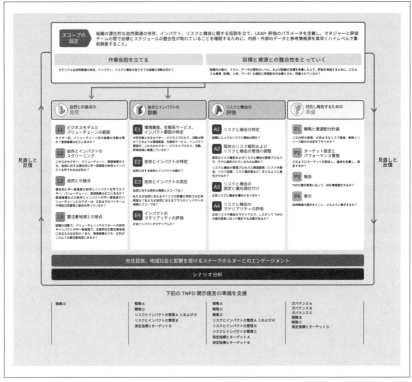

出所：TNFD「自然関連財務情報開示タスクフォースの提言」

　この規則は何かといいますと、元々森林保護を目的とした指令は存在していたのですが、気候変動対策と生物多様性の保護のために、分野を広げて規制を強化していくことを目指して規則として従来の指令と入れ替わる形になっております。具体的には、EU 域内で販売、もしくは域内から輸出する対象品が森林破壊によって開発された農地で生産されていないことを確認する DD の実施を企業に義務づけるものとなります。従来の指令の下であれば、森林に関する分野が主な対象となっていたのですけれども、今回の規則の導入によって、森林関係分野だけではなく、パーム油や牛肉、木材、コーヒー、カカオ、ゴム、大豆、さらには皮革、チョコレート、家具、印刷紙、パーム油

§1-Ⅵ　自然資本をめぐる制度的議論

ベースの派生製品といったものを、EUの市場に上市して供給、または EU から輸出しようとするすべての事業者や貿易事業者に対して、これらの生産地に関する DD の実施と報告を義務付けることになっております。森林伐採、森林劣化が行われていない農地で生産されていることを示さないと EU での販売や EU での輸出が許可されないことになります。したがって、対象製品を扱う事業者は、自分たちが販売もしくは輸出する対象商品について生産される農地にまでさかのぼって確認をし、森林破壊フリーの製品であることを示すことが求められます。

　具体的に DD でどういうことが求められるかといいますと、情報・データ・文書の収集ということで、対象品目が、森林破壊とは関係なく、かつ各国の国内法に基づいて生産されているということが証明できるような情報を収集する必要があります。その上でリスクアセスメントを実施して、何かリスクが確定された場合にはリスク低減策を実施しなければなりません。これもやはり、サプライチェーンの全体を通した規制となっておりまして、違反をした時の罰則規定も設けられています。二次サプライヤーのレベルを超えての追跡が難しいという声に象徴されるように、遵守状況の把握に課題も残っておりますが、森林減少や温室効果ガスの排出の減少や、生物多様性の損失を最小化するためのものとして重要な規制であり、また、企業による持続可能なビジネスという観点からいっても、これらのルールを遵守しないと EU 市場では生き残れないリスクがあるということを認識する必要があるかと思われます。

　ですので持続可能なビジネスモデルに変えていく努力を始めている企業がたくさんある状態でございます。森林破壊防止規則では、「国内法を遵守しているか」についても検討項目であるため、たとえばインドネシア産のパーム油を使った製品を扱う場合インドネシアの国内規制がどうなっているかということも逐一見ていく必要があるので、欧州の弁護士だけでは対応しきれなくて、生産国の弁護士と連携をとって、各国の法律がどうなってるか、それに遵守した形で生産されているかというようなこともあわせてみていかないといけないので、

127

第3章　企業を強くするサステナビリティ・ガバナンス

　　　企業にとっては非常に負担の大きい分野の法律でもあります。

安井：ありがとうございました。では日本の状況について、山本先生からご
　　　説明をお願いします。

　5　日本におけるクリーンウッド法

山本：コーポレートガバナンスやM&Aなどのコーポレート分野を中心に実
　　　務をしております弁護士の山本です。それでは、山本の方から、「**合
　　　法伐採木材等の流通及び利用の促進に関する法律**」、通称「**クリーン
　　　ウッド法**」の概要等についてご説明いたします。まず、クリーンウッ
　　　ド法の制定経緯についてご説明いたします。

　　　　2005年にイギリスで開催されたG8首脳会合である「グレン・イー
　　　グルスサミット」において、日本政府の気候変動イニシアティブの中
　　　で、「違法に伐採された木材は使用しない」との基本的考え方に基づ
　　　き、2000年に制定されていた、環境に配慮した商品調達を推進する
　　　法律である「グリーン購入法」を用い、政府が調達する対象につい
　　　て、合法性、持続可能性が証明された木材とする措置を導入すること
　　　を宣言しました。

　　　　この宣言を受けて、翌年の2006年には、林野庁が、世界に先駆け
　　　て、「木材・木材製品の合法性、持続可能性の証明のためのガイドラ
　　　イン」を策定しております。そして、2008年の洞爺湖サミットの首
　　　脳宣言において、違法伐採および関連取引抑制の緊急の必要性が明記
　　　されました。

　　　　その後、2008年には、アメリカが、林産物の輸入事業者には外国
　　　との取引を行う際のデューケア（注意義務）を求める連邦法である
　　　「レイシー法」を改正し、2013年には、EUが、EU圏内で生産され
　　　た、もしくは同圏内に輸入された違法伐採木材・木材製品を欧州市場
　　　に入れることを禁止し、違反した場合の罰則を設けるように加盟国に
　　　義務づける「EU木材規則」が施行され、2014年には、オーストラリ
　　　アが、伐採時の合法性に焦点が置かれている連邦法である「違法伐採
　　　禁止法」が施行されました。

　　　　また、2010年の「生物の多様性に関する条約の遺伝資源の取得の

128

§1-Ⅵ　自然資本をめぐる制度的議論

機会及びその利用から生ずる利益の公正かつ衡平な配分に関する名古屋議定書」の採択、2015年の国連サミットで採択された「持続可能な開発のための2030アジェンダ」に記載された2030年までに持続可能でよりよい世界を目指す国際目標である「SDGs」の採択、2015年の2020年以降の温室効果ガス排出・削減等のための新たな国際枠組みである「パリ協定」の採択という、環境破壊、気候変動、児童労働などの人権問題に関する世界の動きに加え、日本では、木材および木材製品の65.2％は輸入に頼っており、そのうちの12％が違法伐採によるものというイギリスの調査研究機関であるチャタムハウス（王立国際問題研究所）の報告にもあるとおり、違法伐採という地球温暖化や自然環境の破壊につながる問題に直面していました。

　以上の経緯があり、日本は、2016年の伊勢志摩サミットにおいて、日本における違法伐採対策の強化を発信しました。これが、日本が、伐採木材等の流通および利用をするにあたってのさまざまな責務の対象を政府だけでなく民間にも拡大し、また供給側のみならず需要側も対象としたクリーンウッド法を制定するに至った経緯となります。クリーンウッド法は、2016年5月に公布され、2017年5月に施行されました。

　次に、クリーンウッド法の概要をご説明いたします。

　まず、特筆すべきはこの法律の目的であると考えております。目的が規定されております1条には、「この法律は、……合法伐採木材等の流通及び利用の促進に関し基本的な事項を定めるとともに、木材関連事業者による合法伐採木材等の利用の確保のための措置等を講ずることにより、自然環境の保全に配慮した木材産業の持続的かつ健全な発展を図り、もって地域及び地球の環境の保全に資することを目的とする。」と定められております。すなわち、日本のクリーンウッド法は、違法伐採木材の流通を取り締まるのではなく、木材関連事業者に対して、取り扱う木材等の原材料となっている樹木が、日本または原産国の法令に適合して伐採されたことの確認などの実施を促すことにより、合法伐採木材等の流通及び利用の促進するものであるということです。

129

第3章　企業を強くするサステナビリティ・ガバナンス

　以上の目的を達成するために、クリーンウッド法は、主務大臣を含む国側と、事業者側に責務や措置を求めています。

　主務大臣は、合法伐採木材等の流通及び利用の促進に関する基本方針を策定し（3条）、木材関連事業者の判断の基準となるべき事項を定め（6条（令和5年改正13条））、指導及び助言をおこなうことができ（7条（改正10条））、木材関連事業者に対する報告徴収及び立入検査を行うことができます（33条（改正40条））。また、国は、必要な資金の確保や、諸外国の法令等に関する情報の収集及び提供、木材関連事業者登録制度の周知等が責務とされています（4条）。

　木材関連事業者は、合法伐採木材等の利用の努力義務や（5条）、国が定める基準に沿った合法伐採木材等の確認等、すなわちデューデリジェンスを行う等の取組みをすべきとされております（6条）。いまご説明しました伐採木材等の合法性の確認については、後ほど説明しますが、令和5年改正によって、義務に高められております（改正6条）。

　クリーンウッド法の対象物品となる「木材等」は、2条1項に定義がございますとおり、木材と、主務省令で定められております木材製品に分類されます。「木材」の具体例は、丸太、ひき板および角材、単板および突き板、合板、単板積層材および集成材、および木質ペレット、チップ状または小片状の木材等が該当します。「家具、紙等の物品」の具体例は、「椅子、机、棚、収納じゅう器、ローパーティション、コートハンガー、傘立て、掲示板、黒板、ホワイトボード及びベッドフレームのうち部材に主として木材を使用したもの」です。家具については、木材以外に金属、ガラス、プラスチックなどさまざまな材料で構成されていることに照らし、一部でも木材を使用していることを要件とした場合に生じる中小事業者等への負担を配慮するとともに、より多くの事業者によるクリーンウッド法に基づく取組みを促すため、また、取組みが円滑に行われるように定義や解釈などに関する理解を促進するために、「『合法伐採木材等の流通及び利用の促進に関する法律』に基づく合法木材の普及に向けた家具に関するガイドライン」が経産省から出されておりまして、そちらを参照する必要が

§1-Ⅵ　自然資本をめぐる制度的議論

［図表 3-13］木材関連事業者の範囲【2 条 3 項関係】

出所：林野庁木材利用課「合法伐採木材等の流通及び利用の促進に関する法律（クリーンウッド法）の概要と意義について」8 頁
https://www.rinya.maff.go.jp/j/riyou/goho/pdf/2-4hou_gaiyou_igi.pdf

ございます。
　次に、クリーンウッド法の適用がある「木材関連事業者」の範囲については図表 3-13 をご覧ください。
　2 条 3 項（改正 2 条 4 項）に定義がございますが、さらに、施行規則によって、第一種木材関連事業と第二種木材関連事業とに分類されます。簡単にこの分類を申し上げれば、第一種は、国内で最初に木材等の譲り受け等を行う木材関連事業者、すなわち「川上」の事業者であり、それ以外、すなわち「川下」の事業者が第二種に振り分けられることになります。たとえば、自社の保有林を自ら伐採し、合板を製造する事業者や、樹木の所有者から丸太を買い取り、それを加工・輸出する事業者は第一種であり、木質バイオマスを変換して得られる電気を電気事業者に供給する事業や、木材を使用して建築物を建築する事業者は第二種となります。
　木材関連事業者による努力義務である「**合法性の確認**」は、令和 5 年改正によって、原木市場や製材工場等の川上の事業者、輸入事業者である水際の事業者については、努力義務から義務に高められている

131

第3章　企業を強くするサステナビリティ・ガバナンス

ため、令和7年の施行日以降は努力を講じるのみでは足りないとなっています。具体的には、第一種木材関連事業者については、**図表3-14**のとおり、樹木の所有者または日本に木材等を輸出する者に対し、樹木の樹種や重量、原材料となっている樹木の所有者の氏名等が記載された納品書などの書類、および、原材料になっている樹木が日本または原産国の法令に適合して伐採されたことを証明する書類を提出し、国が提供する法令等情報（4条2項）によって判断する必要がございます。これによって判断できない場合には、購入先等その他関係者からの追加情報の収集や流通経路の把握等により、合法性を確認する追加的措置がございます。それでも確認できない場合については、リスクがあるということになり、合法伐採木材として取り扱えなくなります。

　第二種木材関連事業者については、**図表3-15**のとおり、第一種とは異なり、樹木の樹種等まで把握する必要はなく、購入先が発行する書類等の内容を確認することとなります。

　改正後は、「合法伐採木材等の流通及び利用の促進に関する法律第三章に規定する木材関連事業者による合法性の確認等の実施等に関する省令」が新設されておりますので、こちらの省令もふまえて、合法性の確認等をしていく必要がございます。

　最後に、令和7年から施行される、令和5年改正についてご紹介いたします。G7関連会合やAPEC林業担当大臣会合等にて、違法伐採の根絶に向けた取組みが課題として取り上げられるなど、さらなる取組みの強化が必要であることから、川上・水際の木材関連事業者による合法性の確認等の義務づけがなされました（改正6条）。これによって、第一種木材関連事業者の登録制度は廃止となりました。また、この合法性の確認等が円滑に行われるよう、素材生産販売事業者（改正2条3項）に対し、木材関連事業者からの求めに応じ、伐採届出等の情報提供を行うことを義務づけ（改正9条）、さらに、合法性の確認等が消費者まで伝わるよう、小売事業者を木材関連事業者に追加し、登録を受けることができるように改正されております（改正2条4項）。

§1-Ⅵ 自然資本をめぐる制度的議論

［図表 3-14］合法性確認の方法（川上・第一種木材関連事業）【6条1項関係】

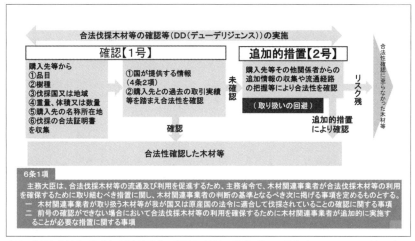

出所：林野庁木材利用課「合法伐採木材等の流通及び利用の促進に関する法律（クリーンウッド法）の概要と意義について」9頁
https://www.rinya.maff.go.jp/j/riyou/goho/pdf/2-4hou_gaiyou_igi.pdf

［図表 3-15］合法性確認の方法（川下・第二種木材関連事業）【6条1項関係】

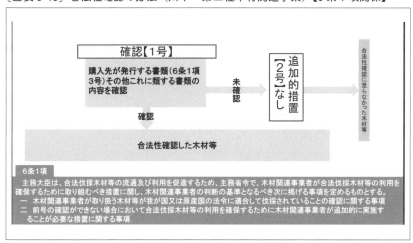

出所：林野庁木材利用課「合法伐採木材等の流通及び利用の促進に関する法律（クリーンウッド法）の概要と意義について」10頁
https://www.rinya.maff.go.jp/j/riyou/goho/pdf/2-4hou_gaiyou_igi.pdf

第3章　企業を強くするサステナビリティ・ガバナンス

6　プラスチックをめぐる規制動向

安井：詳細なご説明をありがとうございました。次にプラスチックに関する
　　　規制動向について、まずは EU の動向について加藤先生からご説明を
　　　お願いします。

加藤：EU ではプラスチックの使用を規制する包装廃棄物指令というものが
　　　元々ありましたが、既存の指令の下では、包装材の再利用やリサイク
　　　ルが十分に進んでおらず、廃棄物の量が増加しているため、最近それ
　　　を「包装材のリサイクルや再利用、過剰包装禁止を義務づける規則」
　　　として規制を強化しようという動きがあります。EU では、包装廃棄
　　　物を 30 年までに 5％で、40 年までに 15％削減し、また、30 年までに
　　　すべての包装を再利用可能にすることを目指しており、その実現のた
　　　め、EU 理事会と欧州議会で政治的合意済、議会では 2024 年 4 月に
　　　規則案が承認されており、今後 EU 理事会による承認を経て発効へと
　　　進んでいく見込みです。

　　　　規則の内容は、レストランやカフェで消費される飲料や食品等に使
　　　用される使い捨てのお皿、コップ、箱のほか、ホテルで使われる小型
　　　のシャンプーに使われているプラスチックの包装材の禁止、輸送用の
　　　包装材の使用量の減少、再利用素材を使った包装材の利用率増加等が
　　　求められています。また、牛乳やペットボトル等、飲料の包装につい
　　　ても何か細かな目標値が定められており、すでに欧州のスーパーで販
　　　売されている飲料のペットボトルの蓋などは取外しができない状態の
　　　ものになっていたりします。規則もさることながら、消費者の志向と
　　　してもそういったプラスチックを敬遠する動きというのは少なからず
　　　ありますし、規制遵守という観点はもちろんのこと、EU 市場におけ
　　　る志向に合わせるという意味でも、再利用可能なものに包装を変えて
　　　いく必要性が出てきている状況です。また、食品と接触する包装材に
　　　含まれる永久化学物質（有機フッ素化合物）の使用禁止に代表される
　　　ように、包装に含まれる化学物質の低減というのも、この規則によっ
　　　て制限が強化されています。

安井：ありがとうございます。続いて、日本国内の動向について西原先生か

134

§1-Ⅵ 自然資本をめぐる制度的議論

[図表 3-16] プラスチック資源循環戦略

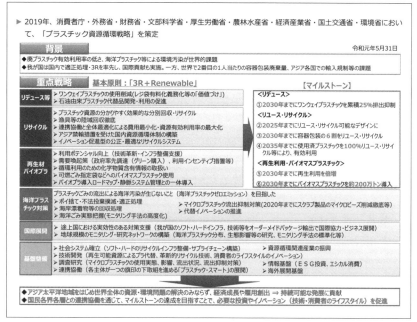

出所：環境省ウェブサイト

らご説明をお願いします。

西原：日本のプラスチック関連の取組みについて簡単にご説明させていただきます。特にプラスチックについては日本においてもかなり取組みが進められているところです。

　大きな流れをご説明しますと、2019 年に政府から「**プラスチック資源循環戦略**」が公表されています。消費者庁、外務省、財務省、文科省、厚労省、農水省、経産省、国交省、環境省が、当該戦略の中で、いわゆる 3R＋Renewable の基本原則を立ち上げて、**図表 3-16** の右にあるような、2030 年までにワンウェイプラスチック累積 25％排出抑制等といった、野心的な 6 つのマイルストーンが設定されました。

　レジ袋については、ご承知のとおり 2020 年に小売業者に対して有料化の義務づけが行われていますけれども、こうしたプラスチック資

源循環戦略に基づく具体的な施策の1つとして、**プラスチック資源循環促進法**（「プラスチックに係る資源循環の促進等に関する法律」）が2021年に成立して、2022年4月より施行されています。このプラスチック資源循環促進法は、先ほど申し上げたレジ袋といったワンウェイプラスチックのみならず、プラスチック製品全般について、先ほど申し上げた3R＋Renewableの原則に則って、プラスチック廃棄物の排出を抑制して、かつ排出されたプラスチック廃棄物のリサイクルを行うことを、すべての関係主体、すなわち都道府県や市区町村、事業者、消費者に対してその取組みを求めていく規定になっております。

　詳細は割愛させていただきますけれども、設計・製造段階においても、国が定めた指針に則してプラスチック使用製品を設計する努力義務が課されていたり、販売・提供のところでも、特定プラスチック使用製品、たとえば飲食店やホテルから無償で提供されるフォークやスプーン、ストロー、歯ブラシ、くし、ハンガー等を提供する事業者については、そうしたプラスチック使用製品の廃棄物の排出を抑制するために取り組むべき措置について判断の基準となるべき事項等が定められていたりします。また、排出・回収・リサイクルの段階においても、市町村や製造事業者、排出事業者に対して、分別収集や自主回収、再資源化が求められています。また、主務大臣はこの法律の施行に必要な限度において報告を徴求することができるとされていまして、職員の事務所等への立ち入りや、帳簿や書類の検査が可能とされています。ただ、罰則はそこまで幅広くは規定はされておらず、たとえば、報告徴求をしたのに報告を行わなかった場合や、虚偽の報告をしたような場合など、限定的な場合に限って罰則が設けられているところでございます。

　このプラスチック資源循環促進法以外にも、2021年に環境省、経産省、農水省、文科省が合同で**バイオプラスチック導入ロードマップ**を作成しておりまして、バイオプラスチックの課題等を整理するとともに、今後の導入拡大に向けた方針と施策の方向性がロードマップで示されています。ロードマップの中では、いつまでに何をしますという具体的な計画も**図表3-17**にあるように示されているところです

§1-Ⅵ 自然資本をめぐる制度的議論

[図表3-17] バイオプラスチック導入ロードマップ

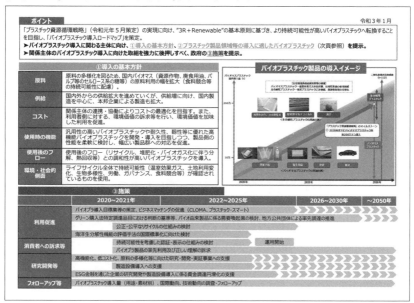

出所:環境省ウェブサイト

ので、プラスチック関連の規制については、日本国内においても今後さらに取組みが進められていくことが見込まれます。

7 ブルーファイナンス

安井:ありがとうございます。続いて、海洋まわりに関連してブルーファイナンスの動向についてもご説明いただけるでしょうか。

西原:はい。続いて**ブルーファイナンス**に関してですが、TNFD提言においても、自然の中に陸、海洋、淡水、大気の4つの領域が示されていますが、その中の海洋について、ブルーファイナンスへの関心が高まっています。たとえば、世界自然保護基金(WWF)においては、世界の海洋資源の価値が約24.2兆ドルにのぼるという試算が出されていますが、**ブルーエコノミー**という言葉自体についての確立された定義はまだ存在しないものの、先ほども触れさせていただきました2022年のCOP15で採択された昆明・モントリオール生物多様性枠組

の中でも、いわゆる 30 by 30 といわれていますけれども、2030 年までに陸と海の 30％以上を保存するという目標が明示されていますので、ブルーエコノミーについてもその保全に向けた気運がますます高まっていくのではないかと思われます。サステナブルなブルーエコノミーという意味で「SBE」などともいわれますけれども、その実現に向けては、民間ないし市場から必要な資金をどうやって調達してくるかというところ、いわゆるブルーファイナンスの議論も発展しています。

　ブルーファイナンスに関しては、過去にも国際機関等においてさまざまなガイドラインが出されていますけれども、2023 年に国際資本市場協会（ICMA）等によって公表されたガイドラインとして「持続可能なブルーエコノミーの資金調達のための債券に関する実務者ガイド」というものがございます。この実務者ガイドにおいては、ブルーボンドを広義のグリーンボンドの一部として位置づけた上で、8 つのプロジェクトカテゴリーが示されており、ブルー性が認められるプロジェクトがどうかを判断する際のカテゴリーとして、たとえば沿岸の気候変動に対応・適用する強靱性があるプロジェクトかどうかといったカテゴリーが例示されています。

　日本においても、マルハニチロさんが 2020 年に国内初めてのブルーボンドを発行しております。それ以降、地方公共団体による起債を含めていくつかの事例が登場してきているところです。

　また、少し話が変わりますけれども、海洋生態系に取り込まれる炭素をブルーカーボンとして定量化して取引可能なクレジットにする仕組みとして、**J ブルークレジット**が 2020 年より開始されています。この制度は、国交省の認可の下で 2022 年に設立されたジャパンブルーエコノミー技術研究組合が中心となって運営しているものですが、カーボンオフセットの考え方をブルーカーボンの中に取り入れてクレジット化していくという取組みで、こちらも徐々に増加傾向にあります。

安井：西原先生、ありがとうございました。自然資本に関する取組みについては、その対象が自然全般との接点というかたちで非常に広くなりま

すので、実際に TNFD 等の取組みを進めている企業の方とお話をしても、気候変動対応も大変ではあるものの、それ以上にさまざまな観点からの検討が必要になるという意味で、相当手間をかけて取り組んでいるという話も伺っています。企業目線でみると、それはつまり自社の事業が自然資本に大きく依存しているということを再確認させられるということでもあり、やはり重要性が高い取組みであるということかと思いますが、加えて、自然との関係性については地域差がありますので、特にグローバルにサプライチェーンがつながっている中で、日本国内の環境とはまったく異なる自然環境の中で事業を行っている国や地域も数多くあり、そういったところについても具体的なイメージを持ちながら検討・対応していく必要があるという難しさが、実務的には 1 つポイントになるところではないかと思います。森林や海洋などがわかりやすいですが、気候変動の話とつながっているイシューも多く含まれています。

VII ESG 訴訟

1 急増している海外での ESG 訴訟

武井：ありがとうございました。では以上の点も踏まえまして、法的リスクの各論の 1 つとして、**ESG 訴訟**についてお願いします。

加藤：まず EU での動向をお話させていただいたあとに渡邉弁護士から日本の動向についてお話していただく予定です。

　　　サステナビリティに関する訴訟というのは、いわゆる公害訴訟に代表されるように、昨今のサステナビリティ関連の規制が強化されてくる前からあったものですが、サステナビリティに関する開示や DD に関する法制化が進んできた国については、それらの法律を根拠とする訴訟提起や行政機関への通報が相次いでいます。典型的な例は、たとえば人権への負の影響を防止・軽減するための合理的な措置がとられていないとして、善管注意義務違反を理由とした損害賠償請求訴訟や、適切な措置を求める措置命令を求める訴訟があります。

139

第 3 章　企業を強くするサステナビリティ・ガバナンス

　　訴訟や通報を行う主体として考えられるのは、たとえばその影響を
受けた個人や集団、労働組合、NGO、株主、投資家などが原告側と
して挙げられ、被告側としては、適切な措置をしてこなかったとの主
張の対象となる政府、企業、金融機関、投資家などが挙げられます。
提訴の根拠法令としては、人権課題に関連するハードローだけでな
く、その妥当性には批判を含めてさまざまな議論があるのですが、国
連指導原則といったようなソフトローが引用されて訴訟提起がなされ
るケースも出てきています。

　　ビジネスと人権リソースセンターが公表している訴訟データベース
によれば、人権侵害の法的責任を理由に提訴された企業は膨大な数に
上っており、その中でも人権侵害の明白性、訴訟戦略の有効性、判例
形成の可能性等を考慮して約 200 件ほどの訴訟を分析した結果、10
件中 8 件がその労働者や影響を受けた地域住民の方々からの訴訟で、
そのうち 2 件に 1 件は、実際被害が起こった国とは別の国で訴訟提起
がされているという特徴があるようです。その背景として、たとえば
その侵害が発生した国では必ずしも法律や裁判制度が整備されていな
いとか、権利が保護されていないという理由で、正当な判決を受ける
ためには法律や裁判制度が整備された別法域での訴訟提起が必要と判
断しての結果であると分析されています。ただし、被害発生国以外に
おける訴訟の場合、管轄権の有無、当事者適格、訴訟手続の有効性等
が問題になることが多々あり、必ずしも訴訟手続が開始されるとは限
らず、また、仮に訴訟提起に成功したとしても、判決までに時間がか
かる、高額の裁判費用が発生する、執行が難しい等、必ずしも救済に
つながらないという課題も残ります。訴訟提起をすることで報道で取
り上げられて注目されるという効果は生じ得ますが、救済の実効性に
ついては結構疑問が残ることには留意が必要です。

2　フランスの ESG 訴訟の事例

加藤：フランスでは、企業に対して人権 DD 義務を課す注意義務法が 2017
　　年から導入されていますが、注意義務に関する計画書の内容や特定の
　　事業融資の適切性が問われる訴訟が相次いでいます。

140

§1-Ⅶ ESG訴訟

　　フランス注意義務法に基づき原告側の主張が一部認められた初めての判決が2023年12月に出されました。これは、被告側のグループ会社の下請業者との契約を通じて数百人の不法労働者が就労していたところ、これらの労働者の健康と安全が守られていないとして労働組合から訴訟提起されたものでした。判決の中で裁判所は、企業には①人権や環境に関するリスクマッピングの実施、②下請業者の評価、③注意義務法に基づきとられた措置の有効性の評価と実施が期待されていると評して原告側の主張を認めた一方、リスク防止のために必要な措置の具体的内容は企業やステークホルダーが決定することであり、裁判所が関与するものではないとの見方を示しました。結局のところ、企業が策定した注意義務計画の適切性について訴訟提起されたとしても、裁判所としては企業に注意義務計画を策定する義務があるといった判決が出せたとしても、具体的な内容の適切性までは踏み込めないという判決を下すような場合もあるわけです。訴訟提起がされると話題にはなりますが、実際企業の行動も判決によって変えられるかというと、一筋縄にはいかないという現実がみてとれます。ただ、これからどんどんこういった訴訟が増えてくると思われるのでそういった傾向もまた変わってくるかもしれません。

武井：ありがとうございます。ちなみにフランスでの**注意義務計画**ってどのようなものなのでしょうか。

加藤：フランス注意義務法の下で企業に策定が求められているもので、企業によるDD体制の構築やDD実施に関する計画を定めた文書です。具体的にどのような体制を構築し、実施していくかは、各企業が自身の事業分野、規模、活動地域などを考慮して決めていくことになります。

武井：そこでその内容の適切性について司法審査が難しいということでしょうか。

加藤：そうですね。注意義務計画を策定することの義務は認定できたとしても、その具体的な中身については各企業が個別具体的に自身の判断で策定するものであって、その適切性までは裁判所が踏み込む領域ではないと前述の判決の中ではいわれています。

141

第 3 章　企業を強くするサステナビリティ・ガバナンス

武井：ありがとうございます。内部統制システムの実質面についての司法審査と似ているように思いました。

3　ドイツの ESG 訴訟の事例

加藤：ドイツは**サプライチェーン・デューデリジェンス法**が 2023 年 1 月から適用になっています。今のところ、この法律に基づいた訴訟までは、認識していませんが、同法に基づき、管轄当局であるドイツ連邦輸出管理庁の苦情受付窓口への通報事例は複数報道されています。ただ、その通報も真正なものだけではなく、権利濫用と取られかねない事例もあるとの報道もみられます。

　企業としては、このような通報があった場合に、どのような反論ができるかが重要となります。たとえば DD 義務違反であるとの苦情申し立ての対象となった場合に、自身がどのような DD 体制を構築し、実施しているかを説明できる資料があるかは企業が説明責任を果たす上でも重要なポイントとなります。実際に、上記通報制度によって通報がなされた企業が、自身の取組状況を説明して通報に対する企業側としての考え方を説明する事例もみられます。管轄当局も濫用的な通報への懸念は認識しており、信憑性のある通報については、関係者への聞き取りを含めて慎重に調査を行うことになります。

　さまざまなハードローができたことで裁判による救済の可能性が増し、権利者の保護につながるという意味ではよい面もあるかもしれませんが、他方で濫用といった側面からの課題が残っているというような状況があります。

4　グリーンウォッシュ禁止指令

加藤：欧州における動向の最後として、EU の**グリーンウォッシュ禁止指令**についても少しご紹介させていただきます。グリーンウォッシュ禁止指令は、実質を伴わない環境への訴求であるグリーンウォッシングを用いたマーケティングを禁止することで、消費者が製品を購入する際に、製品に関する適切な情報を得た上で購入の決断ができるようにする目的で導入されたものです。

§1-Ⅶ　ESG 訴訟

　具体的には、環境や社会に与える影響、耐久性、修理可能性、製品の循環性等について消費者に誤解を与えるような広告を規制するものです。たとえば、「環境にやさしい」「エコ」、「自然にやさしい」「エネルギー効率がよい」「バイオベース」といった一般的な文言は実態が伴わなかったり実証できないとこういった指令の違反になったり競合他社から訴訟提起される場合がありますので、企業にとってもマーケティングの文言は慎重に選択する必要があるかと思われます。

　実際ある企業が環境にやさしい製品として主張して、インターネットで広告をしていたものについて、競合他社から、これは誤解を招く表示だと訴訟提起されるような事例もあります。消費者だけではなく、競合他社からの訴えがありうるという点は気をつけたほうがよいかと思います。欧州の動きは簡単にそれぐらいにして渡邉弁護士から日本の傾向についてお話していただければと思います。

⑤　日本における ESG 訴訟の動向

渡邉：日本の視点から少し補足をします。そもそも ESG 訴訟という括り方が非常に広いため、従来の公害訴訟など日本国内でも伝統的に続いてきたものもおそらく ESG 訴訟といえますし、社会資本に関連する最近の訴訟事例にも目を引くものがあります。

　たとえば、一般職の女性社員が、事実上、男性が大半を占める総合職の社員だけに社宅制度を認める扱いに関して訴訟を提起し、男女雇用機会均等法の趣旨に照らして間接差別に該当すると認定され、会社側が敗訴をした判決が最近東京地裁から出されていたりします。また、キャリアブレイク後の不利益取り扱いに関して、男女雇用機会均等法に反すると判断する判決など、マタニティハラスメントに関係するさまざまな訴訟も最近増加している印象があります。また、日本の中でも継続して課題が多いハラスメント関連の話では、**カスタマーハラスメント**も新しい大きな問題とされています。最近まで日本企業はハラスメントに関してパワハラやセクハラへの対策には力を入れてきていますが、カスタマーハラスメントや、あるいは、SOGI ハラスメントなど、新しく着目され始めた類型のハラスメントにも適切に対処

143

第 3 章　企業を強くするサステナビリティ・ガバナンス

しないといけなくなってきています。アウティングについても、精神
的損害を与えたことによる民事上の不法行為に基づく損害賠償請求や
刑事上の名誉棄損罪での処罰の可能性もあり、また、アウティングを
した者だけではなく、その使用者である企業も、安全配慮義務違反や
使用者責任等を負う可能性があります。このように、サステナビリ
ティに関連する多種多様な訴訟が今後も増えていくように思われま
す。日本の中でも働き方そのものに対する問題意識が大きくなってき
ていることとも関連します。

6　サプライチェーン・マネジメントに取り組まないとグローバル ESG
訴訟に巻き込まれる

渡邊：また、CSDDD 関連では、域外の企業に対する**民事責任**もかなり大き
なインパクトを及ぼしてくることが想定されます。具体的には、
CSDDD の適用対象になってしまうと、先ほど申し上げたとおり、欧
州拠点の有無にかかわらず適用対象企業として DD を実施しなけれ
ばいけないのですが、この際、欧州マーケットに最終的につながって
いるサプライチェーン上の人権・環境リスクではなくても、CSDDD
の適用対象となる域外企業については、自社事業や子会社事業、バ
リューチェーン上の取引先の事業が関係する人権・環境リスクについ
て、DD を実施する義務が生じることとされています。

　　そうすると、たとえば欧州マーケットにはまったく関係ないサプラ
イチェーン上の、たとえばアジアやラテンアメリカにある日本の海外
子会社で何らかの人権侵害をしてしまっていたような場合、今後は、
現地の裁判所だけではなく、CSDDD に基づいて欧州の加盟国で提訴
がされる可能性も生じます。CSDDD の前文では、このような場合、
被害者救済の観点から、原告適格や準拠法について各加盟国で特則を
認めていくことを示唆する規定もあります。あわせて、原告適格や準
拠法の決定にあたっては、各加盟国の公共の利益について考慮される
ことも規定されていますが、こういった新しい流れを踏まえ、EU の
各加盟国で今後整備されていく国内法の中で、グローバルな人権・環
境リスクに関連する訴訟の原告適格等が認められていくのかという点

144

§1-Ⅶ　ESG 訴訟

は注意が必要な点かと感じています。

　このように、海外の最近のサステナビリティに関する規制は、DDの実施義務などの実体法のみでなく、手続法についてもあわせて注視していかなければならず、また、民事責任とセットで規定されている以上、将来の訴訟リスクの可能性も踏まえて、グローバルに適切なサステナビリティ対応を進めていかなければならないと思っています。

武井：ありがとうございます。民事責任規定の点についてもう少し説明をお願いします。

渡邉：CSDDDでは、今後、EUの各加盟国において対応する立法がされていくことになっていますが、その中で、バリューチェーン上生じた人権・環境リスクに関する民事責任のあり方や責任追及の手続的なルールも、各国法において、今後検討されていくことが想定されているということになります。

武井：手続違反の場合にその損害との因果関係の有無は別途論点となるわけですよね。

渡邉：仰るとおり、DDの行為義務違反と、人権・環境リスクの結果生じた損害との間の因果関係があるかという点は、今後大きな論点になっていくと思います。

武井：2024年5月のCSDDDの最終採択の段階まで、間接取引先に関する民事責任規定のあり方等、いろいろな議論がなされていましたね。民事訴訟の提訴は無制約、無差別的な側面がありますので、それがもたらすサステナ上の各種要請への影響・懸念等については制度設計において検討すべき論点となります。

　　　⑦　原告適格の範囲について欧州でも論点になっている

加藤：ドイツに関連して1点補足ですが、CSDDDや成立前からドイツでサプライチェーン・デューデリジェンス法ができていて、ドイツでも原告適格の話というのはやはり議論になっています。**サプライチェーン・デューデリジェンス法**では、重要な人権侵害を受けたと主張する者は、ドイツにおける労働組合またはNGOに自身の権利を訴求するために訴訟追行権限を付与することが認められていますが、この労働

145

第3章　企業を強くするサステナビリティ・ガバナンス

組合や NGO は自身の恒久的な拠点を有していることが求められ、誰でも無制限に訴訟提起ができる制度にはなっていません。たとえば東南アジアのある国で被害を受けた人のために訴訟を起こす場合、訴訟追行権限を与えられる先はドイツに拠点がある労働組合や NGO に限られます。さらに、商業的活動に従事しておらず、かつ、権利の実現に向けた活動が一時的なものにとどまらない場合という条件もつけられています。

　なお、CSDDD の成立を受け、今後その内容に沿う形でドイツの**サプライチェーン・デューデリジェンス法**も改正されていく予定です。ただし、現在成立した CSDDD に沿って改正した場合、適用対象企業が現状の国内法よりも大幅に狭まる可能性が出てきており、その改正の方向性については議論が分かれており、今後の動向を注視していく必要があります。

8　ESG 関連の証券訴訟に伴う法制的論点

安井：前半で議論したとおり日本でもサステナビリティ情報が有価証券報告書等の法定開示書類に掲載されるようになってきましたので、開示義務違反での証券訴訟が日本でも起こってくる可能性があります。有価証券報告書の虚偽記載を訴える場合には金商法上の損害額の推定規定もありますので、訴える側からみると使いやすい面もあり、注意が必要です。

武井：ありがとうございました、ESG 訴訟はグローバルに活発化していていろいろな論点がありますが、上場会社を取り巻く上場会社法制の観点からも論点があるかと思います。

　サステナ対応について有報を含む金商法の法定開示書類に開示があるわけですが、米国では、サステナ事象に関連した事件・事故のあとに後追いで株主・投資家が会社を提訴する**イベントドリブン型訴訟**と呼ばれる証券訴訟が増えています。これは米国が元々 private enforcement が活発な国であること、またサステナイシューについて社会が真っ二つに分かれるほどのものがあることも一因と言われ、同時にサステナ開示を控える動きも企業側等にみられています。他方

146

で、サステナ情報の開示法制で先行してきた欧州ではそうした流れよりもやや異なるアプローチのようです。

サステナビリティ情報の開示と保証のあり方について議論されている金融庁のWGの2024年6月の資料でも、セーフハーバーに関する議論がなされています。サステナビリティ情報は①将来情報的な性格がある、②バリューチェーンを含む支配力が及ばない第三者のデータに一定程度依存することとなる、③元々定量的でなく定性的であるなどの点で、財務情報とは差異があるとして、重要な虚偽記載の考え方についての議論がなされています。また、最初はリスクが少ないと思っていたところ後でリスクが大きくなることがありえることについての対処も論点となります。現行の財務情報に関する法的責任の考え方をそのまま適用するのでは、サステナビリティ情報についての開示の後退が懸念されます。

さらには、「サステナについてリスクを取ったはずの株主・投資家が後追い的に会社にリスクを転嫁して債権者よりも先に会社から金を取ることは、ステークホルダーに対して悪影響があるのではないか」という問題意識の議論もあるようです。サステナビリティ開示のような非財務情報の開示内容についての虚偽や重要事項不記載が果たして、財務情報と同じレベルで証券取得の投資判断と因果関係がある、重要な影響があるといえるのか。今後の1つの論点となりましょう。

役員の責任についても同様に論点となります。興味深いのが、英国の法制上の工夫です。英国では、将来情報を含む非財務情報について、財務情報と同様の厳格な法的責任を課す法制ではこうした非財務情報の開示が後退することを懸念して、戦略報告書・取締役報告書および取締役報酬報告書に関する虚偽記載等の役員の責任について、故意または重過失がある場合に限定して、かつ損害賠償責任は会社に対してしか負わない旨が英国会社法で明記されています。これはこの問題を考えるときにいろいろと示唆に富む、注目すべき法規定だと思います。

日本の会社法でも、たとえば会社法429条について、株主・投資家の間接損害は429条1項で追求すべきでないという現在の判例法の考

147

え方（東京高判平成 17・1・18 金判 1209 号 10 頁（雪印事件）など）があ
りますが、他のたとえば会社法 429 条 2 項 2 号ロの事業報告・計算書
類に関する責任規定の解釈においても同様に考えていくべきではない
かという論点が出てきます。

　サステナイシューという負の外部性の問題を内部化するべく開示法
制やそれに伴う責任法制がグローバルに進められているわけですが、
責任法制では内部化は難しいという課題があります。情報法制につい
て横断的なグランドデザインを設計する必要があることになります。

Ⅷ　サステナビリティ対応と競争法との調整問題

武井：いろいろとありがとうございました。次に法的リスクの観点から、サ
ステナ対応はＡを立てればＢが立たず的な構造のものが少なくない
中、Ｂが別の法令とかの場合には現場での重要な調整問題となりま
す。その典型論点として競争法上の規律との調整問題が議論となって
おります。小林先生からお願いします。

1　競争法上の諸要請との調整が必要

小林：小林です。企業結合、業務提携、カルテル、単独行為など競争法関連
全般に対応しています。

　サステナビリティ対応を目的の 1 つとした事業者間の競業や統合に
関する競争法関係の具体的な相談も複数受けております。サステナビ
リティと競争法、独禁法の関係というのは端的にまとめると次のとお
りかと思っています。

　企業としては国際競争力の確保だったり、政府の指針だったり、対
消費者あるいは対投資家の観点で、自らの製品、サービス、あるいは
広く事業活動の環境負荷を下げるように志向しているのですが、投資
規模や技術の観点で、単独の取組みではサステナビリティの目標達成
は困難な場合というのがあります。別の事情として、競業他社に先ん
じて単独で環境対策を実施した場合には、中長期的には競争力の向上
になるとはいっても、短期的には自社の商品、サービスのコスト、価

§1-Ⅷ　サステナビリティ対応と競争法との調整問題

格が上昇して、相対的に競争力が低下するという場合もあります。この観点からも企業としては取組みによるものの、他社、とりわけ競合他社と協調してサステナビリティ対応をしようということを希求する場合があります。その際に障害というか考慮しなくてはならない事情として、他社、とりわけ競業他社との共同行為というのは競争法と緊張関係に立ち得るというところです。こうした状況の中で、いかにして公平な競争を担保しつつサステナビリティ、とりわけ環境についての共同の取組みを追求するかというのが問題の所在になります。

　大きな話から申し上げると、各国政府としては、自国の企業が競争法違反となることを懸念して、本来であれば競争法上許容されるような競業さえも躊躇することになると国際競争力を保てない、あるいは脱炭素やの環境目標の達成は困難となりかねないというところがあるので、少なくとも競争法上環境への取組みと競争法の関係を明確化しようという動きにはなってきています。場合によっては、環境対応の共同の取組みというのを促進する方向で少し競争法の規律や適用を緩めるべきではないかという声も一般には寄せられていて、法域によっては、法制度上の建て付けはさまざまですが、何らか対応しつつあるというのが世界的な状況とはいえるとは思います。

2 日本で策定されたグリーンガイドライン

小林：特に議論、法制度の整備が進んでいるのはヨーロッパですが、あえて日本から申し上げると、日本においては公取委は 2023 年 3 月 31 日にグリーンガイドラインと呼ばれるグリーン社会の実現に向けた事業者等の活動に関する独占禁止法の考え方を策定して公表しています。このグリーンガイドラインに、サステナビリティ、とりわけ環境に関する取組みに関して、独占禁止法上どういう考え方で臨むのか、独占禁止法上の類型ごとの注意点を一通り書いてあります。

　このガイドラインは、サステナビリティ、特に環境対応について国の施策としても対応を進めていくべきだという声を踏まえて作られたものです。もっとも、産業界からは、当初 2023 年 3 月 31 日に出されたガイドラインは、具体例が十分ではないので結局企業にとっては指

149

針にならない、情報交換すら独禁法上問題だとも読める、もう少し独禁法上の運用というところをサステナビリティの取組みを推し進める方向で変えられないのか、といった意見があり、そうした意見も踏まえて2024年4月24日にガイドラインが改定されました。

当初のガイドラインから変わったところは、一定の情報遮断の仕組みのもとでは情報交換は許容されるという方向での説明がそれなりに加わっていること、特に独禁法との緊張関係が厳しくなる共同での設備廃棄の事例についての一応の考え方の言及がなされたこと、公取委としては関係省庁から提供された情報を踏まえた判断をするといった一定の配慮が明示された点で、当初のガイドラインよりは若干進んだとはいわれています。もっとも、事業者や事業者団体からは、まだまだ踏み込みが甘い、もう少し独禁法の運用を柔軟にする方向で進めるべきではないかという意見がいまだに出されているというのが足もとの状況です。

公取委としては、これ以上の改定を直ちに行うことは難しいものの、個別にはいろいろ相談してください、すべての取組みについて問題があるというわけではありませんという立場であると理解しています。とはいえ、業務提携に関してはこのガイドラインはそれなりに対応しているのですけれども、サステナビリティの観点を強く意識してなされるM&Aも出てきている中で、まだまだ企業結合の文脈ではサステナビリティ関係の議論というのは十分には評価されていないのではないかと感じます。

3 オランダとオーストラリアの競争法は積極的に対応

小林：以上が日本の状況ですが、海外については、法域によってルールも運用も分かれているというのが実態です。冒頭申し上げたとおり、議論が比較的進んでいるのがヨーロッパで、中でもオランダとオーストリアがサステナビリティ推進の方向で競争法を考えるということで著名です。

この両国というのは大きな観点で申し上げると、サステナビリティによる効果というのを競争法上問題ないという方向で積極的に評価す

るという方向でガイドラインを作ったり、実際の個別の事例の判断をしたりしているというところです。元々オランダは競争法を理由にサステナビリティのための取組みをむしろブロックしていた歴史があって、石炭火力を共同で廃棄しようとしたら競争法違反だとされたところ、それに対して競争法の原理を追求した結果国土が沈むようなことがあってよいのかといった国民的議論がなされ、むしろ競争法はもっとサステナビリティの中でも環境のところを考慮した上で運用されるべきではないかという方向にかなりドラスティックに転換した国だといわれています。

4 ヨーロッパで論点となっている便益の公平分配要件（便益を受ける主体の議論）

小林：ヨーロッパの競争法に関しては、関連法規の適用関係が複雑ですが、リードしているのは基本的に欧州委員会となります。欧州委員会に関しては、オランダやオーストリアと比べると、サステナビリティ関係のクレームを正当な理由として競争法違反ではないという方向で考えていくということに関しては少し抑制的といわれています。かなりテクニカルなところになるのですけれども、欧州委員会における水平ガイドラインといわれるガイドラインがありまして、水平関係にある事業者同士の取組みに関して、どういう場合が違反になりどういう場合が違反とならないのかという考え方を示したガイドラインなのですが、基本的には競争制限的になる水平での協定が、サステナビリティ関係の理由で違反とならないための要件の1つとして、いわゆる**公平分配要件**といわれるものがあります。

　競争法違反とならないためには、消費者に対して結果として生じる便益の公平な分配を行うことという要件を満たす必要があるといわれていて、要するにサステナビリティの競業によって、目先の需要者は基本的には価格の上昇や数量の減少という不利益を被る一方で、社会全体としては基本的には環境がよくなるというポジティブな効果を受けますと。両者のバランスをどうとるべきかというところに関して、欧州委員会の求めている要件としては、基本的には目先の需要者にマ

イナスになる部分というのを十分填補するに足りるだけの便益が生じなければいけませんと。そういう意味ではサステナビリティを達成するためにはちょっと厳しめの解釈をとっているといわれています。

　元々はもっと厳しい立場をとっていたところで、目先の需要者にマイナスが出るのであればそれ以外の人達にプラスの効果が出るとしてもそれは考慮しないという立場をとっていたのですけど、そこは少し柔軟に、目先の需要者の価格が上がるというのに十分そこを填補するだけのプラスがないと競争法違反であるという立場をとっているといわれています。

　端的に言うとオーストリアに関しては、サステナビリティ関係の協業によって生じる便益はもう少し柔軟に考慮するという立場をとっています。こういったようにヨーロッパの中でも結構判断が分かれていて、特に欧州委員会は一応考慮するとは言いつつ、そこまで競争当局としては緩やかな立場をとっているわけではないといわれています。

⑤　より厳しいアメリカの競争当局

小林：より厳しいのがアメリカでして、アメリカに関しては、ちょっとさまざまな特殊事情があるんですが、今のバイデン政権下のDOJ、FTCに関しては、サステナやESGによる利益なんていうのは、基本的に競争法では考慮しないというのに近いぐらいの言及がなされています。また、別途直近で少し話題になったのはモンタナ州の司法長官が、保険会社などからなるサステナビリティ関係のアライアンスに対して、独禁法違反ではないかとレターを出して指摘したということがあって、それだけが理由ではないかもしれませんが、いくつかの保険会社がアライアンスから脱退したという件が、昨年ありました。

　このモンタナ州の件は、純粋な競争法の理屈に基づくものというより、反ESG的な流れではともいわれているところもありますが、今のバイデン政権下では、本来はサステナビリティ関係の対応自体には一定の理解があるはずなんですが、それ以上に、特に巨大IT企業にチャレンジするというところの一環として、競争法原理主義というか競争法の執行強化を異常なぐらい行っている中で、環境利益のような

ものを競争法上考慮するという方向には基本的になっていないといわれています。

　今般の選挙でトランプが大統領となり、共和党が上院下院も多数を占めることになりましたが、今のところ、新政権は、ESG、サステナビリティ関係の価値は重視しない方向だと一般にいわれています。したがって、アメリカに関しては、競争法の運用を柔軟化する方向でサステナビリティの価値が考慮されることは当面考えにくいのではないか、という意見を現地の弁護士からは聞くところです。

6　バランスを踏まえて柔軟な対応が模索されている日本

小林：以上の状況を踏まえて、日本でどう今後対応すべきかについては、端的に言うと、関係者一同模索しているという状況だと思います。産業界としては基本的にはサステナビリティのための協業や、場合によっては統合について、独禁法上問題とならない方向で考慮すべく、公取委にて積極的に動いて欲しい。あるいは、特別立法をして欲しいといった意見が強くあります。それに対して公取委としては、一方ではGX対応に関する日欧中心の国際的なルールセッティングを通じた日本の産業力強化が政府において一定の方針とされていることもあって、独禁法の解釈運用において一定考慮しなければならないということはだいぶ意識されています。一方で、競争促進という言葉を使うことはあれど、詰めると本質的には競争外の価値である環境その他サステナビリティというものを競争法上考慮するという側面がある中で、競争当局という立場上自身で判断できるのか、判断すべき事項なのか、という疑念はあるのかなと思います。

　加えて、世界の動きとしても、ヨーロッパの一部はともかくとして、ヨーロッパの中でも対応のトーンは分かれており、環境価値をほぼ考慮していないアメリカまで考えると、世界的に共通認識に至っていない中で、ルール自体を緩和する方向で動かすというのは抵抗があるのかもしれません。そうした状況下での、ある意味日本的な調整方法ではあるのですけれども、ガイドラインで明確に指針を示すよりかは、個別相談ところで対応したいと。個別相談の結果についても、で

ければルールを特別変えましたという方向ではなく、従前のルールでも説明できるような協業であると整理できないか、と模索されているところと理解しています。最近でも若干の競業の取組みについて公表はされています。

　私見としては、どう対応すべきかということについて答えが1つあるということではなくて、各方面からのアプローチがあり得るのだろうと思っています。1つ目の方向性としては、先生方からのお話にもありましたけれども、ヨーロッパのように積極的に法制化していくという方向はあるものと思っています。たとえば、競争法以外の法律のところで、事業者の行動に一定の縛りをかけ、それを守るためには同業者間で協業する以外にはありません、といったことになれば、独禁法上も法令遵守のための行動については正当な理由があるという方向で考慮はできるので、そういう方向は1つあります。

　ただ、この選択肢で1つ難しいのは、日本に関しては、どういった企業、産業にどういったニーズがあって、当該ニーズを叶えるためにどういったルールが適切かという点を企業側で関係官庁に積極的にインプットし、関係官庁においてもニーズに合致した速やかな法令案の策定に入るという一連の取組みが、欧米に比べるとこれまで必ずしも活発であったわけではないともいわれており、そう容易にできるものでもないかもしれません。

　2つ目の方向性としては、少なくとも関係官庁において、規制遵守のためにはこれぐらいの共同行為が必要なんです、環境にこういう効果がありますといったところを公取委にインプットして、企業だけでインプットできないところをサポートしてもらうということは考えられるのかなと思っています。

　3つ目としては、先ほど公取委は従来の競争法の世界ではちょっと裁きにくいという話はしましたが、とはいえ今後避けて通れない論点ではあって、公取委としてもあるいは学者、弁護士を含めた広く独禁法の業界としても、探求が必要なのだろうとは思っています。論点はさまざまありますが、そもそも環境の価値と競争の価値というのをバランスするのか否か、バランスするとして、競争の価値、環境の価値

§1-Ⅷ　サステナビリティ対応と競争法との調整問題

をどう定量化するのか、ヨーロッパで論点になっているような、便益を受ける主体が直接の需要者以外がメインである場合に、どれぐらい考慮してよいのか、サステナビリティのための協働の効果があらわれるにはだいぶ先になるところ、将来のマーケットをどう足もとに引き直して考慮できるのか、というところについては、各国競争法においても、特に日本の独禁法については議論未発達ではあるので、今後明確化していく必要はあるものと思っています。

武井：難しいエリアのお話について、エッセンスをわかりやすく、具体的な今後の方向性等を詳細にご説明いただきありがとうございました。

安井：1点ご質問させていただきたいのですが、気候変動に関連して、特にトランジションの文脈では産業別のロードマップなどが経産省等が主導するかたちで策定されていますが、そのあたりの話は今のご説明との関係ではどのように理解すればよいでしょうか。

小林：はい。論点を3つほど申し上げますと、第1が省庁でさまざまなロードマップを作っても、それはあくまでロードマップであって、拘束力があるのかという論点が1つあります。ロードマップどおりにするためには企業としてこの取組みが必要だといっても、公取委側としては、シェアが高いもの同士だから懸念あるというときに、あくまでロードマップであって、拘束力も、それに従う義務もないという論点が1点あります。

　2点目は、ロードマップどおりに世の中がこの先中長期的に本当に進むのかという実現可能性の論点です。足もとでもそのとおり行っていないのではないかという論点です。

　3点目が、2点目とかなり関わりますが、先々のことなのでどうなるかわからないという時間軸の論点です。価格が上がるかというのはもう目先のことで需要者が不利益を被るのは明確ですよね。それに対して環境価値というのは、それとバランスするのかは、あまりに先すぎて考慮できないといったことがよく出てくる反論になります。したがって、ロードマップ自体は大事なのですが、企業側あるいは省庁側の関心と、公取委側の反応とのギャップを埋めていくということをどうやっていけばよいのかを模索してるというのが足もとの状況です。

155

第3章　企業を強くするサステナビリティ・ガバナンス

安井：ありがとうございます。よく分かりました。サステナビリティに関する取組みについては関連当事者間のコラボレーションも重要な選択肢になりますが、リーガルには必ずしもクリアではないところもあるということですね。

小林：他方で、そうした論点についてのギャップを埋めていくのは、我々実務家なのかもしれないなとも思っています。

　　　企業側としては、いろいろな要素を踏まえるとロードマップに従わないといけないのが現実ということも多いわけです。みんなそれに従って世界中の企業が大枠やっているのに、単独ではできない。ロードマップが確定的なものでないにしても、それに従って取組みを進めていかないと10年先、20年先にうちの企業が残っているかどうかわかりませんみたいな危機意識があるのに対して、競争当局側からは「いやいやロードマップですから」といわれがちです。企業としては、ロードマップを守ることが死活問題になっていますので、その中でこの競争事業者間のコラボレーションというのが必須なのですが、そこを公取委にどうわかっていただけるのか。わかっていただけるのかというのは、理屈的にもそうですし、どの省庁とどの程度連携すればよいのかという点も含めて考えないと、いかんとも前に進まない案件が出てきているというのが、実際肌感覚としてもあります。

安井：ご指摘のとおりだと思います。

加藤：先ほど小林先生から、競争事業者間のコラボレーションの重要性についてお話がありましたが、ヨーロッパの競争法では情報交換するだけでも競争法違反になりうる可能性があるところ、明らかな競争機微情報は論外としても、線引きが非常に難しい性質の情報もあり、サステナビリティに関するコラボレーションも類似の難しさに直面する性質のものかと思われます。この点、やはりどこまで企業側が正当性を説明できるかというところが重要になってくると思われます。結局競争当局によって何らかの指摘を受けた場合に、どのように論理立てて記録とともに説得力をもって説明できるかということに尽きるかと思います。人権DDの文脈では指導原則でも各国法でも説明責任が重要になってきますが、この論点は競争法のところでも共通するのだと思

156

§1-Ⅷ　サステナビリティ対応と競争法との調整問題

います。

　もう1つ、サステナビリティの課題というのは、テーマが壮大で白黒はっきりしない部分もあるため、何か政治的な意図が働く面もあるように思われます。全体的なヨーロッパの傾向としてはサステナビリティを全力で支援していく傾向が強くみられるのですが同時に、自国の産業が破綻してしまうのではという危機意識も聞かれます。さきほど小林先生からオランダの石炭のことが挙がりましたが、ドイツだと自動車産業のことが結構問題になっています。今環境のためにということで、電気自動車がドイツでも積極的に後押しされているんですけども、伝統的な自動車作りの機会がドイツ国内で減少しつつあり、ドイツ国内の雇用の課題もありますし、電気自動車が果たして本当に環境のためにやさしいのかというと、バッテリー製造までの過程やリサイクルを考慮した場合に疑問を呈する声も聞かれるところです。さらに、人権DDが原産国でどこまで可能かという課題もあります。大枠の政策としては賛成でも、個々の人々の生活に焦点をあてたときに、やはり懸念の声も上がっているのは確かですし、CSDDDについてのドイツは棄権という形を取ったのもそういった懸念のあらわれかなというふうに思っております。

　日本はまだサステナビリティ関連のDD自体を義務づけてはいない段階ですが、法律ができればいいというわけではなくて、やはりルール作りが先行しているヨーロッパでも課題もあるということを認識しながら、日本なりにうまく機能するようなやり方で、制度作りをしていくという姿勢が大事なのかなと思いました。

小林：大変勉強になります。ありがとうございます。いや実際悩ましいなと思っていて、日本でどのようないう仕組みが、一番日本企業にとってよいのかということは常々考えながら仕事をしているところです。

　一方では、ヨーロッパ並みに要件やクリアにしていく方向もあるのですが、今お話あったとおり、ヨーロッパの環境規制の動向も揺れている中で、どこまで推し合わせるべきかというところが1つ。

　あとは、法曹実務家としては予見可能性があまり高くない日本の現状、これは環境問題に限った話ではないですけれども、そうした現状

157

第3章　企業を強くするサステナビリティ・ガバナンス

がマイナスに思うところもありますが、その反面で、個別相談で諸事情を踏まえて考慮する姿勢が公取委側にもある中で、実はアメリカよりは確実に、場合によってはヨーロッパ以上に、日本では柔軟に環境対応の取組みを実施できる可能性もあるかもしれないと感じています。我々実務家ももう少し理論的なところ、ロジカルなところをサポートしたほうがよいし、公取委においてももう少し踏み込んでルール作りをしていただければと思うところもあります。まとまっていないですが、本当にまとまらずに進んでいるというのが足もとの状況だと思っています。

加藤：関係する各国のルールが異なれば、結局グローバルに競争している企業にとっては方針が決めづらくなってしまう可能性もあるかもしれませんね。

小林：そうですね。それもあります。

武井：ありがとうございました。マクロ的なコメントだけしますと、サステナビリティ課題は元々、市場の失敗から生じている負の外部性の社会的課題への取組みなわけです。その中で競争法という市場法制が重要な登場人物として果たすべき役割というのは、考えるべき点が多いですね。

IX　おわりに

武井：では長時間ありがとうございました。分量が多かったこともあり議論ができた箇所が限られてしまいましたが、最後に皆様から、今日のサステナビリティ・ガバナンスの話について、実務家としての総括等をお願いします。

渡邉：本日の議論、大変勉強になりました。サステナビリティは、私自身ライフワークとしてやっていきたいと思ってやってきた業務ではありますが、テーマの幅広さが本日の議論でも明確になったとおり、企業法務の世界での分野横断的なさまざまなコラボレーションが実務家の現場作業でも必要です。また、ルールメイキングを検討していく政府側と実務家側、企業側、更には市民社会側がどのように今後議論をして

いくべきかということも含めて、課題が本当に山積みとなっている分野です。日本の中だけの議論のみに留まらず、世界で起きている問題や規制の流れを踏まえて日本としてどういったルールメイキングをいつのタイミングでどのような方法で進めていくべきかについて、オールジャパンで考えていく必要があると思っています。

西原：本日は誠にありがとうございました。大変勉強になりました。お話を伺っていて、まさに渡邉先生が仰ったとおりで、サステナビリティといっても広範に論点が及んでいて、まさに人権の話にもありましたけれども、会社の中でどうサステナビリティに関するスキルを持つ人材を育てていくかというのが会社でも実務家の中でもまた政府の中でも重要なんじゃないかなと思っていまして、リスキリングの話もありますけれども、そういったものを含めて自分自身が実務家としてどうやってそのスキルを高めていくかといった点も含めて、今後も勉強していきたいと思います。ありがとうございました。

加藤：今日はありがとうございました。結局サステナビリティというのは誰のものなのかなというように規制強化の動向をみている中で思うこともありまして、人々の生活、人々の幸福のためにと謳いつつ、現地の人の生活に、むしろ負の影響を及ぼしていないかという点を省みながら、実務家としてどのように関与していくかというのはとても重要だと思っています。同じ楽譜を与えられても演奏家によってさまざまな弾き方なり、演奏の仕方があるように、法律としてできたものがどのように解釈されて実社会にいかされていくかというのは一人ひとりにかかっているのかなと思っております。ですので、この分野に携わる機会をいただく以上、影響を受け得る人の生活に前向きな影響を与えられる貢献ができればと思っております。

小林：ありがとうございます。先生方のお話を聞いていて、サステナと一言で言っても、それぞれさまざまな領域で、実際に法制化されていったり、また国際的にさまざまな展開がなされている、法制化に限らず事実上のルール化だったり、ルール化もされていないかもしれないけれど企業がどのような取組みをしているかということも聞けて大変勉強になりました。

第3章　企業を強くするサステナビリティ・ガバナンス

　　おそらく私の競争法の観点からいくと、公取委と他の省庁との間で
　も認識のギャップが、そもそもその立場の違いを超えて、持っている
　事実のレベル、事実というか情報のレベルでもかなり格差があるし、
　省庁と企業間でも格差がある中で、そこをつなげていく役割というの
　は、実務家だからこそできるところもあるのかなと思っておりますの
　で、先生方とも引き続きコラボレーションさせていただきながら、全
　体として我が国全体がよくなる、我が国だけではなくて世界がよくな
　るということかもしれませんが、何か役割を果たしていければよいの
　かなと漠然と思っております。ありがとうございます。

安井：サステナビリティの話は、グローバルにさまざまな動きがある中で、
　部分的にみると急速に進むこともあれば、少しブレーキがかかるタイ
　ミングもありますが、時間軸を伸ばしてみれば、一時的な波はあって
　も大きなトレンド自体は一方向で、重要性は増していく一方なのだと
　思います。さまざまな議論が、どんどん法制度を含めたシステムにも
　取り込まれていきます。今日のいろいろな議論をお伺いしていても、
　まだまだクリアしていかなければいけない課題がたくさんあることを
　あらためて認識しましたが、社会全体で1つ1つ乗り越えていくプロ
　セスだと思いますので、いろいろ難しい問題があり一筋縄にはいかな
　いかもしれませんが、進んでいかなければいけないという想いを新た
　にしました。法制度を立案する当局や企業、そうした動きをサポート
　する弁護士等も含めて、協力して知恵を絞っていければと思います。

武井：はい、皆様、ありがとうございました。皆様からのよいお話のおかげ
　で、サステナの話がいかに複雑なのかがよく伝わったと思います。
　テーマもそうですし、グローバルであることもありますし、利害調整
　がとても難しいものばかりです。マクロ全体からみたら総論賛成で綺
　麗なのだけれども、ミクロとミクロが闘ってどちらを取っても激しく
　攻撃される世界が少なくないわけですね。今日は米国周りの話が限定
　的でしたが、IRA（2022年のInflation Reduction Act）、補助金関連の諸
　施策、輸出管理規制など、米国の各種制度的対応もとても実務的影響
　があります。サステナビリティの話は、インフレを含む国民生活への
　影響、産業構造の転換に伴う中小企業を含む既存企業への影響、自国

§1-Ⅸ　おわりに

ネットゼロ産業の競争力確保、非対応の海外国から割安品が入ってくることの抑制等々、いろいろな角度からの要請とさまざまな制度がグローバル各所で同時並行的にリアルタイムで動いています。人権、環境、国家経済安全保障などの諸要請を踏まえたサプライチェーンリスクマネジメントが重要となっていますし、またそれに伴って必然的に進んでいくサプライチェーンの見える化は本書第4章（193頁）のDXともリンクしていきます。

　その中で、企業はよりよい世の中にするイノベーションを実現するために道を作って前に進んでいく、その道を作る1つのキモがサステナビリティ・ガバナンスの態勢なのだと思っています。ガバナンスの本質である自律が整備されていることで初めて、企業は自らの領域で行うべきと考えることを実行できると。それだけに実行できる力の礎としてロジック力。デュープロセス的な手続的な公正性、こうした我々実務現場にいる弁護士が専門としているリーガルマインドをもって、よりよい社会をつくっていくというエリアなのだと思います。ありがとうございました。

[2024年6月収録／その後加筆修正]

§2

サステナビリティ情報開示と
保証をめぐる国際動向
——欧州CSRD・ESRSと
米国SEC気候関連開示規則等の動向

安井　桂大
加藤由美子
湊川　智平

［旬刊商事法務 2024 年 6 月 5 日号掲載］

第3章　企業を強くするサステナビリティ・ガバナンス

I　はじめに

　近年、サステナビリティ情報開示に関する国際ルールの策定が急速に進められている。2023年6月には、IFRS財団に設置された国際サステナビリティ基準審議会（ISSB）において、IFRS S1号「サステナビリティ関連財務情報の開示に関する全般的要求事項」およびIFRS S2号「気候関連開示」（以下、あわせて「IFRSサステナビリティ開示基準」という）が公表され、今後、国内の法定開示ルールにも反映されていくことが予定されている。

　また、サステナビリティ情報開示をめぐっては、開示基準のみならず、そうした開示内容の信頼性を確保する保証のあり方についても国際的な議論が進められており、たとえば、国際監査・保証基準審議会（IAASB）において公開草案が公表されているサステナビリティ情報の保証に関する新しい国際基準（ISSA5000）は、2024年12月にも公表されることが予定されている。

　本セクションでは、こうしたサステナビリティ情報開示と保証をめぐる近時の国際的な動きのうち、日本企業における今後の実務への影響の観点から特に重要と考えられる、欧州および米国における関連動向を紹介する。

II　欧州における動向

1　CSRD および ESRS の最新動向

(1)　概　要

　2023年1月、欧州連合（EU）の企業サステナビリティ報告指令（Corporate Sustainability Reporting Directive：CSRD）が発効し、2014年に策定された非財務情報開示指令（Non-Financial Reporting Directive：NFRD）により欧州全域で導入されている非財務情報に関する情報開示規制について、対象企業や開示事項が拡大された[1]。各EU加盟国は、2024年7月6日までに

---

1)　CSRDの概要については、安井桂大＝加藤由美子「欧州におけるサステナビリティ情報開示規制の動向——企業サステナビリティ報告指令（CSRD）の概要」商事2320号（2023）34頁参照。

164

§2-Ⅱ　欧州における動向

［図表 3-18］CSRD 適用対象企業と適用開始時期

適用対象会社	CSRD 適用対象会計年度	開示開始時期
NFRD 適用会社	2024 年会計年度	2025 年
NFRD 適用外の大規模企業	2025 年会計年度	2026 年
EU 域内で上場する中小企業等 （零細企業を除く）	2026 年会計年度	2027 年
EU 域外企業	2028 年会計年度	2029 年

CSRD に基づいた国内法を整備する必要があるものとされていたが（CSRD Art 5(1)）、期日までに国内法を整備した加盟国は一部にとどまり、他の加盟国においては引き続きその準備が進められている状況である。

　CSRD に基づく具体的な開示項目の詳細は、欧州サステナビリティ報告基準（European Sustainable Reporting Standards：ESRS）によって別途定められることとされているが（CSRD Art 1(8)）、全セクター共通で適用される ESRS の第一弾（以下「ESRS 共通基準」という）[2] が、2024 年 1 月 1 日から適用開始となっている。なお、セクター別基準[3]、中小企業向け基準、域外企業向け基準を定めた第二弾以降の ESRS についても、2024 年 6 月 30 日までに採択される予定であったが、準備期間の確保や企業による開示負担を考慮し、2026 年 6 月 30 日まで採択期限が延長されている[4]。

　⑵　対象企業と適用開始時期
　CSRD の適用は、**図表 3-18** のとおり、2024 年会計年度から、従前の NFRD の適用対象企業に対してまずは開始され、その後、NFRD 適用外の

---

2)　Commission Delegated Regulation（EU）2023/2772 of 31 July 2023 supplementing Directive 2013/34/EU of the European Parliament and of the Council as regards sustainability reporting standards（ESRS）.

3)　ESRS セクター別基準については、現在、①石油・ガス、②石炭・採石・採掘、③道路輸送、④農業・酪農・漁業、⑤自動車、⑥エネルギー生産・公共事業、⑦食料・飲料、⑧服飾・宝飾の八つのセクターについて優先的に基準策定作業が進められている。

4)　Directive（EU）2024/1306 of the European Parliament and of the Council of 29 April 2024 amending Directive 2013/34/EU as regards the time limits for the adoption of sustainability reporting standards for certain sectors and for certain third-country undertakings.

165

第3章　企業を強くするサステナビリティ・ガバナンス

大規模企業、EU 域内で上場する中小企業等（零細企業は除かれる）に順次対象が拡大され、2028 年会計年度からは、一定の要件を満たす EU 域外企業にも適用されるものとされている。

EU では、EU 域内でインフレが大幅に進んだことを背景に、EU 会計指令で定められる企業規模の基準を改正する委任指令が 2023 年 12 月に施行され、2024 年会計年度から新基準（以下「EU 新企業規模基準」という）が適用されることとなった。今後、各 EU 加盟国による国内法整備が必要となるが[5]、EU 新企業規模基準においては、基本的には企業規模の各基準が約25％引き上げられており、一部の企業は従来の区分より小規模の企業分類に区分される場合もあるため、各企業においては新基準に基づいて適用の有無や開示時期を検討する必要がある[6]。

⑶　開示が求められる内容

CSRD に基づく環境、社会、ガバナンスに関する各開示項目の詳細は、前述のとおり ESRS において定められる。具体的には、すでに 2024 年 1 月 1日から適用が開始されている全セクター共通の ESRS 共通基準においては、サステナビリティに関するビジネスモデル・戦略、指標および目標、ガバナンス体制、リスク管理体制、ならびにデューディリジェンスに関する開示がそれぞれ求められているが、CSRD および ESRS で求められる開示項目の全体像は、**図表 3-19** とおりである。

図表 3-19 記載の開示基準のうち、ESRS 1（全般的要求事項）においては、開示項目それ自体ではなく、ESRS に基づく報告の際に考慮されるべき一般原則が定められており、ESRS 2（全般的開示）においては、すべてのCSRD 対象企業における必要開示事項が定められている。

また、環境（ESRS E1〜 E5）、社会（ESRS S1〜 S4）、ガバナンス（ESRS G1）

---

5)　加盟国の国内法により、2023 年会計年度に遡って適用させることも可能とされている。

6)　たとえば、EU 新企業規模基準の下では、現在 NFRD の適用対象外であっても 2025 年会計年度から CSRD の適用が開始される大規模企業は、①総資産残高 2,500 万ユーロ（改正前 2,000 万ユーロ）、②純売上高 5,000 万ユーロ（改正前 4,000 万ユーロ）、③年間平均従業員数 250 名（改正なし）の各基準のうち、2 つ以上の基準を超えるものをいうとされている（EU 会計指令 Art 3⑷）。

§2-Ⅱ 欧州における動向

［図表 3-19］CSRD および ESRS で求められる開示項目の全体像

ESRS 共通基準 （全セクター共通）	【採択済】	横断的基準	ESRS 1	全般的要求事項（一般原則）
			ESRS 2	全般的開示（必要開示事項）
		環境	ESRS E1	気候変動※
			ESRS E2	汚染
			ESRS E3	水と海洋資源
			ESRS E4	生物多様性とエコシステム
			ESRS E5	資源活用と循環型経済
		社会	ESRS S1	自社の労働者
			ESRS S2	バリューチェーン上の労働者
			ESRS S3	影響を受けるコミュニティ
			ESRS S4	消費者と最終顧客
		ガバナンス	ESRS G1	ビジネスコンダクト
ESRS セクター別基準	【未採択】	2026 年 6 月 30 日までに採択予定		
ESRS 中小企業向け基準	【未採択】	同上		
ESRS 域外企業向け基準	【未採択】	同上		

※温室効果ガス排出量の開示義務も設けられており、スコープ1およびスコープ2のみならず、バリューチェーンの上流・下流から排出されるスコープ3の排出量についても開示が求められている。

の各サステナビリティ要素については、各企業が自社のビジネスモデルや事業活動の内容等に照らして、①サステナビリティ関連の課題が自社の企業価値に及ぼす影響、および②自社の企業活動がサステナビリティ関連の課題に及ぼす影響という、2つの異なる観点を考慮して重要課題を特定し（いわゆるダブルマテリアリティの考え方に基づく重要性判断）、関連する情報を開示することが求められている。各企業においては、開示不要と判断した場合でも、かかる判断に関する説明を求められる。

CSRD および ESRS に沿った情報開示は広範囲に及ぶが、開示対応を求められる企業の負担を軽減する観点から、各種ガイダンスの策定も進められて

167

いる。たとえば、欧州委員会からは、CSRDの実務に関するQ&A[7]が公表されているほか、欧州委員会から委託を受けてESRSの草案策定を担当している欧州財務報告諮問グループ（European Financial Reporting Advisory Group：EFRAG）においては、マテリアリティ分析やバリューチェーン分析に関するガイダンスをはじめ、関連する各種のガイダンスやQ&Aプラットフォーム等を整備している。これらには法的拘束力はないものの、実質的には企業が開示対応を進める上で重要な手がかりになるものと考えられる。

なお、2024年5月2日には、EFRAGおよびIFRS財団により、ESRSとIFRSサステナビリティ開示基準の相互互換性に関するガイダンスが公表されている[8]。近時の欧州では、サステナビリティ開示基準についてはダブルマテリアリティの考え方に基づく独自の基準を策定しつつも、企業における開示対応の負担を軽減する観点から、他の国際基準等とも調整を図る動きがみられるようになっている。

(4) 保　証

企業によるサステナビリティ情報開示の信頼性を確保するため、CSRDに基づく報告については第三者による保証が義務づけられている。CSRDの適用開始当初はまずは限定的保証が求められ、その後、より厳格な審査が求められる合理的保証への移行を検討することとされている（CSRD Art 3 ⒂）。具体的な限定的保証に係る基準については2026年10月1日までに、また、合理的保証の基準については2028年10月1日までに、それぞれ欧州委員会により委任規則が採択される予定である。

保証を提供できる主体としては、法定の監査人や監査法人に加え、それら以外の独立保証業務提供者による保証（Profession-agnostic保証）も各EU加盟国で認めることができるものとされている。保証に関する詳細は各EU加盟国における国内法の動向を注視する必要があるが、たとえば、CSRDを欧州で最初に国内法化したフランスでは、独立した第三者機関によるサステナ

---

7) 2024年8月6日に、欧州委員会よりQ&Aのドラフトが公表されている。
8) 本Ⅱでは欧州の動きを紹介しているが、英国においても、2023年8月、IFRSサステナビリティ開示基準に準拠した英国サステナビリティ開示基準（UK Sustainability Reporting Standards）を策定する旨が公表され、2024年9月に同基準が公表された。

ビリティ保証業務の提供が認められている。

(5) CSRD の国内法化の状況

本セクションの脱稿時点（2024 年 11 月 22 日）で、CSRD をすでに国内法化しているのは、ブルガリア、チェコ、デンマーク、アイルランド、フランス、クロアチア、イタリア、ラトヴィア、リトアニア、ハンガリー、ルーマニア、スロヴェニア、スロヴァキア、フィンランド、スウェーデンの 15 カ国である。例えば、フランスでは、フランス商法典においてサステナビリティに関する一般的な報告義務が規定され（フランス商法典 L232-6-3）、詳細は政令において定められる形式となっているが、具体的な報告基準は前述の ESRS に即したものとなることが想定されているほか、各種義務に違反した場合の制裁も設けられている。

他の EU 加盟国においても、国内法が整備されることが予定されているところ、国によっては一定の開示免除規定や軽減措置が設けられる可能性等があり、特に欧州域内に子会社を設置している企業等においては、各国における国内法化の動向について随時確認していく必要があるものと考えられる。

② 欧州における関連訴訟の状況

後述する米国とは異なり、欧州では、サステナビリティ情報開示に係るルール策定に反対する目立った訴訟は現状では見当たっていない。

他方、企業によるサステナビリティ情報開示をめぐる訴訟自体は欧州では以前から少なからず提起されており、典型的には、サステナビリティに関する情報開示の内容が実態に合っていない等として、開示を信頼して行動した投資家や顧客、消費者等が、企業に対して損害賠償を求める訴訟等が多く提起されている。

第3章　企業を強くするサステナビリティ・ガバナンス

Ⅲ　米国における動向

1　SEC 気候関連開示規則

(1)　概　要

2024 年 3 月、米国証券取引委員会（SEC）において、SEC 登録企業による気候関連情報の開示を求める最終規則（以下「SEC 気候関連開示規則」という）が採択された。

SEC 気候関連開示規則は、SEC 登録企業における開示対応負担とのバランスを図りつつ、投資家から求められている、気候関連リスクが企業の事業運営に与える経済的影響および企業による当該リスクへの対応に関する情報開示を強化することを目的としたものである。

(2)　対象企業と適用開始時期

SEC 気候関連開示規則は、SEC 登録企業であれば、米国企業以外の、日本企業を含む外国企業にも適用される。

適用開始時期については、大規模早期提出会社の類型に該当する企業においては 2025 年に開始する会計年度から、早期提出会社の類型に該当する企業（小規模報告会社および新興成長企業を除く。以下同じ）は 2026 年に開始する会計年度から、小規模報告会社、新興成長企業および非早期提出会社の各類型に該当する企業は 2027 年に開始する会計年度から、それぞれ開示が求められるものとされている。

他方、温室効果ガス排出量に係る開示については適用開始時期を遅らせることが想定されており、後述のとおり SEC 気候関連開示規則で開示が求められているスコープ 1 およびスコープ 2 の温室効果ガス排出量については、大規模早期提出会社は 2026 年に開始する会計年度から、早期提出会社は 2028 年に開始する会計年度から、それぞれ開示が求められる。また、同開示については、米国企業においては翌会計年度の第 2 四半期に係るフォーム 10-Q において、また、外国企業においても米国企業と同じ期限までにフォーム 20-F において、それぞれ開示を行う対応も許容されている。

170

(3) 開示が求められる内容

SEC 気候関連開示規則において企業に対して求められている開示内容には後記箇条書き部分の内容が含まれるが、関連課題が自社の企業価値に及ぼす影響の観点から重要性を判断するシングルマテリアリティの考え方の下、開示項目をガバナンス、戦略、リスク管理ならびに指標および目標の4つの要素で構成する IFRS サステナビリティ開示基準や TCFD（気候関連財務情報開示タスクフォース）提言と、基本的に同様の枠組みが採用されている。

前述のとおり、温室効果ガス排出量についても一定の類型に該当する企業に対して開示が求められているが、そうした企業においてもスコープ3の温室効果ガス排出量については開示が求められていない。

・　取締役会による気候関連リスクの監督、および企業の重大な気候関連リスクの評価・管理における経営陣の役割

・　企業の事業戦略、業績もしくは財務状況に重大な影響を与えた、または与える可能性が合理的に高い気候関連リスクと、そうしたリスクが企業の戦略、ビジネスモデルおよび見通しに与える実際のおよび潜在的な影響

・　企業が重要な気候関連リスクを特定、評価、管理するためのプロセス、ならびに、かかるプロセスの当該企業の全体的なリスク管理システムまたはプロセスへの統合およびその方法

・　企業の事業、業績もしくは財務状況に重大な影響を与えた、または与える可能性が合理的に高い当該企業の気候関連の目標

・　企業が大規模早期提出会社または早期提出会社であり、温室効果ガス排出について重要性がある場合には、スコープ1および／またはスコープ2の温室効果ガス排出量

(4) 保　証

SEC 気候関連開示規則においては、スコープ1およびスコープ2の温室効果ガス排出量に係る保証についても定められているが、大規模早期提出会社については2029年に開始する会計年度から、また、早期提出会社については2031年に開始する会計年度から、それぞれ限定的保証が求められ、大規模早期提出会社においては、2033年に開始する会計年度から、合理的保証まで求められるものとされている。

第3章　企業を強くするサステナビリティ・ガバナンス

② カリフォルニア州の気候関連開示法

(1) 概　要

カリフォルニア州で 2023 年 10 月に成立した「気候関連企業データ説明責任法（Senate Bill No. 253（SB253））」においては、対象企業に対して、温室効果ガス排出量に関する情報を開示し、かつ当該情報について保証を得ることが求められている。また、併せて成立した「温室効果ガス：気候関連財務リスク法（SB261）」においては、対象企業に対して、気候関連財務リスクおよびかかるリスクの軽減措置に関する開示が求められている。

(2) 対象企業と適用開始時期

SB253 および SB261 の対象企業は、カリフォルニア州で事業を営む米国法（カリフォルニア州法に限られない）を設立準拠法とする企業であり、上場企業であるか否かにかかわらず、SB253 の場合は売上高が年間 10 億米ドル以上、SB261 の場合は売上高が年間 5 億米ドル以上の企業とされている（各売上高はカリフォルニア州内での売上高に限られない）。そのため、日本企業においても、子会社等が各要件に該当する場合には、当該子会社等に規制が及ぶこととなる。

SB253 の適用開始時期については、スコープ 1 およびスコープ 2 の温室効果ガス排出量開示については 2026 年から、また、スコープ 3 の同開示については 2027 年から、それぞれ開示が求められるものとされている。また、SB261 については、初回の開示は 2026 年 1 月 1 日まで、以降の開示はそれから 2 年ごとに、IFRS サステナビリティ開示基準や TCFD 等の枠組みに基づいた報告書において開示が求められる。

(3) 開示が求められる内容

前述のとおり、SB253 においては、温室効果ガス排出量に関する情報開示が求められているが、スコープ 1 およびスコープ 2 に加えて、SEC 気候関連開示規則では開示が求められてないスコープ 3 の温室効果ガス排出量についても開示が求められている。また、SB261 においては、前述のとおり気候関連財務リスクおよびかかるリスクの軽減措置に関する開示が求められる。

(4) 保　証

SB253 においては、スコープ 1 およびスコープ 2 の温室効果ガス排出量に係る開示内容については、2026 年から独立した第三者保証機関による限定的保証が求められ、2030 年からは合理的保証まで求められるものとされている。また、スコープ 3 の温室効果ガス排出量に係る開示内容についても、2030 年から限定的保証が求められる。

③　米国における関連訴訟の状況

SEC 気候関連開示規則に対しては、その撤回を求めて多くの訴訟が提起されており、そうした訴訟においては、概要以下のような主張等が行われている。

・　SEC 気候関連開示規則は、1934 年証券取引所法に基づく SEC の規則制定権限（投資家の利益を保護するために必要または適切であり、かつ公正な証券取引を保証する規則に限定される）を濫用・逸脱しているという主張

・　SEC 気候関連開示規則は民主党政権（バイデン政権）の気候変動関連政策を推進するためのものであり、気候関連情報は SEC がこれまで開示を求めてきた重要な財務情報には該当しないという主張

・　気候関連情報の開示を強制されることは、憲法第一修正に定める表現の自由に反するという主張

一方、SEC による規則制定権それ自体については是認した上で、SEC が開示項目からスコープ 3 の温室効果ガス排出量を最終的に削除したことを、専断的な権限行使であるとして環境団体が提訴した事例もある。

この点については、旧共和党政権（トランプ政権）時代には、連邦議会による具体的な授権なくして SEC は企業に対してサステナビリティ関連の情報開示を求める権限を有していないという基本的なスタンスがとられていたが、こうしたスタンスは、前記の SEC 気候関連開示規則の撤回を求める主張と基本的に同様である。したがって、2024 年 11 月に米国の大統領選挙が予定されているが、その結果が SEC 気候関連開示規則の行方に影響を及ぼす可能性も否定できないものと思われる。

また、SB253 および SB261 に対しても、カリフォルニア州は、カリフォルニア州外での温室効果ガス排出量について規制する権限を有していないと

第3章 企業を強くするサステナビリティ・ガバナンス

いった主張等を根拠に、法律の撤回を求める訴訟が提起されている。

IV　日本企業における実務への影響等

本セクションでは、欧州および米国におけるサステナビリティ情報開示と保証をめぐる近時の動向を紹介した。

欧州のCSRDおよびESRS、米国のSEC気候関連開示規則やカリフォルニア州の気候関連開示法は、いずれも日本企業やその子会社等に対しても直接適用される可能性があるため、各企業においては、自社グループ内に適用対象となる企業があるかどうかの確認を進めつつ、適用対象となる企業が存在する場合には、開示に向けた準備を進めていく必要があるものと考えられる。特に、欧州のCSRDおよびESRSにおいては、ダブルマテリアリティの考え方に基づいて開示基準が策定されており、国内ルールに沿った開示内容のままでは、要件を満たすことができないことが想定される。

また、サステナビリティ情報開示を進める前提として、サステナビリティへの取組みや体制それ自体を強化する必要性も高まっている。たとえば、欧州においては、2024年7月に自社グループおよびサプライチェーンにおける人権・環境デューディリジェンスの実施を義務づける企業サステナビリティ・デューディリジェンス指令（Corporate Sustainability Due Diligence Directive：CSDDD）が施行され、2026年7月までにEU各加盟国において国内法が整備されることが求められている。各企業においては、こうした枠組みも意識しながら、早期に体制構築等を進めていく必要がある。

サステナビリティ情報開示や保証に関する基準等が整備されれば、そうした情報開示等に関するモニタリングが企業の内部統制の役割としても求められてくることになろう。本セクションが、企業におけるそうした一連の対応準備の契機にもなれば幸いである。

§3

EUの企業サステナビリティ・
デューデリジェンス指令を踏まえた
日本企業の実務対応

渡邉　純子

［旬刊商事法務 2024 年 7 月 25 日号掲載］

第 3 章　企業を強くするサステナビリティ・ガバナンス

I　はじめに

2024 年 7 月 5 日、EU で数年来議論されてきた企業サステナビリティ・デューデリジェンス指令（CSDDD[1]。以下「本指令」という）が EU 官報に掲載され、同年 7 月 25 日に発効した。2026 年 7 月までに EU 各加盟国が本指令に基づく国内法を整備し、2027 年 7 月より、欧州域内外の企業に対して人権・環境デューデリジェンスを義務づける効果が生じることになる。

本指令は、2011 年の国連ビジネスと人権に関する指導原則（以下「指導原則」という）の採択以来、同原則を踏まえて、フランス、ドイツ、オランダ、スイス等の複数の EU 加盟国で人権・環境デューデリジェンスに関する法令が異なる内容で制定されてきたことを背景とし、EU レベルで統一的なデューデリジェンス法令を制定することにより企業に対して法的安定性を確保し、もって持続可能な社会および経済を構築することを目的とする、EU レベルでの初のデューデリジェンス法である。

本指令は、2023 年 12 月の暫定合意以降も一部の加盟国が棄権する等、策定の過程で実に多くの論点で議論が紛糾し、最終的には加盟国間の政治的妥協により指導原則とは異なる内容に帰着した点も複数包含する。もっとも、多くの点で指導原則に沿った内容と評価でき、かつ、指導原則上明示的に記載のない点についても、その趣旨を踏まえて具体的義務として課されている点も多く存在するものであり、企業にとっては、従前の取組みをあらためて指導原則に沿って見直し、かつ、取組みを一層強化する契機となるものである。本セクションでは、日本企業により多く実行されてきた従前の実務を具体的にどのような観点で特に見直す必要があるか、日本企業の人権デューデリジェンスを支援してきた実務者の視点から概説する。

---

1)　DIRECTIVE (EU) 2024/1760 OF THE EUROPEAN PARLIAMENT AND OF THE COUNCIL of 13 June 2024 on corporate sustainability due diligence and amending Directive (EU) 2019/1937 and Regulation (EU) 2023/2859.

II　本指令の全体像

1　適用対象企業等

　本指令は、企業に対し、自社および子会社ならびに自社の「活動の連鎖（chains of activities）」[2] に関する直接的または間接的なビジネスパートナーの事業活動を対象として、潜在的なまたは実際の人権および環境への悪影響を特定し、これに対処するためのデューデリジェンスを実施する義務を課すものである。以下の要件を満たす企業には本指令が適用される[3]。

〈EU 域内企業〉
　①　前会計年度における全世界での売上高が 4 億 5,000 万ユーロ超であり、かつ、平均従業員数が 1,000 人超の企業
　②　連結グループ単位で①の要件を満たすグループの最終親会社

〈EU 域外企業〉
　③　前会計年度における EU 域内での売上高が 4 億 5,000 万ユーロ超の企業
　④　連結グループ単位で③の要件を満たすグループの最終親会社

　このように、EU に自社の拠点を有するか否かにかかわらず、EU 域内で

---

2)　デューデリジェンスの対象範囲とされる「活動の連鎖（chains of activities）」は、いわゆる上流、すなわち、原材料、製品または製品の一部の設計、抽出、調達、製造、輸送、保管および供給を含む製品の製造またはサービスの提供、ならびに製品またはサービスの開発等に関連するビジネスパートナーの事業活動と、いわゆる下流の一部、すなわち、製品の流通、輸送および保管に関連するビジネスパートナーの事業活動を意味すると定義されている（本指令 3 条 1 項 g）。この点、下流については、議論の結果、本指令において、①製品の廃棄（リサイクルや解体等のプロセス）や輸出管理の対象となる行為はデューデリジェンス実施義務の対象外とされ、②自社に代わってまたは自社のために前記の流通等のプロセスに関与する取引先に範囲が限定されることとなった。もっとも、上流についてはデューデリジェンスの原則的な対象を直接取引先のみに限るものではなく、直接取引先を超えてデューデリジェンスを実施する義務が生じるため注意が必要である。

3)　本指令 2 条。

第3章　企業を強くするサステナビリティ・ガバナンス

の一定の売上高を有する EU 域外企業にも本指令は適用される点に留意が必要である。したがって、日本企業にとっては、自社の欧州拠点が本指令の適用対象となるケースもあれば、日本本社自体が（単体または連結グループ単位で EU 域内での一定の売上要件を満たすとして）適用対象となるケースも想定される。さらに重要なのは、本指令は、バリューチェーン上の取引先に対するデューデリジェンスの実施義務の一環として取引先に対して人権・環境への取組みを要請する効果、すなわち、グローバルバリューチェーン全体を通じた波及力を誘発するものであるため、自社が本指令の直接適用対象とならない場合でも、適用対象企業の取引先（間接取引先も含む）としてそのバリューチェーン上に位置する場合には、事実上、本指令に沿った取組みが求められる可能性がある点である。

また、本セクションでは詳細は割愛するが、欧州以外で、人権への取組みに関する開示規制型の法令をすでに策定している諸外国においても、本指令を受けて、企業の国際的な競争力確保等の観点から、より強化されたデューデリジェンス実施義務型の法令導入を検討する動きもみられるため、そのように他国の政策に対しても多くの影響力を有するものといえる。

② デューデリジェンスの実施義務

本指令は、人権・環境デューデリジェンスの具体的内容として、①デューデリジェンスのプロセスの企業方針およびリスク管理システムへの組み込み、②人権または環境への潜在的なまたは実際の負の影響の特定および評価ならびに（必要な場合の）優先順位付け、③当該負の影響の防止および軽減ならびに停止および是正、④ステークホルダー（利害関係者）との意味のある対話の実行、⑤通知制度および苦情手続の確立および維持、⑥デューデリジェンスに係る方針および措置の有効性のモニタリング、⑦デューデリジェンスの実施状況に関する公表を求める[4]。これらのプロセスについての概要は図表 3-20 のとおりである。

以上のプロセスの区分けは、指導原則および OECD の「責任ある企業行動のための OECD デュー・デリジェンス・ガイダンス」に沿ったものであ

---

4)　本指令5条1項。

178

§3-Ⅱ　本指令の全体像

〔図表3-20〕　本指令が求める人権・環境デューデリジェンスの各プロセスの概要

デューデリジェンスの 各プロセス	各プロセスの概要
1. デューデリジェンスを企業方針およびリスク管理システムに組み込む	・デューデリジェンス方針の策定時に自社従業員およびその代表との事前協議が必要 ・デューデリジェンスに関する自社のアプローチ、行動規範、関連する方針にデューデリジェンスを組み込むプロセスに関する説明を含む必要あり ・最低でも2年に1回および重大な変更が生じた場合の随時の見直しが必要
2. 潜在的なまたは実際の負の影響の特定・評価・優先順位付け	・深刻度および発生可能性が一般的に高いと思われる領域を特定するためのバリューチェーンのマッピングを実施する ・上記の優先順位に従った深堀調査を実施する
3. 負の影響の防止・軽減・停止・是正	・明確な時間軸を示した行動計画を策定する ・直接取引先からの契約上の保証の取得を検討する（ただし、中小企業が相手方である場合、公平かつ合理的な内容である必要がある） ・自社の購買実務を含む全体戦略等の必要に応じた見直しを行う ・中小企業であるビジネスパートナーへの金銭的・非金銭的支援等を行う
4. ステークホルダーとの意味のある対話	・2. の実施のための情報収集、3. の計画策定、契約の解除または停止の決定、負の影響の是正のための適切な措置の採用、6. のモニタリングのための指標の策定の各段階において必要とされる ※ステークホルダーは、その権利利益が影響を受けるまたは受け得る従業員、労働組合、労働者代表、消費者、コミュニティ等を指す ・ステークホルダーとの効果的な対話が合理的に可能でない場合、信頼可能な専門家と追加的に協議する
5. 通知制度および苦情手続の確立・維持	・負の影響の影響を受ける者およびその可能性があると合理的根拠に基づき信じる者、ならびにその代理をする者（市民社会組織等）、「活動の連鎖」の中で働く個人を代表する労働組合等、対象となる環境への負の影響に関する経験のある市民社会組織が自社に対して苦情を申し出るための手続を確立する ・当該苦情に十分な根拠がある場合、当該苦情の対象リスクは2. の「特定」されたリスクとみなされ、3. に沿って対処する必要あり
6. デューデリジェンスの実施状況のモニタリング	・最低でも年に1回、定期的に、また、重大な変更が生じた際は遅滞なく、デューデリジェンスの実施状況のモニタリングを実施する（新たな負の影響が生じる際も同様とする）
7. 報告・公表	・年次報告書をウェブサイトに公表する

出所：筆者および厳佳恵弁護士作成

り、その点において従前より人権デューデリジェンスを実施してきた多くの日本企業にとっても馴染みがあるものといえるが、各プロセスの具体的内容

179

第 3 章　企業を強くするサステナビリティ・ガバナンス

をみていくと、CSR 実務の延長として実施されることも多かった従前の実務をアップデートすべき点も多く含まれている。特に留意すべき点は後記 III で概説する。

　また、本指令に基づくデューデリジェンス実施義務の本質的な特徴として、行為義務を基本としており、いかなる場合においても人権・環境への負の影響がまったく生じないことまたは当該負の影響の発生を停止させることの保証までを求めているものではないことが挙げられる[5]。企業にとっては、III[5]（187 頁）で後述するリスクベースアプローチに基づき、本指令で求められる取組みを自社グループにおいて仕組み化し、効果的にデューデリジェンスを実施していくことが求められる。後述のとおり、行為義務に違反した結果として負の影響が顕在化した場合に民事責任が生じる点に留意が必要であるが、あくまでも行為義務の違反が問題とされる。

　本指令は、EU 指令という法令形式の性質上、本指令で定められる内容に基づき各国が今後具体的な立法を行っていくことを前提としている。ただし、負の影響の特定および調査のために自社のバリューチェーンをマッピングして最も深刻度および発生可能性が高いと特定された領域について深堀調査を実施することや、負の影響に対処するための適切な措置をとることの義務づけといった大枠以外については、各加盟国がより厳格または詳細な規定を設けることを禁止していないため[6]、企業は、自社に関係する各国の個別法の内容まで確認していく必要がある点に留意が必要である。すでに人権環境デューデリジェンス法が発効している加盟国においても、本指令に沿った内容に即して改正を行うことが必要とされる[7]。

③ 気候変動への対応に関する義務

　本指令は、デューデリジェンス実施義務と並び、企業に対し、気候変動緩和のための移行計画の策定および実施義務も求める[8]。企業は、最善の努力

---

5)　本指令前文(19)。

6)　本指令 4 条。

7)　たとえば、ドイツのサプライチェーン注意義務法は、原則として直接取引先を調査の対象としているが、本指令に基づけばそのような限定はなく、リスクベースアプローチに基づきバリューチェーン全体の優先順位を決定していく必要がある。

180

§3-Ⅲ　本指令を踏まえた日本企業によるデューデリジェンス実務の留意点

により自社のビジネスモデルおよび戦略が持続可能な経済への移行と地球温暖化の 1.5 度への抑制に適合することを確保するため、気候変動緩和のための移行計画の策定・実施が求められ、同計画は、科学的証拠に基づき、2030 年および 2050 年までの 5 年ごとの気候変動に関する期限付きの目標等を包含するものでなければならないとされている。当該計画は 12 カ月に一度の更新が求められる。

Ⅲ　本指令を踏まえた日本企業によるデューデリジェンス実務の留意点

　以上が本指令の全体像であるが、筆者が日本企業の現場における人権デューデリジェンスを従前より支援してきた実務経験を踏まえて特に感じる、今後日本企業が本指令に則った取組みを実施する上での留意点を以下に述べたい。

1　関連する国際法と国内法の理解

　デューデリジェンスの対象となる人権・環境への負の影響は、**図表 3-21** のとおり、本指令の別紙に具体的に列挙されている。別紙において、人権法については関連する国際人権法・国際労働法の国際条約と共に各国際人権がリストアップされており（**図表 3-21** の右欄に列挙する国際法により保障される、左欄に列挙する人権への負の影響が対象となる）、環境法についても、汚染や生物多様性等を含む広範なテーマの国際条約およびこれらに関連する各国国内法が調査の対象として必要となる（**図表 3-21** の左欄に掲げる環境への負の影響ならびに右欄に列挙する国際的文書による禁止事項および義務への違反の結果として生じた環境への負の影響が対象となる。なお、左欄は、自由権規約および社会権規約に基づき解釈される環境権として本指令別紙パートⅠの人権のリストの中で列挙されており、これは、環境課題についても環境権という人権の 1 つととらえられ、人権と環境が切り離せない課題であることを示すものといえる）。

---

8)　本指令 22 条。

第３章　企業を強くするサステナビリティ・ガバナンス

〔図表 3-21〕　デューデリジェンスの対象とされる人権・環境への負の影響

人権・環境への負の影響 [※1]		関連する国際的文書 [※2]
人権	・生命への権利の侵害 ・拷問または残虐な、非人道的なもしくは品位を傷つける取扱い ・身体の自由および安全についての権利の侵害 ・私生活、家族、住居もしくは通信に対する恣意的なもしくは不法な干渉または名誉および信用の不法な攻撃 ・思想、良心および宗教の自由についての権利の侵害 ・公正かつ良好な労働条件を享受する権利の侵害 ・労働者の適切な住居の利用の制限、ならびに労働者による充分な食糧、衣類、水および衛生設備の利用の制限 ・到達可能な最高水準の健康を享受する児童の権利の侵害 ・教育を受ける児童の権利の侵害 ・相当な生活水準に対する児童の権利の侵害 ・経済的な搾取から保護され、危険でありもしくは児童の教育の妨げとなりまたは児童の健康もしくは身体的、精神的、道徳的もしくは社会的な発達に有害となるおそれのある労働への従事から保護される児童の権利の侵害 ・あらゆる形態の性的搾取および性的虐待から保護される児童の権利の侵害 ・搾取を目的とした児童の誘拐、売買または国内外を問わない不法な移動 ・最悪の形態の児童労働 ・強制労働 ・あらゆる形態の奴隷制度および奴隷取引 ・結社の自由、集会の自由、団結権および団体交渉権の侵害 ・雇用における不平等な待遇	・自由権規約（国際人権規約） ・社会権規約（国際人権規約） ・児童の権利に関する条約 ・ILO 中核的労働基準（10 条約）
環境	・有害な土壌の変化、水質汚染、大気汚染、有害な排出物、過剰な水の消費、土地の劣化、森林伐採、天然資源への影響等の環境破壊 ・個人、集団、コミュニティの土地および資源に対する権利、および生存手段を奪われない権利の侵害	・生物多様性条約 ・絶滅のおそれのある野生動植物の種の国際取引に関する条約（ワシントン条約） ・水銀に関する水俣条約 ・残留性有機汚染物質に関するストックホルム条約 ・国際貿易の対象となる特定の有害な化学物質及び駆除剤についての事前のかつ情報に基づく同意の手続に関するロッテルダム条約 ・オゾン層の保護のためのウィーン条約及びオゾン層を破壊する物質に関するモントリオール議定書 ・有害廃棄物の国境を越える移動及びその処分の規制に関するバーゼル条約 ・世界の文化遺産及び自然遺産の保護に関する条約（世界遺産条約） ・ラムサール条約（特に水鳥の生息地として国際的に重要な湿地に関する条約） ・船舶による汚染の防止のための国際条約 ・海洋法に関する国際連合条約

※1　本指令別紙のパートⅠの1。
※2　人権については本指令別紙のパートⅠの2、環境については別紙のパートⅡ。

出所：筆者および厳佳恵弁護士作成

§3-Ⅲ　本指令を踏まえた日本企業によるデューデリジェンス実務の留意点

　一方で、従前日本企業の人権デューデリジェンスの実務は、CSR の延長として、これらの関連法の法解釈に基づかずに実施されることが多かったものといえる。すなわち、国際人権についてはイメージによりとらえられる傾向があり、たとえば雇用および職場における差別の禁止が ILO 中核的労働基準により保障される人権であること、当該差別の対象には日本の国内法によってはまだ充分に手当てがなされていない性的少数者等に対する差別も含まれること等が充分に意識されてこなかった結果、従前の人権デューデリジェンスの取組みの中では、サプライチェーンに焦点が当たることは多くても、自社グループにおける差別的取扱い等は意識されづらかったといえよう[9]。本指令では、バリューチェーン上の直接的または間接的なビジネスパートナーもデューデリジェンスの調査対象とされるが、前提として自社および子会社も調査対象とされている点に留意が必要である。逆に多くの製造メーカーが従前より重点的に取り組んできた課題であり、日本の国内法も整備されている労働安全衛生についても、同様に、ILO 中核的労働基準により保障される人権であることが認識されれば、実質的に差別されやすい外国人労働者の労働安全衛生を保障するための現場での取組みを人権デューデリジェンスの中で強化することにもつながるであろう。あらためて、各社において自社のビジネスモデルおよびバリューチェーンを踏まえて、関係する国際法および国内法の内容を確認する必要がある。

　②　方針のガバナンスへの組み込み

　本指令では、デューデリジェンスの取組みの出発点としてデューデリジェンスに関する方針を策定することが求められているが、当該方針には、自社および子会社ならびにビジネスパートナーによる遵守が求められる行動規範のみならず、デューデリジェンスを関連する方針に組み込んで実施に移すためのプロセスに係る記載も含めることが要求されている[10]。これまでの日本

---

9)　雇用及び職業についての差別待遇に関する ILO 条約（第 111 号）によれば、差別待遇とは「人種、皮膚の色、性、宗教、政治的見解、国民的出身又は社会的出身に基いて行われるすべての差別、除外又は優先で、雇用又は職業における機会又は待遇の均等を破り又は害する結果となるもの等」と定義されており、多くの日本人がイメージしやすい明確な差別の意図があると思われる場合に限らないことに注意が必要である。

第3章 企業を強くするサステナビリティ・ガバナンス

　企業のサステナビリティに関する取組みの中では、人権方針や環境方針、あるいはそれらの上位となるサステナビリティ経営方針等を策定することが多くみられるが、これらの方針を具体的に実務に落とし込むために必要となる下位規則やガイドライン等の社内規程類が策定される例は、取引先に提示する調達ガイドライン等を除き、未だ一般的ではないように見受けられる。グループ全体として、問題になり得る人権・環境課題に優先順位を付けながら効果的にデューデリジェンスを着実に実施していくためには、特定された優先的な人権リスクに関係する諸テーマについて、親会社と子会社や、本社のサステナビリティを統括する部門と各部門（法務部、人事部、各事業部、工場等）およびそれらの担当者が相互に連携して推進していくことが必要であり、そのためには、関連する内部規則等の策定を含めてさまざまなグループ内での仕組み化を行っていくことが有用である（たとえば、親子会社間での人権リスクに関する報告基準、M&A における人権環境デューデリジェンスの実施基準や実施要領、グリーバンスメカニズムの観点も組み込んだ通報規程、人権の観点も組み込んだ外国人雇用マニュアル、紛争等の影響を受ける地域における強化されたデューデリジェンスを実施するためのグループ規程や実施要領等、各社の優先課題に従って、多くの種類の関連規程等が検討される）。こういった取組みが本指令上も求められることになる。

　また、デューデリジェンスに関する方針の策定時は、自社従業員およびその代表との事前協議が必要とされている点も注目に値する。ステークホルダーとの対話の重要性は後述するが、方針策定の段階から、自らが負の影響の対象となり得るステークホルダーまたはその代表者との対話を行うことにより自社にとって優先的なサステナビリティ課題が洗い出せる効果が存在するものの、その点まで実際に実施できていた日本企業は少ないといえよう。本指令に基づけばそのような取組みが今後必要とされる。また、デューデリジェンスに関する方針は少なくとも 2 年に一度更新を行うことが求められる。

---

10)　本指令 7 条 2 項。

§3-Ⅲ　本指令を踏まえた日本企業によるデューデリジェンス実務の留意点

③　契約条項への組み込み

　本指令は、人権・環境への負の影響を防止、軽減または停止するための施策の1つとして、適用対象企業が、活動の連鎖の一部を構成する事業を行う直接的な取引先から、自社が策定する行動規範および必要に応じて負の影響の防止措置計画または是正措置計画の遵守を確約すること（当該内容について、当該取引先の取引先からも契約上の保証を取得することも含む）についての契約上の保証を取得することの検討を求めている。一方で、このような契約上の手当ては、取引先に対して一方的に責任を押し付けるものではなく、責任を適切に分担するものであることが必要とされており[11]、また、中小企業が取引先である場合には、当該契約条項は公平かつ合理的で、差別的でないようにしなければならない等の配慮も求められている[12]。今後、本指令の適用対象企業は、本指令の内容および今後発行されるガイドライン[13]に従って、取引先との契約内容を見直す必要がある。

　従前の人権デューデリジェンスの現場実務では、実務が先行する欧米企業を含め、取引先に対して一方的に責任を転嫁するような契約条項を導入している例が多くみられるところであるが、そのような実務は、自社努力によっては厳格な基準を満たすことが難しい零細企業、特に高リスク国とされる国の企業にとっては過大な負担となり、また、当該基準を満たせなければグローバルバリューチェーンから切り離されることになって不利な効果を招来することから、サステナビリティの名を借りた新たな植民地主義と批判されることも多い。本指令策定の背景には、いわゆる発展途上国における持続可能な経済・社会・環境の強化に向けた取組みの必要性も含まれる[14]ところ、取引先に一方的に責任を転嫁することによりそのような意図しない効果を招くことを回避するため、前記のような規定が設けられている。

　同趣旨により、本指令では、購買実務を含む自社の事業戦略自体の必要な

---

11)　本指令前文㊻。
12)　本指令10条2項bおよび5項、11条3項cおよび6項。
13)　欧州委員会が加盟国および利害関係者と協議のうえ、2027年1月26日までに自主的なモデル契約条項に関するガイダンスを採択するものとされている。本指令18条。
14)　本指令前文(1)参照。

185

見直しも求められており[15]、従前、指導原則上の人権リスクの「助長」の類型として重要とされてきたものの、多くの日本企業にとって見落とされることの多かった点にも焦点が当てられている。すなわち、多くの業界における人権侵害の根本原因として、サプライチェーン上で適切な労務費の転嫁がなされていないことが指摘されることが多いところ、従前の実務のように、取引先に対して一方的に取組みを求めるのみでは当該根本原因に適切にアプローチできないことを背景としている。日本においても、2023年11月、内閣官房新しい資本主義実現本部事務局および公正取引委員会より「労務費の適切な転嫁のための価格交渉に関する指針」[16]が公表され、独占禁止法および下請法に基づく執行が強化されているが、ここでも同様の観点が問題とされている。さらに、本指令では、指導原則と同様、人権・環境への負の影響の低減という究極的な目標にかんがみ、継続取引の停止や新規契約の見合わせは、諸々の手段を尽くした後の最後の手段とされている点も重要である[17]。

　なお、本指令上は、直接適用対象企業ではなくても、このような契約条項を通じて、事実上の取組みを求められる可能性がある点は前述のとおりである。

④　ステークホルダーとの対話

　本指令の特徴として特筆すべき点の1つとして、デューデリジェンスの一連の過程において「意味のある」ステークホルダーとの対話が求められていることが挙げられる[18]。これは市民社会側からの強い要請に基づき導入された規定であるが、指導原則上も、ステークホルダー（利害関係者）との対話、特に負の影響を受け得るステークホルダー（権利保持者）との対話は人権への取組みの中核とされているところ、多くの日本企業においては、従前、ステークホルダーとの対話といえば、専門家または投資家もしくは著名な

---

15)　本指令10条2項d、11条3項e。
16)　令和5年11月29日付け「『労務費の適切な転嫁のための価格交渉に関する指針』の公表について」（https://www.jftc.go.jp/houdou/pressrelease/2023/nov/231129_roumuhitenka.html）。
17)　本指令10条6項、11条7項。
18)　本指令13条。

§3-Ⅲ　本指令を踏まえた日本企業によるデューデリジェンス実務の留意点

NGO 等と単発的に実施されることのみが主流であったといえる。本指令では、有効かつ透明性の高い協議を実施するため、関連する包括的な情報をステークホルダーに対して提供する義務も規定されている。本指令で導入された民事責任の規定を踏まえ、企業としては、デューデリジェンスに係る適切な措置を実施していたことを後日も含めて主張できるように取組みを記録化し、証拠として保持しておく必要があり、ステークホルダーとの対話もこれを裏づける重要な情報として位置づけられることになると考えられる。

5　リスクベースアプローチ

本指令のデューデリジェンスを実施する上では、まず、自社グループおよび活動の連鎖に関係する取引先の事業についてマッピングを実施し、当該マッピングの結果に基づき、負の影響が最も発生しやすくかつ深刻であろうと特定された領域において、より詳細な深堀調査を実施する必要がある[19]。また、特定された潜在的なまたは実際の負の影響を同時に、かつ全範囲において防止、軽減、停止または最小化することが不可能である場合、企業には、優先順位を付けて潜在的なまたは実際の負の影響を防止、軽減、停止または最小化することが許容されている（当該優先順位付けに当たっては、負の影響の深刻度および発生可能性を考慮するものとされている）。

このように、企業は、リスクの深刻度等を基準にしながら、どのようにしてリスクの優先順位を付けつつデューデリジェンスを実施しているかを対外的に説明できるようにしておくことが重要であり（いわゆるリスクベースアプローチ）、これまで多くの日本企業の実務でみられてきたように、自社のバリューチェーン上の直接取引先すべてに対して、一律に、同一内容の調査票を送付することが求められているわけではないことに注意が必要である[20]。そのためにも、まずは自社グループ全体のバリューチェーンの状況をマッピングすることが重要となる。

---

19)　本指令8条。なお、企業は、かかる負の影響の特定・評価に当たり、独立した報告書や苦情処理メカニズムを通じて収集された情報等の適切なリソースを利用することができるものとされている。

第 3 章　企業を強くするサステナビリティ・ガバナンス

6　救済制度（グリーバンスメカニズム）

　本指令上、企業は、自社および子会社ならびに活動の連鎖を構成するビジ
ネスパートナーの事業に関する人権・環境への負の影響に係る合理的な懸念
を通報できる「公平で、アクセス可能で、予測可能で、透明性のある」手続
を設立することが求められており、当該要件は指導原則に従って解釈される
ものとされている[21]。多くの日本企業においては、未だ指導原則上の各要件
を満たすグリーバンスメカニズムの設置が未了の状況であり、ウェブサイト
上で第三者から通報が可能な体制としている企業についても、これらの指導
原則上の各要件を適切に満たすことを検証しているケースは未だ少ないもの
と認識している（たとえば、予測可能性の要件に関し、通報制度の利用者に対し
て各審査段階における所要期間の目安を含む手続の全体像を明示している例や、
透明性の要件に関し、利用者全体に通報全体の状況について十分な情報を提供し
ている例は未だ少ないと思われる）。加えて、今後、取引先の労働者等の幅広
いステークホルダーからの通報を可能とするメカニズムの設置に向けて、従
前の通報実務をアップデートすべき点は多く、指導原則上の各要件に立ち返
りながら、合理的な通報について選別しつつ受付をすることが可能な体制を
整備していく必要がある。

7　開示との関係

　本指令の対象とされる事項につき報告するため、本指令の適用対象企業
は、ウェブサイト上で年次報告書を開示しなければならない。この点、企業
サステナビリティ報告指令に基づき開示を行う企業には本指令に基づく開示

---

20)　特に、インフォーマル経済と呼ばれる、公的な規制の対象となっていないまたは公式な枠組み
　　が十分適用されていない経済活動の中で、雇用契約の締結もなく労働しているような就業者が多
　　い国・地域においては、一般的に、サプライチェーンの上流に遡るほど「深刻性」の高い優先す
　　べきリスクが多いとされる。直接取引先に対する書面調査は、そのような間接取引先を特定する
　　ための第一歩としても必要なものではあるが、すべての直接取引先に対して一般的・抽象的なア
　　ンケート調査を実施するよりは、より「深刻性」の高い国や商材で絞り込みをかけつつ、よりリ
　　スクの高いと思われるサプライチェーンを必要かつ可能な限り上流まで遡るアプローチのほうが、
　　リスクベースアプローチにはかなっているといえる。
21)　本指令 14 条 3 項、前文。

義務は適用されないこととされているところ[22]、同報告指令に基づく開示の準備をすでに開始している日本企業も多い状況ではあるが、同報告指令は、あくまでも、その開示の対象となる重要なサステナビリティ課題（マテリアリティ）の検討に当たって、適切なデューデリジェンスを実施することを前提しており、かつ、デューデリジェンスの一連のプロセス自体も開示の対象としている。したがって、これらの法令に対応するうえでは、グループ内で、開示を義務づける企業サステナビリティ報告指令と本指令に基づく取組みとを切り離さずに検討・対応することが肝要といえる。本指令の内容確定・発効より同報告指令の発効が先行していたことから、両者を分離し、同報告指令に基づく詳細なデータ項目の開示のみを念頭に置いて準備が進められていることも散見されるが、注意が必要である。

Ⅳ　本指令への違反の効果

　法的拘束力を有しないソフトローである指導原則と本指令の大きな相違点として、違反した場合の企業への法的拘束力のある制裁の有無が挙げられる。企業は、本指令10条および11条に掲げられる義務（負の影響の防止・軽減・停止・是正に関する義務）に故意または過失により違反した結果、国内法により保護される自然人または法人の法的利益に損害が生じた場合、民事責任を負うこととされている[23]。この点、企業は、自社の活動の連鎖に属するビジネスパートナーのみによって引き起こされた損害については責任を負わないが、自社が子会社またはビジネスパートナーと共同して引き起こした損害については責任を負う建付けとされているところ、前述したバリューチェーン上における労務費の転嫁未了等の問題（指導原則上の「助長」の類型）も、ビジネスパートナーと共同して引き起こした損害と認定される可能性があるため注意が必要である。後に民事責任を問われる可能性をも視野に、これまで以上に、日々のデューデリジェンスに関するプロセスの適切性を証拠として後日立証できるよう記録しておくことが重要であるといえる。

---

22)　本指令16条2項。
23)　本指令29条。

第3章　企業を強くするサステナビリティ・ガバナンス

　また、本指令では、企業の全世界売上高の一定割合（各国の法令により明確化されるが、本指令においては少なくとも5%とされている）を上限とする罰則規定も導入されている[24]。罰則に関する各国の当局による決定がなされた場合、EUレベルの監督機関ネットワークに共有され、少なくとも3年間公開される[25]。

V　適用時期

　本指令に基づき、EU各加盟国は2026年7月26日までに国内法を整備することとされており、各企業における適用開始日は以下のとおりとされている[26]。前述のとおり、各企業は関連する各国国内法の内容も確認しておく必要があるものの、本指令で定められているデューデリジェンス実施義務の大部分を定める共通要件については、今から対応できるよう準備を開始していく必要がある。また、本指令の直接の適用対象企業とならない場合にも、適用対象企業やその取引先から、契約関係等を通じて本指令に沿った取組みを求められる可能性が想定されるうえ、前述のとおり、他国の政策にも波及する効果が予想されることから、優先順位を明確にしたうえ、段階的に、指導原則および本指令を意識した取組みを進めておくことが重要といえる。

〈EU域内企業〉
　・全世界での純売上高が15億ユーロ超、かつ従業員数が5,000人超の場合：2027年7月26日
　・全世界での純売上高が9億ユーロ超、かつ従業員数が3,000人超の場合：2028年7月26日
　・全世界での純売上高が4億5,000万ユーロ超、かつ従業員数が1,000人超の場合：2029年7月26日

---

24)　本指令27条4項。
25)　本指令前文。
26)　本指令37条。

〈EU 域外企業〉

・EU 内売上高が 15 億ユーロ超の場合：2027 年 7 月 26 日
・EU 内売上高が 9 億ユーロ超の場合：2028 年 7 月 26 日
・EU 内売上高が 4 億 5,000 万ユーロ超の場合：2029 年 7 月 26 日

VI おわりに

　本指令は、多くの点において指導原則に沿った内容を含んでいるところ、本セクションで概説したとおり、指導原則により求められる留意点が必ずしも従前の実務の中で履践されてきていない状況を踏まえると、人権方針を掲げて人権デューデリジェンスを実施することを表明してきた多くの日本企業にとっても、さまざまな法的観点からあらためて今後の取組みの見直しを行うべき契機をもたらすものといえる。くわえて、人権のみならず環境にも取組みが拡大する点等を含め、対応すべきことは多岐にわたる。今後、欧州委員会が本指令に基づくガイドラインを発行する予定とされているが、人権デューデリジェンスに関するガイドラインはさまざまな機関および団体がすでに発行している中で、本指令に基づき見直すべき基本的な内容については、本セクションで概説した本指令の内容自体からすでに明らかになっている部分が多数存在する。一方で、サステナビリティ・デューデリジェンスは、部署間・グループ会社間・グループ外のステークホルダーとの間での多くの連携を必要とする時間を要する取組みであるため、対応可能な部分から取り組み始めることが肝要といえる。まずは、本指令の直接適用の有無やバリューチェーンの全体像等を含む各社の状況に応じて、優先順位を付けながら年度ごとの対応事項を整理したうえ、中長期的なロードマップを掲げて着実に進め始めていく必要がある。本セクションがそのための一助となれば幸いである。

第4章
AI時代を生き抜く
DXガバナンス

武井　一浩
福岡真之介
河合　優子
濱野　敏彦
山本　俊之
松下　外

第4章　AI時代を生き抜くDXガバナンス

I　DXガバナンス

1　DXガバナンスの意義

武井：司会を務めます武井です。コーポレートガバナンス関連を1つの専門
　　　としており、今日はDXガバナンスについて皆様とご議論できました
　　　らと思います。なお、いずれの点も属する組織としての見解ではな
　　　く、個人的見解となります。

(1)　コーポレートガバナンスは自律性の確保がキモ

武井：コーポレートガバナンスという概念が今とても重要性が高まってお
　　　り、特に企業さんを取り巻くガバナンスは社会的重要性も高まってき
　　　ています。ガバナンスというのは元々いろいろな定義があるのです
　　　が、**CGコード（コーポレートガバナンス・コード）**では、「会社が、株
　　　主をはじめ顧客・従業員・地域社会等の立場を踏まえた上で、透明・
　　　公正かつ迅速・果断な意思決定を行うための仕組み」および「持続的
　　　な成長と中長期的な企業価値の向上のために自律的な対応を図る仕組
　　　み」と言及されています。

　　　　換言しますと、きちんと持続的な成長をするために自律的にいろん
　　　なことを考えることができる、決めることができる仕組みがガバナン
　　　スであると。多様なステークホルダーの利害を考慮した上で、透明・
　　　公正かつ迅速果断な意思決定をする仕組みだといえます。

　　　　ガバナンスは本当に各所各所で重要性が高まっているわけですけれ
　　　ども、本日はDXの文脈でのガバナンスについて考えたいと思いま
　　　す。

(2)　DXガバナンスの2側面

武井：DXは世の中にいろいろな新たな利便性と効率性をもたらす側面と、
　　　これまでになかった新たな課題を生み出す側面とがあります。

　　　　そして後者の新たな課題への対応でもガバナンスが重要な機能を果

194

たします。

また、前者の利便性・効率性を達成する文脈でも、たとえばデータ処理やAIなど、新たな成果を達成する仕組み・条件としてガバナンスの整備が求められることがあります。以上がDXガバナンスの2側面となります。

今日は各論として、最近とても急速な動きと社会的関心がグローバルレベルで高まっているAIのガバナンスとデータのガバナンス等について取り上げます。なお2024年春に公表された総務省＝経済産業省「**AI事業者ガイドライン（第1.0版）**」ではAIガバナンスについて「AIの利活用によって生じるリスクをステークホルダーにとって受容可能な水準で管理しつつ、そこからもたらされる正のインパクト（便益）を最大化することを目的とする、ステークホルダーによる技術的、組織的、及び社会的システムの設計並びに運用」と定義されています。

(3)　DXガバナンスをめぐる諸論点

武井：DXはコロナの前から活発化してきていましたが、コロナを経て、より進展してきている状況です。DXとどう向き合うかということを幅広く企業さんが考えていかないといけない状況になっています。いろいろなデータを駆使した**データ駆動型社会**として、データをどう利活用して、社会をよくする、社会課題を解決する。社会課題の解決が事業目的にも適っていると。そういういわゆる**サステナビリティ・トランスフォーメーション（SX）**も進んでいます。

　　各論としてまず社会的関心が高いのが**データガバナンス**です。この点は日本に限らず、諸外国でもとても関心の高いテーマで、いろいろな取組みが進められています。

　　また、最近ずっと加速度的に話題と関心を呼んでいるのがAIのさまざまな進歩です。DXは必然的にAIを伴うわけで、こうした環境変化に向き合う形で企業さんもいろいろなガバナンスを整備していかなければいけない状況となっています。

　　守りのガバナンスの文脈で**リスクアセスメント**という概念が出てき

第 4 章　AI 時代を生き抜く DX ガバナンス

ますが、最近はそれがインパクト、**行動アセスメント**という話にも
なっています。「安全性」という概念においても、法的権利の侵害と
か社会への影響も考慮していく流れになっています。

　DX、まさに AI もそうですが、将来どうなるかよくわからない状態
で走りながら考えている面があります。そこで特に DX の関係では**ア
ジャイル・ガバナンス**、これはアジャイル開発という用語と親和性が
あるわけですが、この概念も相当浸透してきています。いろいろなガ
バナンスの仕組みをリアルタイムできちんと把握し、透明性も含め
て、きちんと適時・適切な措置が行われなければならないと。柔軟に
見直しを進めていくといった取組みの重要性も語られているところで
ございます。

　DX 分野は多岐に渡り、今日は取り上げない事項でも、たとえばサ
イバーセキュリティ、DPF（デジタルプラットフォーマー）関連の各種
の規律などの重要テーマが昨今ではございます。さらに競争法の観点
からも生成 AI の浸透に伴う新たな課題・論点がグローバルに多角的
に議論されています。今日はこれらの点については詳細に入る時間は
ありませんが、今後とも議論は尽きないと思います。

2　アジャイル・ガバナンス

武井：ではまず**アジャイル・ガバナンス**について松下先生から概要のご説明
　　　をお願いします。

松下：松下外と申します。学生時代は、情報工学・機械学習を専攻していた
　　　こともあり、普段は AI・データ・知財・国際紛争等を取り扱ってお
　　　ります。特に、AI やデータの関係では、経済産業省「AI・データの
　　　契約に関するガイドライン作業部会」構成員や、同「『データ連携の
　　　ためのモデル規約』の策定のための専門家会合」委員等を務めており
　　　ます。どうぞよろしくお願いいたします。

　　　　武井先生からご紹介がありましたとおり、昨今、DX の文脈では
　　　「アジャイル・ガバナンス」が盛んに唱えられていると思います。ア
　　　ジャイル・ガバナンスについては、いろいろな考え方があると思いま
　　　すが、たとえば、2022 年 8 月 8 日に公表された経済産業省

Ⅰ　DXガバナンス

「GOVERNANCE INNOVATION Vol.3: アジャイル・ガバナンスの概要と現状」が参考になります。

　まず、この報告書では、「ガバナンス」を「社会において生じるリスクをステークホルダーにとって受容可能な水準で管理しつつ、そこからもたらされる正のインパクトを最大化することを目的とする、ステークホルダーによる技術的・組織的、及び社会的システムの設計及び運用」と定義しています。つまり、ガバナンスというのはステークホルダーに共有された一定のゴールを達成するための仕組みの設計と運用を基礎としているわけです。

　その上で、この報告書では、「アジャイル・ガバナンス・モデル」を、「①主体：マルチステークホルダー」「②手順：アジャイル」「③構造：マルチレイヤー」の３つを要素とするガバナンスモデルとして整理しているわけです。

(1)　背景にある「環境の変化」と「ゴールの多様性・流動化」

松下：私が理解するところでは、「アジャイル」型の手順の特徴は、ゴール設定という大枠と、それを実現する手段のそれぞれを、都度見直す２つのサイクルを想定するところにあります。

　このうち、手段については、ゴールを設定して、ゴールを達成するためにプランを立て、アクションを起こして、それを評価していくサイクルが想定されますが、これは、おおむね、いわゆる PDCA (Plan-Do-Check-Action) に該当するものです。他方で、アジャイル・ガバナンスでは、その外側に、ゴール設定のサイクルも想定している。つまり二重のサイクルを想定してるわけです（図表4-1）。外側のサイクルでは、環境の変化を受けて、自分たちが定めてきたゴールや考え方というのを修正していくべきだというところに特徴があります。

　それではなぜ、ゴールを都度見直す必要があるのかというと、その背景には、環境の変化と、ゴールの多様性の２点があります。

　まず、１点目の環境の変化について、以前はフィジカルな空間を中心とした社会がありました。このような社会では、技術やビジネスモデルの変化は基本的に遅く、情報量も少なかったため、民間の情報収

197

第4章　AI時代を生き抜くDXガバナンス

［図表4-1］　アジャイル・ガバナンスのサイクル

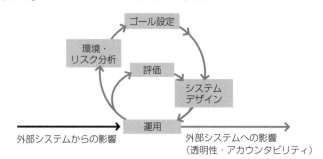

出所：経済産業省「アジャイル・ガバナンスの現状と概要」図表4（https://www.meti.go.jp/press/2022/08/20220808001/20220808001-a.pdf）から抜粋

集力も高くありませんでした。その結果、政府などの大きな共同体が情報を集約し、ポリシーを決めることで、社会的によい状態を築けるという前提があったわけです。しかし、ITやDXの進展により、サイバー空間での活動が広がると、社会に出てくる情報量が格段に増え、1つの団体での情報集約が難しくなっています。さらに、民間でも情報量が増えているため、1つの大きな統治体が社会のあり方をコントロールするのではなく、民間団体も含めて共同でガバナンスを行うことがよいとの考え方が出てきます。

次に、2点目の視点として、ガバナンスの目指すべきゴールも多様化しています。かつては利益追求が1つのゴールでしたが、昨今では人権やサステナビリティ、包摂性など、さまざまなゴールが求められるようになっています。このような状況では、1つのゴールに向かって1つの団体や統治体がルールを決めて社会のあり方を決定するには限界があります。

このような背景から、アジャイル・ガバナンスという概念が生まれてきたと理解しています。

(2)　マルチステークホルダー（垂直型でなく分散型ガバナンス）

松下：アジャイル・ガバナンスを実施するために重要な要素はいくつもある

と思いますが、特に透明性が重要と考えています。

　先ほどは、「①主体：マルチステークホルダー」がアジャイル・ガバナンスの要素の1つであるという話をしました。1つの政府が統治する従来型ではなくて、さまざまなステークホルダーのレベルで、ガバナンスを考えるということになれば、当然にガバナンスの主体が複数になり得るわけです。そのため、**垂直型ガバナンス**ではなくて、むしろ**分散型ガバナンスシステム**を作っていきましょう、という発想が親和的であるようには感じます。

　このような、分散型ガバナンスを前提にする場合には、透明性あるいはアカウンタビリティが重要になるように感じています。つまり、いわゆる垂直型のガバナンスモデルの下では、1つの主体がガバナンスを担うため、その主体に情報を吸い上げるような機構を想定すれば足り、他者への情報開示が求められる場面が限定的であった側面があると思います。他方で、複数の主体による分散型のガバナンスモデルを想定する場合には、これらガバナンスモデルをどのように接続していくかという視点がより重要になります。「GOVERNANCE INNOVATION Vol.3：アジャイル・ガバナンスの概要と現状」では、**信頼の基盤（トラストアンカー）の設置**との観点から議論がされていますが、その構築には、透明性あるいはアカウンタビリティが効いてくる、という個人的な印象はあります。

３　ガバナンス・イノベーション

松下：次に**ガバナンス・イノベーション**に関してです。2019年に経済産業省が設置したSociety5.0における新たなガバナンスモデル検討会において公表された3つの報告書があります。これらの報告書ではアジャイル・ガバナンスとは何ぞやを述べている点が特徴的だと思います。

　1つ目の報告書が2020年7月13日に公表された「**GOVERNANCE INNOVATION：Society5.0の実現に向けた法とアーキテクチャのリ・デザイン**」です。

　2つ目の報告書が、2021年7月30日に公表された「**GOVERNANCE INNOVATION Ver.2：アジャイル・ガバナンスのデザインと実装に向**

けて」です。

3つ目の報告書が、先ほども何度か言及した「GOVERNANCE INNOVATION Vol.3: アジャイル・ガバナンスの概要と現状」です。

福岡：福岡真之介と申します。AI・データなどを取り扱っています。ガバナンス・イノベーション、あるいはアジャイル・ガバナンスについて、松下先生が仰ったとおり、正式名称は長いですが2020年に「GOVERNANCE INNOVATION:Society5.0の実現に向けた法とアーキテクチャのリ・デザイン」が公表され、2021年に「GOVERNANCE INNOVATION Ver.2: アジャイル・ガバナンスのデザインと実装に向けて」が公表されているわけですが、この2つ関係がよくわからないという指摘があって、2022年に経済産業省のほうで「GOVERNANCE INNOVATION Vol.3: アジャイル・ガバナンスの概要と現状」という報告書が公表され、両者を一体的に理解できるわかりやすい構造になりました。

内容についてはすでに松下先生からご紹介があったとおりですが、ポイントとしては、イノベーションをするためにガバナンスが必要じゃないかという観点が冒頭に強く指摘されています。イノベーションを促進することが日本経済の活力につながり、その観点からもガバナンスが求められているということも重要な関心事だと思います。

あと、環境の変化とゴールの多様性という点について先ほど松下先生からご指摘がありました。補足すると、**伝統的なガバナンスモデルの限界**がいろいろと説明されています。我々のような弁護士が詳しいものとして法規制によるガバナンスがありますが、これはルール形成、モニタリング、エンフォースメント、地理的範囲、法執行主体などの点で課題と限界があるわけです。市場メカニズムによるガバナンスについても、大規模プラットフォーマーの出現で交渉力による市場メカニズムにも限界が出てきているわけです。個人やコミュニティによるガバナンスもあるわけですが、そこもいろいろな限界があると。従来のこれら3つのガバナンスでは機能しにくくなってきたので、新しいガバナンスモデルが必要だということで、アジャイル・ガバナンスモデルが提唱されているということですね。

I DX ガバナンス

4　今後さらに進展する共同規制の動き

福岡：これは私見ですけれども、アジャイル・ガバナンスで重要な推進力となるのは、直接の法規制よりも**共同規制**を幅広く導入していこうという方向性ではないかと思います。あるいは企業の自主的な規制をより高度化しようということも考えられます。共同規制なのか自主規制なのかというのはいろいろな選択肢があると思いますが、現時点でも、**プラットフォーム透明化法**（特定デジタルプラットフォームの透明性及び公正性の向上に関する法律）のような共同規制的なものも入ってきています。共同規制や自主規制では、企業側がきちんとアジャイル・ガバナンスを自分で進めていくことが前提条件になってきます。

　こうした共同規制の考え方は日本だけの話ではなく、欧米でも共同規制的な枠組みが最近トピックになっています。そこでも、やはりアジャイル・ガバナンスというものが重要になっています。

　日本の企業も単に政府が定めた法律を守っていればよいということではなく、まさにアジャイルで、自分たちがルールを作って、自分たちで守っていって、それを場合によっては共同規制という形で政府に報告したりとか、そういう大枠でのガバナンスにあり方が変わりつつあるのだと思います。

武井：わかりやすいご説明をありがとうございました。AIの話もあとで取り上げますがまさにDXがいろいろと社会を変えている。DXやデジタル化と社会が付き合っていかないといけない、向き合っていかないといけないと。また、DX化に伴って企業が付加価値、ヒトでいうと仕事の付加価値をいかに高めていくかとかいうことがイシューであると。DXはコロナもあって、相当社会には定着してきていると思います。

　起きている現象がDX化ということで、あとグローバル化も関わってくるわけですけれども、法律が何を所管するのかという論点がありますね。社会の安定とか社会の発展のために法律だけではなかなか対応できない部分が増えてきているというのが全体の傾向としてある。遡ると、ガバナンスという概念も10年ぐらい前まではまだコンプライアンスとガバナンスとがあまり区別されていない概念でもあったと

201

第 4 章　AI 時代を生き抜く DX ガバナンス

ころ、現在では、コンプライアンスを含む形でガバナンスが入っている。ガバナンスとはコンプライアンスだけではないということ。守りのガバナンス、攻めのガバナンスといういい方もされます。法律なりハードローを決めることができるのは、各国の政府なわけですけれども、ハードローではいろいろな限界や不整合などの役割に限界があると。この点が DX 化とグローバル化によって、より如実になってきているということでもあります。

　ハードローに関しても、ルールベースとプリンシプルベースの関係で、一番わかりやすいハードローはルールなわけですけれども、事前にいろいろ決めても DX 化とグローバル化がこれだけ進むと、当然、A 地点で決めたことはすぐに前提が変わって、A 地点で決めた中身はすぐ B 地点ではその規制が不整合になってしまうと。またそうした不整合がさきほどのイノベーションの阻害にもなり得るわけです。

　またいろいろな形での DX 化の進展で、これは良くも悪くも**ブラックボックス化**の状況が進んでいきます。DX 分野では何か事象が起きたときに原因が一義的にわかるかわからない。起きてその場ですぐ対応しないといけないので、透明性の要請が高まる。政府が作る法律と、いろいろなソフトローや自主規制であったり業界団体のベスプラであったり、そういったものによって共同で対応しないと回らない事象が増えてくるわけです。企業さん側にも現場で一定の社会的責任を負ってもらわないと、社会がきちんと回らないという要請が高まっているということがいえるのだと思います。そういった企業側の仕組みを含めたものとして「ガバナンス」という用語が使われているのだと思います。

　法律の中でも、法律の何かでもこうプリンシプル的な法律の出番が増えていきます。たとえば独占禁止法、消費者関連法、ギグワーカー等の関係で労働法などもそうですね。プリンシプル的な法律の出番が増えているという事象が起きているということだと思います。

　企業は社会と両立して、社会と両立する中で社会課題を解決して、企業は付加価値を出していかないといけない時代です。こういったガバナンス体制を整備していかないと、企業としてもなかなかイノベー

202

ションを起こせないし、社会の中でなかなかレジリエンスというか、何かそういう存立もできない時代になっていると思います。

福岡：アメリカなどでは当然今もプリンシプルベースで決まっていることが多い、あとは判例法で決めているみたいな部分があります。フェアユースもそのような背景があります。アメリカは、そのような法制度に慣れている。他方で日本は制定法主義が強いので、法律に明確に書いてあって、そこに依拠すればオッケーみたいなそういう安心感が前提になっていますよね。

武井：ガバナンスの定義は先ほどのとおり自律であって、自分のことを自分で決められる仕組みのことですね。それだけにこのDXが進む時代においてガバナンスとして重要となるのは、一種の**デュープロセスの発想**なのだと思います。ここでいうデュープロセスは公法的な厳密なものというより、必要な利害を認識して適正に判断すること。これらは法務概念なので企業の法務分野の関与も重要となりますね。

　　　河合先生から、今までのところで何か感想とかございますか。

河合：河合優子と申します。データプライバシー全般のほか、データ利活用に関連するビジネスの支援や業務提携等を担当しています。

　　　データに関しては、自社のあるべき姿を積極的に定めてガバナンスを効かせている企業と、必ずしもそうではない企業があり、その幅は広いと感じています。多くの企業にとっては、ルールと実務の両面において、まだまだ課題が多いのだろうなと思います。

武井：そうですね、そうした点を徐々に乗り越えていく過程で、いろいろな意味でのイノベーションが真に起きていくのでしょうね。

　　5　デジタルガバナンス・コード

松下：次が**デジタルガバナンス・コード**ですね。デジタルガバナンス・コードは、2020年11月19日に経済産業省が取りまとめているもので、企業のDXに関する自主的な取組みを促すためにデジタル技術による社会変革を踏まえた経営ビジョンの策定公表といった経営者に求められる対応を整理したものです。そのため、基本的な位置づけは、先ほどのアジャイル・ガバナンスと少し違っています。

第4章　AI時代を生き抜くDXガバナンス

　　個別の企業において、特に日本の企業において本格的なDXの取り込みが遅れていて、レガシーシステムが足かせとなっている企業や、ビジネスモデルの変革に取り組むDXの変革の入口で足踏みをしているような企業が多い。そういう企業に対して、DXをどのように進めていくかという考え方を提示しているものです。

　　2022年9月13日に改訂された2.0バージョンですと、たとえばデジタル人材の育成確保ですとか、あるいはクリーントランスフォーメーション等のさまざまなDXがどのように絡んでいくかなどがカバーされている点が特徴的です。

福岡：デジタルガバナンス・コードについては、2020年にバージョン1.0ができたわけですけれども、2024年に「**デジタルガバナンス・コード3.0〜DX経営による企業価値向上に向けて〜**」ができ、今はバージョン3.0ということになります。アップデートされた点としては、先ほど松下先生が仰ったとおりの人材の育成という点です。人材の育成について問題意識が高いと思いますし、DXを進めていく上ではやはり人材育成という部分が障害だったというのは現場でも実感されるところです。そういった問題意識が垣間見えるものかなと思います。

⑥　AIガイドライン等で示されている各種プリンシプルを踏まえたガバナンス対応

武井：ありがとうございました。では以上の総論を踏まえて各論的事項に入ってまいります。

　　今日はまず最近生成AI等もあって各種議論がとても活発になっておりますAI関連について取り上げます。AIについては、企業側のガバナンスに関連して**AI事業者ガイドライン（第1.0版）**が日本政府から今年の春に出されております。またハードローでは欧米でいろいろと活発な動きがあり、日本でも今後法制化の動きが始まっていると報じられています。DXの大半において何らかのAIが活用されている状況ですので、こうしたAIをめぐる制度的動向についてまずは取り上げます。こうした制度的動向はプリンシプルベース的な要素が必然的に多く入ってまいります。そしてそうしたプリンシプルベースから

204

求められる諸要請、社会的要請に対する現場での対応のあり方が、ガバナンスにおける重要な要素となります。こうした流れで、AIを含むDXに対するガバナンスとしての向き合いを考えていきたいと思います。その中で、DXについて従前から進展がある金融業界における状況を1つの例として取り上げます。

その上で、次に数ある各論の中で重要な論点の1つとして、AIと権利の保全について、最近議論が活発な著作権法を例に議論します。

そして最後にDXにおける基本構成要素であるデータについて、データガバナンスに関する実務上の議論、動向等について、時間の都合で今日はあまり深掘りまではできないところですが、取り上げたいと思います。

II　AI 法制の動向

1　欧州 AI 法

(1)　AI の 4 分類

松下：欧州AI法について概要をご説明します。EUでは2021年4月に欧州委員会によって欧州AI法案が提案されていましたが、その後、欧州議会版の公表等を経て、2024年5月21日に成立しました（2024年8月から発効）。その内容に応じて、2025年2月から、2030年12月末日までに段階的に施行されます。

たとえば、受容できないAIに関する禁止事項の違反には、3,500万ユーロまたは全世界売上高の7%の高い方を上限とする非常に高額な制裁金が課せられているところが特徴です。GDPRと同じように、グローバル企業が、欧州AI法を遵守することになると思いますので、結果としてデファクトスタンダードとして機能する可能性があります。日系企業としても関心が高いのではないでしょうか。

欧州AI法は、大まかには、AIのリスクの程度に応じて、規律をしていくリスクベースアプローチを採用しています。具体的な区分としては、受容できないリスクを持つAI、高リスクを持つAI、限定的リ

第 4 章　AI 時代を生き抜く DX ガバナンス

スクを持つ AI、そしてごくわずかなミニマルリスクを持つ AI の 4 つ
に分けており、その規制概要は**図表 4-2** のとおりです。

(2)　生成 AI についての規律

松下：欧州 AI 法では、「**汎用目的 AI モデル（General Purpose AI model）**」を
「大量のデータを使用して自己教師により大規模に訓練された場合を
含め、著しい汎用性を示し、多様なタスクを適切に実行できる AI モ
デル」と基本的には定義されていますが、生成 AI の文脈では、基盤
モデルがこれに該当します。汎用目的 AI モデル（GPAI モデル）には、
2 階建ての規制が課せられています。

　　まず、1 階部分の規制は、すべての GPAI モデルに及ぶもので、①
モデルのトレーニング、テスト、評価結果を含む技術文書を作成し、
最新の状態に保つことや、② GPAI モデルを AI システムに統合しよ
うとする提供者への情報提供、③著作権法の尊重、④学習内容等の概
要の作成、公開、⑤域内代理人の設置等の義務が課せられています。
ただし、OSS の場合には、技術文書の作成や情報提供等の義務は課
せられません。

　　また、次に、2 階部分では、システミックリスクを伴う GPAI モデ
ルを対象とします。「**システミックリスク**」は「汎用目的 AI モデルの
高い影響力に特有のリスクを意味し、その普及範囲の広さや、公衆衛
生、安全、公的安全、基本的権利、または社会全体に対する実際のま
たは合理的に予見される悪影響のために、EU 市場に重大な影響を与
えるリスクであり、バリューチェーン全体に大規模に拡散する可能性
があるもの」とされています。その具体的な範囲は必ずしも定かでは
ないものの、たとえば、大量のデータ（演算量）により学習された AI
モデルがこれに該当します。システミックリスクがある GPAI モデル
については、①システミックリスクを特定し軽減するため、モデルに
対する敵対的テストの実施と文書化、②システミックリスクの EU レ
ベルでの評価・軽減、③インシデントの追跡・報告、④サイバーセ
キュリティの確保等のより重い義務が課せられている点が特徴的では
ないかと思います。

Ⅱ AI 法制の動向

［図表 4-2］ 欧州 AI 法における AI リスクの整理

受容できないリスク	人の行動操作や搾取、社会的等統制等を可能とするAI システム	禁止
高リスク	●安全部品として利用されまたは既存の法令により適合性評価の対象となっている AI システム ●以下に関する AI システム ・自然人の生体認証および分類 ・重要インフラの管理および運用 ・教育および職業訓練 ・雇用、労働者管理および自営業へのアクセス ・重要な民間・公共サービスへのアクセスおよび享受 ・法執行機関 ・移民・亡命・国境管理 ・司法または民主主義プロセス	事前・事後の厳格な規制（AI システムが備えるべき要件と AI 提供者・利用者の義務あり）
限定的リスク	チャットボット 感情認識システム 生体認証分類システム ディープフェイクまたは合成コンテンツ生成システム	透明性確保
ミニマルリスク	スパム検知やゲームに用いられる AI システム	義務なし（行為規範あり）

福岡：EU で欧州 AI 法の議論が始まった当時は ChatGPT などが全然話題になっておらず、生成 AI が抜けていました。ちょうど法案が欧州議会にかけられたころに、ChatGPT が登場して生成 AI ブームがきましたので、慌てて追加されたというところです。そのためルールが継ぎはぎになっていて、AI 規制をハードローで進めることの難しさがあらわれているともいえます。常に新しい技術が出る可能性があるので、法律ではタイムリーに追いついていかないという例ですね。

(3) ミニマルリスクの AI についてはソフトロー

福岡：あともう 1 点、見逃されがちですけれども、欧州 AI 法でも、ほとんどリスクがないとされるミニマルリスクの AI については、企業の行動規範を自分たちで設けてそれを守りなさいというルールが設定され

207

第 4 章　AI 時代を生き抜く DX ガバナンス

ていて、それはある意味ソフトローといえます。したがって、欧州
AI 法も全体的にみるとハードローとソフトローの混成という整理だ
と思います。

⑷　下流リスクに社会として適切に対処できるようサプライチェーン全
体に規制の網をかけている

松下：サプライチェーン全体に規制の網をかけているところも欧州 AI 法の
特徴だと思います。

　　　たとえば、AI 事業者ガイドライン（第 1.0 版）を一旦脇に置けば、
従前の日本のガイドラインは、AI の提供者、あるいは利用者の二者
間の関係を記述しているものが少なくなく、そのため日本での議論も
サプライチェーンを直接的に対象としていたものはあまり多くなかっ
た印象があります。これに対して、欧州 AI 法はサプライチェーン全
体を規制の対象としています。AI の提供者だけではなくて、輸入流
通業者あるいは実装者等ですね。サプライチェーンに関与する当事者
が幅広く規制の対象となっている点は特徴的だと思います。

　　　このようなサプライチェーン全体で規制をする考え方は、日本の
AI 事業者ガイドライン（第 1.0 版）にも取り入れられています。その
意味では一種のグローバルスタンダードとしては、単なる提供者だけ
ではなくて、より幅広く、エコシステムというかはさておき、全体的
に規制を及ぼしていこうという流れがあるとは思います。

武井：サプライチェーンの点は、AI に限らず、最近サステナビリティ全般
でそういう流れになっていますね。脱炭素・気候変動もそうですし、
人権もそうですね。

　　　ちなみにサプライチェーンの話の中で、この DX や AI 系の話では、
データなり学習のインフラなりを巨大な事業者が持ちやすい面があっ
て、そうしたプレイヤーが上流・下流を含めてサプライチェーン全体
のあり方を考えるという構図なのでしょうか。

福岡：私の理解はそうではなく、巨大事業者に対する規制は、**DMA（デジ
タル市場法）、DSA（デジタルサービス法）**があり、プラットフォー
マー規制はまた別個、別の潮流なのではないかと思います。サプライ

208

チェーンをみていこうという流れは、人権もそうですし、フェアトレードもそうですが、結局ある地点だけみては駄目で、上流から下流まで全部、出発点から最後までそうじゃないといけないのだという発想からきていると思います。

松下：サプライチェーンやその他のチェーンにおける法律関係が議論される際には、チェーンの上流と下流でリスクのコントロール可能性とリスク性向が異なる点が重要な前提です。

　　　たとえば、製造物責任の議論を一旦脇に置くと、サプライチェーンの下流の事業者は消費者等と直接接点があり、紛争に直面するリスクが最も高い立場にあります。他方で、そのリスクの原因がサプライチェーンの上流にあることが少なくありません。下流と上流の責任関係を考慮しないと、下流の事業者がコントロールできないリスクだけが顕在化する状況になりかねませんが、社会全体でみた場合に適切な解決が図れなくなる可能性があります。そこで、サプライチェーン全体でリスクを捉える発想が重要となり、その前提として、上流の事業者に対して透明性やアカウンタビリティを求め、リスクに対応しやすくする体制を整えることが課題になるわけです。

武井：ご指摘のとおりですね。またそうした点が、DX や AI の世界ではほかの分野よりもよりサプライチェーンをみる必要性があるということにつながるのでしょうね。またそこは契約の連鎖がある中で、透明性を含めた規定を入れることを前提にしているということですかね。

松下：そうですね。欧州 AI 法では、一定の場合には、法的な義務として透明性の確保が求められています。また、サプライチェーンでは、契約当事者が誰かということ自体が一種の秘密になっていて、契約だけだと透明性が確保できない、という場合がありますので、武井先生が仰るように、契約外の強制的な規律として、透明性確保の義務を課すという対応が必要になることもあると思います。

武井：契約は基本的に二者のバイの世界であって、多数当事者のマルチの世界ではないですからね。

松下：そうですね。だから上流と下流の間、逆にいうと直接の契約関係がないという場合も当然あると思います。そうするとおそらく欧州 AI 法

第4章　AI時代を生き抜くDXガバナンス

のようなハードローによる規制というのが必要になってくるのだと思います。

武井：わかりやすい説明ですね。

福岡：あとガバナンスという意味でいうと、**契約によるガバナンス**という考え方もあります。

ソフトローに契約によるガバナンスが入っているかもしれないですけれども、契約の中で違法行為をしてはいけないとか、透明性を定めるといった手法も一応念頭には置かれていると思います。ソフトローを企業に押しつけるのはちょっと難しいところがあるので、契約によるガバナンスを考えていこうという動きもあります。

それから、サプライチェーンを考えているのはEUだけじゃなくて日本のAI事業者ガイドライン（第1.0版）でもサプライチェーンという発想でガイドラインは作られています。だからサプライチェーン全体をみるっていうのは、欧州AI法だけじゃなくて、結構世界的な流れだといえます。

武井：そのとおりですね。ちなみに、契約とかの任意というかハードローではない世界の限界として、たとえば日本だと競争法の優越的地位の濫用的なことを気にしなくてよいのか。ハードローの場合にはそういう競争法的な要素は乗り越えたものがハードローで出てきているという、そういう違いがあるのでしょうかね。

松下：ハードローで対処するのであれば、ハードローによる規律それ自体が競争法的な原理に反している、という事態は想定しがたいのでしょうね。武井先生が仰る競争法の話は、データ関連の契約であって、たとえば取り扱われるデータが希少である場合、特にプラットフォームを介するようなデータ流通がある場合に、プラットフォーム事業者が一定の事業者に対してサプライチェーンとか、データのチェーンを利用させないというような状況がでてくるならば、独占禁止法の優越的地位の濫用の検討が必要になる事もあると思います。ただし、実際に、独占禁止法に抵触する場面は実務上限定的であるという感触があるため、ハードローを整備するならば、現実に直ちに対応しなければならない問題に対応するというよりも、どちらかというと、コンプライア

210

ンス上の不安を払拭して、事前の検討コストを下げ、データの利用を促すという観点が強くなるのではという印象もあります。

⑸ 「AI、人権、民主主義、法の支配に関する欧州評議会枠組み条約」（AI 枠組み条約）

武井：それから、「**AI、人権、民主主義、法の支配に関する欧州評議会枠組み条約**」についてもエッセンスを簡単にご紹介をお願いします。

松下：長いので、**AI 枠組み条約**と略称しますが、AI 枠組み条約は、2024 年 5 月 17 日に欧州評議会で採択された世界初の AI 国際条約です。

　2024 年 9 月 5 日、枠組み条約は、アンドラ、ジョージア、アイスランド、ノルウェー、モルドバ共和国、サンマリノ、イギリス、イスラエル、アメリカ合衆国および EU の計の 10 カ国・地域により署名されました。日本は、オブザーバーとして参加しましたが、同日の署名は見送られました。

　AI 枠組み条約は、AI システムのライフサイクルにおける活動が、人権、民主主義、法の支配と完全に一致することを確保すると同時に、技術の進歩と革新を促進することを目的としており、大きく分けると 3 つの側面から加盟国に義務を課しています。

　第 1 は、基本的な原則です。加盟国は、AI システムのライフサイクルにおける各活動が、①人間の尊厳と個人の自律性、②平等と非差別、③プライバシーと個人データの保護の尊重、④透明性と監視、⑤責任と説明責任、⑥信頼性、⑦安全なイノベーション、⑧救済、手続上の権利と保障等の基本原則に沿うことが求められています。

　第 2 は、救済措置や手続的な規律です。加盟国は、① AI システムおよびその使用に関する関連情報を文書化し、影響を受ける人々に提供すること、②システムの使用を通じて行われた決定やそれに基づく決定、あるいはシステム自体の使用に対して異議を唱えるために、関係者が十分に理解できる情報提供が必要であること、③適切な当局に対して苦情を申し立てる効果的な手段を提供すること、④ AI システムが人権や基本的自由の享受に重大な影響を与える場合には、影響を受ける人々に対して効果的な手続上の保証、保護措置および権利を提

211

第 4 章　AI 時代を生き抜く DX ガバナンス

供すること、そして、⑤ AI システムと人間とのやり取りであること
を通知すること等が求められています。

　第 3 は、リスクとインパクトの評価です。人権、民主主義および法
の支配に対する実際および潜在的な影響についてリスクおよび影響評
価を反復的に実施することや、これらの評価の結果として、十分な予
防および緩和措置を講じるものとされています。また、各締約国は、
人工知能システムの特定の使用が人権の尊重、民主主義の機能、また
は法の支配と両立しないとみなす場合、その使用に関してモラトリア
ムや禁止その他の適切な措置の必要性を評価することも求められてい
ます。

2　アメリカの動向

武井：ありがとうございます。では次にアメリカはどんな感じでしょう。

松下：アメリカに関しましては、2022 年 10 月 4 日に **AI 権利章典の青写真**
というものが公開されて、AI に関する基本的なプリンシプルが確認
されています。

　その後、少し間があいて、ChatGPT に代表される生成 AI サービス
が台頭してきたことを受けて、AI 事業者大手の複数社が 2023 年 7 月
と 9 月の 2 回に分けて、安全性や透明性等を確保するという自主的な
コミットメント、約束をホワイトハウスとの間で結んでいます。

　そのあと 2023 年 10 月にバイデン大統領が **AI の安全安心、信頼で
きる開発と利用に関する大統領令**を発令しました。大統領令では、国
家安全保障等の観点から拘束的なルールが設定されている部分もある
ものの、アメリカの AI 利活用に原則的な考え方や、関連するアク
ションプランのタイムラインが整理されたという色彩が強いと感じて
います。これに従ってアメリカでは、今後、さらに議論が進むと思わ
れます。

　大統領令では、安全とセキュリティの新たな基準、米国民のプライ
バシー、公平性と公民権の推進、消費者、患者、学生の権利保護、労
働者の支援、イノベーションと競争の促進、外国における米国法の
リーダーシップの促進、そして政府による AI の責任ある効果的な利

用の保証が基本的な方針として挙げられており、グローバルなスタンダートに一致する印象です。

武井：ありがとうございます。これらの8原則について、法制度的な出口にもなっていくのでしょうか。

松下：たとえばアクションプランとして、2年以内、3年以内にこれこれをするというように細かく定められていますので、急ピッチでさまざまなルールが形成されたり判断がなされたりすることはあると思います。

武井：ハードローもあり得るかもしれないですが、ソフトローもあるかもしれないということでしょうかね。

松下：そうですね。場合によっては連邦法レベルでの法規制というのも当然出てくる可能性はあるとは思いますが、むしろ州法レベルでさまざまな議論がなされる可能性もありそうには思います。

福岡：大統領令について、法的規制というか強制力がある部分は、デュアルユース大規模汎用モデルAIという高度なAIを対象としたものです。高度なAIについては政府に対する報告義務があります。また4月29日、大統領令が出されて180日以上経ち、180日までにやらなくてはいけないことを総点検して、大統領令で政府機関がやるべきとされたものについてはすべて完了しましたとウェブサイトで公表されています。

　2024年7月26日、ホワイトハウスは、大統領令で270日以内に実施されるものとされていた行動を予定どおり実施した旨を公表しています。また、米アップル社が自主的なコミットメントに参加したこともあわせて公表されました。

3 日本におけるハードロー制定の動き

福岡：ハードローといいますと日本でも、AIに関するハードローの制定の動きが報じられています。自民党の、AIの進化と実装に関するプロジェクトチームからも提案が示されていますし、また2024年5月の政府のAI戦略会議で今後のAI制度の論点が提示されており、リスクを低減した上でのAIの利活用や技術革新等についての議論が進めら

第4章　AI時代を生き抜くDXガバナンス

れています。

　松下先生のほうからその中の「『AI制度に関する考え方』について」の概要のご紹介をお願いします。

松下：「『AI制度に関する考え方』について」では、さきほどご説明したような欧州AI法や大統領令、あるいは、AI事業者ガイドライン（第1.0版）等の国内外の議論状況をまず整理した上で、日本におけるAI規制のあり方が検討されています。その上で、ソフトローやハードローの二分論ではなく、ハードローとソフトローを組み合わせて公私で問題解決に当たる共同規制の手法も検討対象になり得ることが示されています。

　また、リスクベースアプローチを基礎に置きつつも、さまざまな種類のリスクが挙げられる中でリスクの高低の判断基準を検討するとともに、AIの開発・提供・利用等のライフサイクルに関わる各主体の役割は何か、ガイドラインや法制度はどうあるべきか等を、海外の制度等も参考にしつつ検討していく必要があると述べられています。

　具体的には、AI開発者に対しては、リスクの高低を踏まえつつ、定期的に規制を見直していくことでイノベーションと規制のバランスを確保することが考えられるとされている一方、AI提供者・利用者に対しては、リスクに応じた適切なリスク軽減措置を求めていくアプローチが考えられると言及されています。

　2024年6月4日、政府は、統合イノベーション戦略2024を閣議決定しました。その中では、AIを3つの強化方針の1つに位置づけるとともに、「2024年5月のAI戦略会議で了承された『AI制度に関する考え方』等を踏まえ、今夏にAI戦略会議の下で新たに開催するAI制度研究会（仮称）において、制度の在り方の検討に着手する」ものとされました。その後、2024年5月のAI戦略会議で了承された「『AI制度に関する考え方』について」を踏まえ、2024年8月から開催されているAI制度研究会においては、法制度の要否も含めて、さらに検討が進められることが予定されています。

III AI事業者ガイドライン

1 AI事業者ガイドラインに関する論点

(1) AI事業者ガイドラインの沿革

武井：2024年春に政府から、これまでたくさん出ていたAIに関わるガイドラインを1つに取りまとめた、AI事業者のガバナンスに関する「**AI事業者ガイドライン（第1.0版）**」が出ているところですが、AIを取り巻くさまざまなガバナンスのガイドライン等に関して、松下先生と福岡先生から、概要のご説明をお願いできればと思います。

松下：はい。AI事業者ガイドライン（第1.0版）は経済産業省と総務省が4月19日に連名で公表したものです。沿革としては、日本社会では従前よりAIなどのビッグデータ、あるいはIoT・5Gなどのサイバー空間とフィジカル空間を融合したSociety5.0の実現を1つの政策目標と掲げていて、その中で、AIの利活用が重要であると整理をして、各種ガイドラインが整備されてきました。具体的にいうと、総務省が国際的な議論のためのAI開発ガイドライン案を2017年に、AI利活用ガイドラインを2019年に、そして経済産業省がAI原則実践のためのガバナンス・ガイドラインver.1.1を2022年に公表しています。

ただ他方で、複数のガイドラインがあることによって、何を参照したらよいのか、必ずしも明確でないというところがあり、これらを統合したほうがよいのではないか、という声が上がってきていました。

また2020年の末頃から、Open AIのChatGPTに代表されるような生成AIサービスが発達してきました。それに伴って、利便性だけではなくて、AIの利活用に関するリスクが、より顕在化してきたという状況もありました。

さらに、2023年5月に開催されたG7広島サミットでは、AI利活用に関する国際的な議論を推進するための枠組みである**広島AIプロセス**が立ち上がり、その中で、国際的なAI開発に関するフレームワークを定めるということが合意されました。これを受けて、AI戦

第4章　AI時代を生き抜くDXガバナンス

略会議において公開されたAIに関する暫定的な論点整理において、生成AIの普及を踏まえて既存のガイドラインに変えて改定などを検討する必要があるということが確認されました。

　このような一連の流れと欧州AI法等も踏まえた国際的な流れも取り組んで、既存のガイドライン3本を整理しようという発想で作られているのが、この事業者ガイドラインになるわけです。

(2)　サプライチェーンを鳥瞰

松下：AI事業者ガイドライン（第1.0版）自体は、既存のガイドラインを整理したものではあるのですけれども、3つの柱があります。1つ目は事業者の自主的な取組みを支援すること。2つ目が国際的な議論の協調性を確保すること。3つ目が読み手にとってのわかりやすさを重視することです。また、その中では、マルチステークホルダーの声を聞きつつも、リビングドキュメントとして都度アップデートをするという基本方針も確認されています。中身としては、先ほど話にあったようなサプライチェーンを意識して作られたガイドラインというのが1つの特徴で具体的にはAI開発者、AI提供者そしてAI利用者の、3つの事業者を対象としているというところに特徴があります。

(3)　リスクベースアプローチ

松下：AI事業者ガイドライン（第1.0版）の規律の中心的な考え方は、やはり**リスクベースアプローチ**です。AIの利活用を検討する際には、ベネフィットとリスクの2つのファクターがあるわけですが、AIの利活用にはベネフィットがあることを一種の所与の前提に置いた上で、リスク制御により重きを置いた分析がなされている印象が個人的にはあります。つまり、AIは、これが用いられる分野や利用方法・態様によって、権利侵害等を生じさせ、AIの利活用自体が阻害される可能性がある。ただし他方で、過度に抑制的な対策をとってしまうと、AIの利用によって得られるベネフィットを阻害する可能性がある。だから利用分野によって、想定される利用態様に伴うリスクの大きさに合わせて、そのリスクに対する対策の程度を調整していく工程が求

められるわけです。

(4) AI 事業者の射程は広い

武井：ありがとうございます。AI に何らか関与する事業者全員が関係しているという整理ですか。

松下：そうですね、対象としてはその AI を利活用する事業者でして、逆にいうと対象外となっているものが 2 つあります。1 つ目は業務外利用者です。事業活動以外に AI を利用するものに関しては記述の対象外となっています。またもう 1 つはデータ提供者です。データ提供者に関しては他のデータ関係のガイドラインがありますので、それらの事業者に対しては対象外となっています。ただ逆にいうと、それ以外の AI を利活用する事業者というのは、広く AI 事業者ガイドライン（第1.0 版）の対象となっています。

福岡：論点になったのは、AI 事業者ガイドライン（第 1.0 版）が大学とか研究機関にも適用されるという点です。いろいろな議論があったのですが、研究機関を除外する規定は設けられませんでした。また中小企業では対応できないのではないかという議論もあったのですが、中小企業も除外するとはなりませんでした。

武井：今 AI の利活用がここまで社会で進展していると、多くの事業者、会社が、このガイドラインに書かれている事項に正面から向き合わないといけない時代になってきているということですかね。

福岡：もちろんそうですね。少なくとも AI 事業者には該当すると思います。このガイドラインの中にコンビニの例が挙げられているのですけれども、コンビニで、入店者を AI で判断して、利用者を識別するような AI を導入した場合には、そのコンビニは AI 利用者となり、AI 事業者ガイドライン（第 1.0 版）の適用を受けることになります。そのため、AI を業務で利用するコンビニもガイドラインに書いてあることを守るように配慮する等をしないといけないことになりますね。

武井：コロナを経て DX が進展する中で、DX の中には必然的に AI が入ってきているからということですね。

福岡：はい。

第4章　AI時代を生き抜くDXガバナンス

武井：それだけにこのAI事業者ガイドライン（第1.0版）を理解すべき人は相当多いということですね。

福岡：そうですね。ただソフトローであることは冒頭の2頁目に明言されていますし、何ら罰則もありません。あと書きぶりも「配慮しなくてはいけない」とか、そういう書き方になっていますので、「何かをしなくてはいけない」という事項はあまり書かれていません。

武井：他方でヨーロッパとかアメリカとかでハードローが進んでいる国際的潮流を踏まえると、注意深い日本企業は、このAI事業者ガイドライン（第1.0版）をきちんと理解しておかないと対応できないということですかね。

福岡：このガイドライン自体は海外のハードローの動きとそこまでリンクしているとは思わないのですけれども、きちんとやろうとするのであれば理解しておく必要があります。理解した上で自分たちのその事業に関連するものを取り入れていくという、そういう発想でつくられていると思います。

松下：AI事業者ガイドライン（第1.0版）は既存のガイドラインを統合したものであるとの経緯に照らせば、目新しいものはそれほど多くないという印象があります。たとえば、公平性、プライバシー、セキュリティ、安全性、あるいは人間中心等の概念については、基本的にはAIをすでに活用されている企業であれば、おそらくもう念頭に置かれていると思います。AI事業者ガイドライン（第1.0版）で実務上の影響が何か出てくるとすれば、透明性あるいはアカウンタビリティとして、具体的に何をしていくのかになるのではないでしょうか。

(5)　透明性の原則の考え方

福岡：元々このガイドラインができる前には、政府からいろいろなガイドラインが多数出されていました。それではよくわからないという話になったので統合されたというのが今回のガイドラインです。ガイドラインでは配慮しないといけない事項が、全部で10個にまとめられていて、人間中心、安全性、公平性、プライバシー保護、セキュリティ確保、透明性、アカウンタビリティ、教育・リテラシー、公正競争確

218

Ⅲ　AI事業者ガイドライン

［図表4-3］　各主体に共通の指針（AI事業者ガイドライン（第1.0版））

指針		内容（主な項目の抜粋）
各主体が取り組む事項	1) 人間中心	✓ AIが人々の能力を拡張し、多様な人々の多様な幸せ（well-being）の追求が可能となるように行動する ✓ AIが生成した偽情報・誤情報・偏向情報が社会を不安定化・混乱させるリスクが高まっていることを認識した上で必要な対策を講じる ✓ より多くの人々がAIの恩恵を享受できるよう**社会的弱者によるAIの活用**を容易にするよう注意を払う
	2) 安全性	✓ 適切なリスク分析を実施し、**リスクへの対策**を講じる ✓ 主体のコントロールが及ぶ範囲で本来の利用目的を逸脱した提供・利用により危害が発生することを避ける ✓ AIシステム・サービスの特性及び用途を踏まえ、学習等に用いるデータの正確性等を検討するとともに、**データの透明性の支援、法的枠組みの遵守**、AIモデルの更新等を合理的な範囲で適切に実施する
	3) 公平性	✓ 特定の個人ないし集団へのその人種、性別、国籍、年齢、政治的信念、宗教等の多様な背景を理由とした**不当で有害な偏見及び差別をなくす**よう努める ✓ AIの出力結果が公平性を欠くことがないよう、AIに単独で判断させるだけでなく、適切なタイミングで人間の判断を介在させる利用を検討した上で、無意識や潜在的な**バイアスに留意**し、AIの開発・提供・利用を行う
	4) プライバシー保護	✓ 個人情報保護法等の**関連法令の遵守、各主体のプライバシーポリシーの策定・公表**により、社会的文脈及び人々の合理的な期待を踏まえ、ステークホルダーのプライバシーが尊重され、保護されるよう、その重要性に応じた対応を取る
	5) セキュリティ確保	✓ AIシステム・サービスの**機密性・完全性・可用性**を維持し、常時、AIの安全な活用を確保するため、その時点での技術水準に照らして合理的な対策を講じる ✓ AIシステム・サービスに対する外部からの攻撃は日々新たな手法が生まれており、これらの**リスクに対応するための留意事項を確認する**

指針		内容（主な項目の抜粋）
各主体が取り組む事項（続き）	6) 透明性	✓ AIを活用する際の社会的文脈を踏まえ、AIシステム・サービスの検証可能性を確保しながら、必要かつ技術的に可能な範囲で、**ステークホルダーに対し合理的な範囲で適切な情報を提供**する（AIを利用しているという事実、活用している範囲、データ収集及びアノテーションの手法、AIシステム・サービスの能力、限界、提供先における適切/不適切な利用方法、等）
	7) アカウンタビリティ	✓ トレーサビリティの確保や共通の指針の対応状況等について、ステークホルダーに対して情報の提供と説明を行う ✓ **各主体のAIガバナンスに関するポリシー、プライバシーポリシー等の方針を策定**し、公表する ✓ 関係する情報を文書化して一定期間保管し、必要なときに、必要なところで、入手可能かつ利用に適した形で参照可能な状態とする
社会と連携した取組が期待される事項	8) 教育・リテラシー	✓ AIに関わる者が、その関わりにおいて**十分なレベルのAIリテラシーを確保**するために必要な措置を講じる ✓ AIの複雑性、誤情報といった特性及び意図的な悪用の可能性もあることを勘案して、**ステークホルダーに対しても教育を行う**ことが期待される。
	9) 公正競争確保	✓ AIを活用した新たなビジネス・サービスが創出され、持続的な経済成長の維持及び社会課題の解決策の提示がなされるよう、**AIをめぐる公正な競争環境が維持**に努めることが期待される
	10) イノベーション	✓ 国際化・多様化、**産学官連携**及びオープンイノベーションを推進する ✓ 自らのAIシステム・サービスと他のAIシステム・サービスとの相互接続性及び相互運用性を確保する ✓ 標準仕様がある場合には、それに準拠する

出所：2024年4月19日総務省＝経済産業省「AI事業者ガイドライン（第1.0版）概要」（https://www.meti.go.jp/shingikai/mono_info_service/ai_shakai_jisso/pdf/20240419_2.pdf）から抜粋

　　　保、イノベーションが挙げられています（**図表4-3**）。ガイドライン
　　　では、その具体的中身を深堀りした点に意味があります。
福岡：たとえばプライバシー保護の点は個人情報保護法をどう解釈すべきか
　　　などという議論はガイドラインには言及されていなくて、プライバ
　　　シーを尊重しましょうとだけ書いてある。そして、その具体的な方法
　　　として、データをみる時にプライバシー侵害をしていないかチェック
　　　するということが書かれています。しかし、具体的な法律解釈につい

219

第4章　AI時代を生き抜くDXガバナンス

ては、基本的に触れられていません。透明性のところも、なんでも開
示してくださいという話ではなく、企業秘密もあるのですべて公開す
る必要はないという発想で書かれています。内容が大まかにわかるも
のがあればよいとか、記録を残してくださいという形での透明性を求
めています。透明性とは、すべてみせろという話ではなく、営業秘密
とか現実のビジネスに配慮した上で、記録を残すとか、大まかな説
明、わかる範囲で説明すればよいという形になっています。これらは
現場目線からしても納得できる部分ではないかと思います。

武井：ありがとうございます。このガイドラインは一種のマザーシップ的な
もので、細かい各論の話としての子亀はいろいろすでにあると。今
回、1つのガイドラインとしてまとめたことによって、思考回路とし
てもわかりやすくなったという効果がありますね。

福岡：そうですね。ポイントの大まかなところを明示したということだと思
いますし、また別添において、157頁の分量で何を気をつけたらよい
かということも述べられています。

　(6)　公平性について

福岡：あと具体的に役に立つのが**公平性**の箇所だと思います。現場では公平
性が非常に重要になることが多いので、公平性というときにはデータ
の公平性とはどういうものなのかとか、どのような対策を採ればよい
のかという例が挙げられています。

武井：公平性についてはいろいろと一番難しい論点がありますね。

福岡：そうですね。指針としては、公平性に気をつけましょうという点がま
ずあり、では開発者はデータの中に代表性に欠けるデータが入ってい
ないかチェックしましょうとか、利用する人は出てきた結果をみて公
平性があるかどうかチェックしましょうとか、そういうことがガイド
ラインには書かれています。

武井：データ学習、機械学習のときに入れるデータは、大量であればあるほ
どいろいろなものが混じりますしね。

福岡：そうですね、はい。

武井：場合によっては何か極端なものも食べてしまうかもしれないし、偏り

が生まれる懸念もある。これらは AI の社会的課題となっていますよ
ね。

福岡：そうですね。2 つ論点があると思います。第 1 に偏りがあるデータの
話です。第 2 に代表性が欠けるデータですね。偏りのあるデータの問
題とは、偏りのあるデータだけ集めると結果も偏りが出てくるので、
データが間違っていればそれは問題ですということです。代表性に欠
けるデータの問題とは、AI に学習させるデータが本当に分析対象の
実情を反映しているかという問題です。たとえば、白人男性だけの
データで AI に学習させると、そのデータは社会を適切に反映した
データではないのではないかということです。その 2 つがありますの
で、インプットされたデータ自体が正しければよいという単純な話で
はないといことですね。

武井：そうですね。社会の縮図としてデータをインプットしても、その縮図
自体に偏りがある場合という論点ですね。

福岡：そうですね。差別などの**社会的問題の再生産**という論点が指摘されて
います。最終的には人間がその結果をみて取り除くしかないのではな
いかともいわれています。

(7) 透明性の論点

武井：ありがとうございます。もう 1 点、議論しておきたいのが透明性の論
点です。どこまでがブラックボックスじゃなくなっているのか、何を
出すのかわからないとか。

福岡：何が出てくるかはわからないですね。予測は確率的なので 100％にす
ることはできないですね。

武井：どういうデータを学習したのかについての透明性で、何が出るかにつ
いての透明性ではない。

福岡：透明性にもそのようにいろいろなレベルがあります。どのようなデー
タを使いましたかという透明性、どのようなモデルを使いましたかと
いう透明性、どのような学習をしましたかという透明性などでも話が
違います。一般人は、どのようなデータを学習したのかには関心があ
るし、理解できると思いますが、どのようなモデルを使いましたかと

第4章　AI 時代を生き抜く DX ガバナンス

いうことには関心がないし、そもそもどのようなモデルがあるのか知らないということはあるのではないでしょうか。

武井：モデルについては聞いても一般人にはわかりませんものね。

福岡：はい。モデルの説明は可能なのでしょうが、一般人がそれを聞いて、本当に理解できるかっていうと多分できないと思います。そのため、ガイドラインにおける透明性も、先ほど述べたような透明性が求められているのではないかと思います。

(8)　ステークホルダーとの対話を行うべき場面

松下：あと気になりますのが、多様なステークホルダーとの対話を通じて、社会的な影響および安全性に関するさまざまな影響を検討する旨が書かれているのですが、実際にどこまでやることが必要なのかよくわからないという点です。

結局、ステークホルダーとの対話がなぜ要るのかに結びついてくるのだと思います。リスクベースアプローチのもとで検討されるリスクにもさまざまなレベルのものがあり、未知のリスクあるいは既知であるけれどもこれまで十分に議論がされてこなかったものについては、リスクあるいはそれに対応するゴールを特定するために、ステークホルダーの意見を聞くプロセスが重要になると思います。けれども、逆にいえば、社会的に認知あるいは定型化されたリスクに関しては、常にステークホルダーの意見を聞いて対応を検討するのではなく、むしろ、粛々と対応することが現実的な場合もありそうです。企業としてどこまでステークホルダーの意見を収集すべきなのかというのは本当に悩ましい論点なのだと思います。

② AI をめぐる議論について

(1)　AI のブラックボックス性は何を問題としているのか

武井：ではお待たせいたしました。濱野先生からもコメントをお願いします。

濱野：知的財産を専門としている濱野と申します。私は、工学部電子工学科を卒業し、大学院を修了しています。そして、学部と大学院の3年

間、生成 AI の中心技術であるニューラルネットワークの研究室である東京大学廣瀬明研究室に所属し、研究を行っていました。「**ニューラルネットワーク**」は、最近、「ディープラーニング」と呼ばれているものと同じものです。

まず、総論的な話として、世の中の議論が「AI」という言葉に引っ張られすぎている面があると感じています。「AI」というのは、コンピュータ処理を行うものであるため、「AI」について検討するのであれば、具体的にどのようなコンピュータ処理が行われているかをみていけばよいと私は考えています。

たとえば、先ほどの議論に出ていた欧州 AI 法は、リスクアプローチを採っています。そのため、すべての箇所の「AI」という言葉を取り除いても意味が通じます。なぜなら、「こういうことをやってはいけない」ということは、別に AI でなくてもやってはいけないことであるからです。そのため、「AI」に限定するのではなくて、「コンピュータ処理」、「システム」、「ソフトウェア」等という言葉を用いることによって、コンピュータ処理のすべてについてリスクアプローチを採る方が合理的であると思います。それにもかかわらず、無理矢理「AI」に引っ張っているように見受けられます。このような「AI」という言葉に引っ張られた議論ではなく、「AI」と呼ばれるものについて、一つひとつ技術的な観点から具体的な情報処理を検討することが重要であると考えます。その上で、「AI」を、「AI」以外のものと区別する意味がどれほどあるのかを考えるべきであると思います。

「AI」において、実際にどのようなコンピュータ処理が行われているかを具体的に検討することが重要であって、「AI」という言葉のイメージで議論するべきではないと思います。

武井：なるほど。ちなみにブラックボックスの懸念の点はどう整理されるのでしょうか。

濱野：ブラックボックスが問題だという指摘がなされることがありますが、従来のソフトウェアも、通常はブラックボックス、すなわち、「0」と「1」で記述されているオブジェクトコードで提供されています。しかしながら、これまでは、ソフトウェアがブラックボックスであること

223

第 4 章　AI 時代を生き抜く DX ガバナンス

が問題視されたことはなかったように思います。

　たとえば、以前は、CD-ROM 等に記録されたパッケージソフトウェアを購入して、パソコンにインストールした上で、利用していました。その CD-ROM に記録されたプログラムはオブジェクトコードであり、人間が読めないわけです。そして、パッケージソフトウェアの購入者は、そのプログラムが、どのような構成になっているかという点について、説明を受けていません。それがもし「AI」に特有な問題なのであれば、どのような点においてこれまでのものと「AI」が異なっており、その異なっている点からどのような問題が生じるのか、という形で議論するべきであると思います。

武井：そうですね。Word との違いって、Word だと自分の打ち込んだものが出てくるけれども、なんで自分の打ち込んだものが出てくるかの部分はブラックボックスなのですが、出てきたものに対する責任を人間が負っていると。AI の場合は何が出てくるかわからないという部分のブラックボックスの点はどう考えるのか。

　(2)　論点の本質はニューラルネットワークという新たなパターン処理[1]

濱野：その意味での「ブラックボックス」という議論をするのであれば、「AI」という言葉を使わずに検討する必要があると思います。その理由は、その意味での「ブラックボックス」という言葉は、**ニューラルネットワーク**の特徴であるパターン処理に起因するものだからです。

　世界中にあるプログラムの中で、パターン処理を行うことができるのは、基本的にはニューラルネットワークだけです。パターン処理は、プログラムで書かれるコード自体が出力する内容を**ルールベース**で書くのではなくて、入力された内容の跳ね返し方をプログラムで記述しています。そのため、もし、その意味の「ブラックボックス」を規制する必要があるのであれば、「AI」ではなく、ニューラルネット

---

1)　パターン処理について、濱野敏彦「大規模言語モデル・画像生成 AI と著作権法〜 ChatGPT、DALL・E2 を中心に〜」コピ 63 巻 749 号（2023）27〜29 頁、森本大介＝濱野敏彦編著『AI・データ関連契約の実務──AI 技術、限定提供データの創設を踏まえて』（中央経済社、2020）42〜50 頁。

ワークを規制するべきであると思います。

武井：AI脅威論は、何が出てくるかわからないものがAIだということですが、そういうAI論では論点が定まらないと。

濱野：私はそう思います。ニューラルネットワーク以外のプログラムであっても、何が出てくるかは、プログラムがどのように記述されているかによるため、利用者は、昔から何が出てくるかわからなかったわけです。ただ、たとえばWordであれば、文字を記載することをその機能としており、ルールベースでプログラムが記述されているため、利用者においても、こういったものが出てくるだろうなという想像がつくと思います。他方でニューラルネットワークはパターン処理行います。いわば、入力がなされると、学習結果に基づいて入力に対する出力を跳ね返すものです。そのため、この「跳ね返す道具」に対する理解をしていないと、結局、人間が想定していないものが出力されることになります。

　よく、ChatGPTに関して、「ChatGPTが嘘をつく」という人がいますが、ChatGPTが嘘をつくことはありません。ChatGPTはパターン処理を行っており、跳ね返す道具であるため、単に入力に対して出力を跳ね返しているだけです。その出力が人間が想定していたものと違う場合に、「ChatGPTが嘘をつく」という人がいるわけですが、実際にはChatGPTが嘘をついているわけではなく、人間がChatGPTという跳ね返す道具を使いこなせていないにすぎないわけです。従って、ニューラルネットワークについて議論するのであれば、ニューラルネットワークが行っているパターン処理、先ほどの説明でいうところの跳ね返す道具について議論するべきです。「AI」という言葉は、人によって異なる意味で用いられているため、「AI」という言葉で議論することは困難であると思います。特に、法律的な議論を行うときには、議論の対象の意味を明確にすることが必要不可欠であるため、「AI」という言葉で法的議論を行うことには限界がきていると思います。

第4章　AI時代を生き抜くDXガバナンス

(3)　ルールベース（＋機械学習）とパターン処理との重要な相違

松下：ブラックボックス性に関しては、濱野先生が仰っているとおり、たとえばサービスの内容の話であれば、ルールベースの、つまり演繹型の技術によるのか、それともデータを基礎とした帰納型の技術を利用しているのかが直ちに問題になることは少ないと思います。結局、利用者の関心事はそのサービスを使って何ができるかであって、そのサービスがどのような原理で動いているかでは必ずしもないからです。もちろん、「AI」を使っていること自体が、訴求力を持つ場合もありますが、程度問題でしょう。

　おそらくブラックボックス性が議論される場面としては、サービスの内容それ自体ではなくて、何らかの事故あるいは不適切な事象が生じた際の検証可能性がどこまで確保できているのですかという話なのだと思います。ルールベースならば、一応ルールがあるわけですから、どこまで現実にできるかは、別として、ルールの適用過程をみていけば、事後原因の解析はしやすいであろうと。それに対してAIの場合は、データを帰納的に学習しているので、人間が了解可能な形で事故原因などが特定できません、となるわけです。

　また、雑感で恐縮ですが、AIという用語の混乱については濱野先生が仰るとおりで、そもそもAIと呼ばれるものは中身がない中立的な概念なのですよね。たとえば画像認識であれば、画像認識といえば済むわけなので、AIとしてくくり出す必要はなくて。そういう意味でAIという用語はある種のBuzzワードであると。この点は感覚としてはまったく同じです。

濱野：ここで、「AI」という言葉について、一旦、整理させていただきます[2]。

　「AI」という言葉を整理する際には、歴史的な流れをみていくとわかりやすいと思います。まず、「AI」という言葉は、1950年代から使われています。そして、「AI」の中心は、「機械学習」であると考えられていました。機械学習というのは、大規模データを処理する際に、

---

2)　生成AIの概念整理について、濱野・前掲（注1）21頁、森本＝濱野・前掲（注1）3〜7頁。

[図表4-4-1] AIの概念整理（2012年まで）

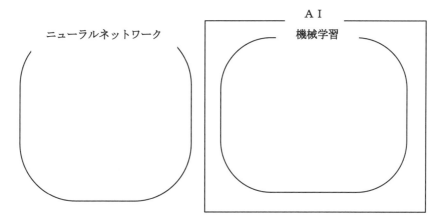

データから主として統計的処理によって有用な情報を抽出することが必要であり、その数理的モデルです[3]。大雑把にいえば、有用な情報を、数学的処理によって分析して見つけ出すものといえます。

一方、ニューラルネットワークとは、人間の脳の機能や構造をまねることによって柔軟で有用な情報処理の実現を目指す情報処理の体系、および、そのシステムをいいます[4]。大雑把にいえば、ニューラルネットワークとは、人間の脳の機能・構造を真似たコンピュータ処理、すなわち、パターン処理を行うものです[5]。

このように、2012年までは、**図表4-4-1**のように、「機械学習」と「ニューラルネットワーク」は、その内容が大きく異なるため、別々のものとされていました。私は、2001〜2004年まで、ニューラルネットワークの研究室である東京大学廣瀬明研究室に所属しておりましたが、ニューラルネットワークのことを、「AI」や「機械学習」と呼ばれることは無かったと記憶しています。

---

3) 中川裕志『東京大学工学教程　情報工学　機械学習』（丸善出版、2015）5頁。
4) 廣瀬明『複素ニューラルネットワーク〔第2版〕』（サイエンス社、2016）2頁。
5) 廣瀬・前掲（注4）9頁。

［図表 4-4-2］　AI の概念整理（2012 年以降）①

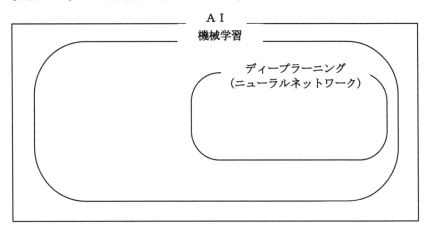

　そして、2012 年に、「ILSVRC」という世界的な画像認識のコンペティションで、ニューラルネットワークの研究者であるカナダのトロント大学の Geoffrey Hinton 氏らのチームが、ニューラルネットワークを用いて圧倒的な勝利を挙げたことが、世界に衝撃を与えました。その際に、Geoffrey Hinton 氏は、ニューラルネットワークを、「ディープラーニング」と呼んでいました。このコンペティションの後から、現在、多くの人が使っている「AI」という言葉が盛んに用いられるようになり、その際の「AI」という言葉は、一般的に、**図表 4-4-2** のように使われるようになりました。

　この**図表 4-4-2** が、「AI」という言葉を、一段とわかりにくくしてしまったと思います。それは、**図表 4-4-2** の「ディープラーニング（ニューラルネットワーク）」と、「機械学習」の中の「ディープラーニング（ニューラルネットワーク）」以外のものが、同じ「機械学習」として説明されるため、両者が似たものという誤解を生みかねないからです。

　しかし、2012 年まで完全に別々のものとされていた点から明らかなとおり、「ディープラーニング（ニューラルネットワーク）」と、「『機械学習』の中の『ディープラーニング（ニューラルネットワー

[図表4-4-3] AIの概念整理（2012年以降）②

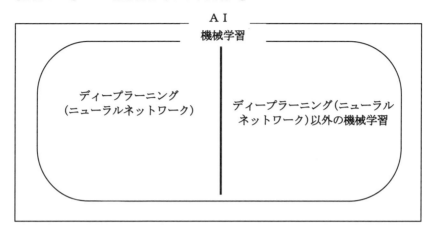

ク）』以外のもの」、すなわち、2012年まで「機械学習」と呼ばれていたものは、その考え方および内容において大きく異なります。

そのため、今の「AI」という言葉を図表4-4-2をベースに理解するとしても、両者が大きく異なるものであるということを明確にするために、私は、図表4-4-3のように理解することが重要であると考えています。

そして、現在、生成AIと呼ばれているものは、すべて、中心技術としてディープラーニング（ニューラルネットワーク）を使っています。そのため、生成AIを理解するためには、ディープラーニング（ニューラルネットワーク）と、機械学習のうち、ディープラーニング（ニューラルネットワーク）以外のものの違いを明確に理解することが重要となります。

それから、図表4-4-3のとおり、「AI」には、「機械学習」以外のものも含まれます。そして、「AI」のうち、「機械学習」以外のものが何かというと、「何でもよい」というのが、現状であると思います。といいますのは、もともと、「AI」という言葉が抽象的であるために、誰かが、何かを「AI」と呼んだときに、ほかの人が「あなたがいっているのはAIじゃないですよ」ということもありません。そのため、

第4章　AI 時代を生き抜く DX ガバナンス

従来から存在するありきたりなソフトウェア、システム等であって
も、それを「AI」と呼んだ方が製品やサービスが売れると考える人が
いれば、その人がそれを「AI」と呼ぶというのが現状であると思いま
す。

　このような状況を踏まえますと、特に、法律に関する議論におい
て、「AI」という言葉を主語にして文章を書くことには限界がきてい
ると思います。

(4)　AI の定義は現状でも不明確

福岡：付け足しますと、AI 事業者ガイドライン（第 1.0 版）では、AI を定義
することは諦めているのですね（笑）。8 頁に定義があるのですけれ
ども、「現時点で確立された定義はな」いと書いてあって、広義の人
工知能の外延を厳密に定義することは困難であると述べています。そ
もそも定義がされていない中での指針なので、AI というものを前提
に規制するということ自体が放棄されているというのがこの事業者ガ
イドライン（第 1.0 版）です。これはもう前からそうなのですけど、
AI の定義をみんなで議論し始めるともう話がまとまらないのですね。
だから AI 事業者ガイドライン（第 1.0 版）の出発点である AI という
のは、きわめてラフな意味の中でこれを議論しているということなの
だと思います。

武井：法律家としては、起きる現象に基づいた分析が必要で、AI だからと
いうことでは、濱野先生のいうとおり、何らかの法的効果が導かれる
議論にならないということですね。

濱野：はい。私は、「AI」ではなく、ニューラルネットワーク（ディープラー
ニング）だけを議論すればよいと思っています。現時点で、2012 年以
降の技術革新といえるのは、ニューラルネットワーク（ディープラー
ニング）のみであり、そのニューラルネットワーク（ディープラーニン
グ）を中心技術として用いているものが生成 AI です。そのため、
ニューラルネットワーク（ディープラーニング）以外のものを含めた
形で「AI」という言葉で議論することにはあまり意味がないと思って
います。

そして、従来から作成されてきているルールベースのプログラム
と、ニューラルネットワークのプログラムとが、どんどんつながりつ
つあります。

武井：境界が曖昧になってきている？

濱野：境界が曖昧なわけではないです。ただ、元々、ルールベースとパター
ン処理では、いずれもメリット・デメリットがあります。たとえば、
パターン処理は、計算が苦手です。計算は、ルールに基づくものであ
るからです。そのため、計算結果の出力を求める入力に対してはルー
ルベースのプログラムで処理し、その他のものはパターン処理で処理
すれば、計算もできることとなります。このように、パターン処理が
苦手な部分をルールベースで補うことができます。また、パターン処
理の出力結果を用いて、ルールベースのプログラムで処理することに
メリットがある場合もあり得ます。そのため、徐々に、ルールベース
の部分と、パターン処理の部分をうまく組み合わされたサービスが出
てきており、今後も増え続けると思われます。そうなってくると、
「生成AI」だけの法的検討というよりも、生成AIを含むソフトウェ
アやシステム全体の検討が重要になってくると思います。結局のとこ
ろ、パターン処理もコンピュータ処理なので、パターン処理の特徴を
理解することは当然の前提となりますが、ソフトウェアやシステム全
体の中で、パターン処理の部分やルールベースの部分が、どのような
構成で組み込まれているかを踏まえて、法的検討を行うことが重要に
なると思います。

武井：先生の理系的、技術的視点があるからこそのご指摘ですね、ありがと
うございます。文系の法律家の世界は要件と効果の世界で、漠っとし
たものをみても何も法律的な議論はできませんね。

3　現場におけるAI対応の例——金融業界を例に

武井：では次に山本先生から、AI事業者ガイドライン（第1.0版）を踏まえ
た上で、金融業界において何か感じられていることをお願いします。

山本：金融・ファイナンス分野のパートナーの山本俊之です。まず、AI事
業者ガイドライン（第1.0版）において、そもそも金融に関する事項

第4章　AI時代を生き抜くDXガバナンス

がどの程度取り上げられているかについてですが、まだこれからという状況かと思います。

　金融事例として、AI事業者ガイドライン（第1.0版）にて言及されているのが、第1にクレジットカードの与信審査における著名事案です。事案についてはあとで詳しく述べますが、アメリカにおけるクレジットカードの与信審査について、モデル自体のブラックボックス化であったり、与信判断に関する説明が足りないということで、AI事業者ガイドライン（第1.0版）における第2部「C.共通の指針」の中ですと、「透明性」と「アカウンタビリティ」についての論点があるということが挙げられています。

　第2に、これは仮想事例（7分で融資（Loan in 7 minutes））ですが、金融機関がお金を貸すときに、融資の審査手法にAIモデルを使っているところ、データに含まれているバイアスに配慮しましょうということで、先ほどから話が出ていた「公平性」について言及されています。

　第3に、金融の世界では、たとえば私の専門分野の1つであるデリバティブでいうと、デリバティブのプライシングには高度な数学に基づくモデルを使っている場合が多いので、元々金融庁のほうでも、金融機関が使っているモデルのリスク管理について2021年11月に「モデル・リスク管理に関する原則」を公表していて、それがこのAI事業者ガイドライン（第1.0版）の中でも参考文献として挙がっています。

　モデル・リスク管理に関する原則でも、リスクベースアプローチのような話が書かれているのですが、これは法律的な文章というよりも、どちらかというと金融機関でモデルを用いるいわゆるクオンツやリスク管理部署に所属する人向けのものかもしれません。

(1)　金融では透明性／アカウンタビリティ／公平性が重要論点

山本：AI事業者ガイドライン（第1.0版）については、金融庁総合政策局イノベーション推進室もオブザーバーとして関与されています。

　ところで、今申し上げた金融の世界の例として挙げられている事例

232

の中において言及されている透明性やアカウンタビリティ、公平性といった論点は、元々共通の指針自体がこれまで公表されていた各種ガイドラインをまとめたものであることはこれまでのお話の中にもありましたが、金融の世界でもこの辺りはきちんと注意しなければならないということはずっと議論されてきたところです。

　具体的には、たとえば 2019 年 10 月に英国の Bank of England と Financial Conduct Authority、要するに、英国の中央銀行と金融当局が共同で「Machine learning in UK financial services」というレポートを公表しています。こちらは 2022 年 10 月にも更新がなされています。このレポートでは、監督している傘下の英国の金融機関が AI を具体的にどういった業務に利用しているのかといった点についての事例や、AI 利用にあたってどういったことをリスクと考えていますかといった質問に対する回答がまとめられています。そしてこのレポートでは、説明可能性の欠如や、データおよびアルゴリズムの偏りといった点がリスクではないかという指摘がされています。また、日本でも、2019 年 9 月に、金融庁「100 社ヒアリング」や日本銀行金融機構局金融高度化センター「AI を活用した金融の高度化に関するワークショップ報告書」がそれぞれ公表されていますが、同様の指摘がなされています。いずれの調査も生成 AI が流行する前のものですので、生成 AI 特有のリスクについての指摘まではなされておりませんが、日本でも英国でも同様の指摘がなされている点は興味深いと思います。

　したがって、結局、金融分野においても、ほかの分野と一緒ということかもしれませんが、透明性やバイアスという話は、元々着目されていた論点ということがいえると思います。

　それ以外にも、金融当局の国際的な集まりである IOSCO（証券監督者国際機構）が 2021 年 9 月に公表した「The use of artificial intelligence and machine learning by market intermediaries and asset managers – Final Report」（人工知能及び機械学習を利用する市場仲介者及び資産運用会社向けのガイダンス）というレポートでも似た論点が指摘されています。

　このような状況下で、AI 事業者ガイドライン（第 1.0 版）が公表さ

れているという時系列となっているわけですが、AI事業者ガイドライン（第1.0版）の内容を具体的にみてみると、これまで金融分野のAIで議論されてきたリスクや対応策がよくまとまっていると思います。本体部分に指針があって、公平性の場合、こういうところに着目してくださいとか、透明性の場合はこういうところに着目してくださいといった事項が書いてあり、また開発者・提供者・利用者それぞれの視点で着目すべきポイントもまとめられていますので、とてもわかりやすく書かれていると思います。具体的な対応策については、別添で非常に細かく書いてありますので、もちろんAI事業者ガイドライン（第1.0版）を読み込んで使いこなす能力的なものは必要となるのかもしれませんが、金融機関で使っているAIのリスク管理の役にも立つと思います。

　また、金融の場合には、たとえば、銀行法、金融商品取引法、保険業法といった業法があります。先ほど福岡先生が仰ったように、AI事業者ガイドライン（第1.0版）には、プライバシーに気をつけましょうと書いてあるけれども、具体的に個人情報保護法上どういう点に注意しなければならないといったことまでは書かれていないことと同様に、AI事業者ガイドライン（第1.0版）を守ったから、銀行法を遵守できているとか、金融商品取引法を遵守できているという話ではありません。あくまでAIのリスク管理の文脈で使っていくのが金融分野における利用方法になるのではないかと思います。

⑵　企業側が意図していなくても結果として公平性に欠ける結果となることがあり得る

山本：公平性の話に関連して、金融の世界では先ほど申し上げたクレジットカードの事件が社会の関心を呼んだ事例として有名です[6]。ニューヨーク州の金融当局が調査も行い、インターネット上でその結果が公表されています[7]。

---

6)　森田岳人＝山本俊之＝渡邊道生穂「与信AIに法規制はなされるか―差別・公平性の観点から―」金法2187号（2022）26頁。

Ⅲ　AI事業者ガイドライン

　事件の概要としては、とある起業家が、SNSで、クレジットカードの与信審査において、性別による差別を助長するようなアルゴリズムを使っているのではないかといったことをつぶやいたのが元々のきっかけです。より具体的には、確定申告等を共同で行っている夫婦間のクレジットカード利用限度額について、夫が妻の20倍の限度額になったということで、これは不公平な女性差別であり、そもそもなぜこのような結果が出たのかもわからず、審査手法が「ブラックボックス」だというつぶやきをしたことが、各種メディアで取り上げられ、社会的関心を呼んだというものです。その後金融当局が調査した結果としては、違法な性別による差別の証拠は見当たらなかったが、顧客サービスや透明性の欠如といった指摘がなされています。事業者サイドは、ニューヨーク州の金融当局が納得できるような説明自体は行った模様です。ブラックボックスの話に関係しますが、本当に性別による差別があったかどうかを調べるにあたって約40万件のクレジットカードの申込データを分析したそうです。本気で調べようと思うと、この調査は金融当局が行っているのである種リソースはあったということなのかもしれませんが、それだけのデータ分析が必要であったということです。その結果、同様の信用力を有する男女間では、一般に、同様の限度額を提示していたことが判明した模様で、よくよく調べてみたら、つぶやきのような事案もあったけれど、平均的にみると別にそんなにおかしくなかったというのが調査結果のポイントとなっています。

　この事案では、AIの透明性や公平性について実際に調べようと思うと、ものすごく大変であるということが示されているかと思います。

　また、公平性との関係では、日本には**割賦販売法**というクレジットカード会社等を規制している法律があるのですが、実はそこでは公平性がすでにハードロー化しています。細かいところは捨象しますが、AIのような高度なモデルを使って、与信審査をしようとする認定包括信用購入あっせん業者に関し、「高度な技術的手法」の基準の1つ

7)　https://www.dfs.ny.gov/reports_and_publications/press_releases/pr202103231

235

第 4 章　AI 時代を生き抜く DX ガバナンス

として、「不当な差別、偏見その他の著しい不利益が生じるおそれ」
はないようにしてくださいという要件が定められています（割賦販売
法施行規則 62 条 1 項 2 号）。したがって、差別や公平性につき、日本
は AI 事業者ガイドライン（第 1.0 版）自体はハードロー化していない
わけですが、他方で、金融分野における業法の世界では、実は差別や
公平性がハードロー化している場合もあるわけです。

　先ほどの話の中で出ていた欧州 AI 法の中では、その上から 2 番目
のリスクであるハイリスク AI というところで、個人の信用力評価・
クレジットスコアリングが類型的にハイリスク AI とされています。
そういうシステムを作ろうとすると、厳しい規制がかかってしまうと
いうことがいえるのかなと思います。ただ、欧州 AI 法を読んでいる
限り、この辺の金融の特殊性については、この欧州 AI 法とは別に、
金融当局に一定程度委任するような形をとりたいということが前文に
書いてあるので、金融分野においてこの欧州 AI 法に基づいて、具体
的に EU の金融当局がどういった規制を出してくるかというのは現状
よくわからないと思います。日本の金融機関でも EU 域内に拠点が
あったりしますので、注視していくことが重要だと思います。

(3)　公平性や透明性等の実務が進展する効果が期待される
山本：過去、特に与信の分野では、それを AI というかどうかは別として、
　　　金融機関は長年審査モデルを使いこなしているという認識です。つま
　　　り、そのような数理的・統計的なモデルを金融業務において利用する
　　　こと自体が目新しいわけではありません。したがって、それを AI と
　　　呼ぶかどうかは別として、金融機関の中でも、いろいろなモデルを使
　　　い、各種の試行錯誤をしている事例・歴史があるわけですね。ですの
　　　で、金融機関はモデル利用について内部の管理体制だとか、一定の教
　　　訓も得ているはずです。他方で、AI 事業者ガイドライン（第 1.0 版）
　　　では、すでに述べたようにポイントごとにうまく、より具体的にまと
　　　められていると思いますので、頭の整理といいますか、具体的にこう
　　　いった点に着目すると分析とか AI のリスク管理がしやすいというこ
　　　とがいえるのだと思います。また、AI 事業者ガイドライン（第 1.0

236

Ⅲ　AI事業者ガイドライン

版）自体は金融分野に限らず全事業者共通のものですので、それを参照することで、ステークホルダーに対する説明がより容易となり、AIのリスク管理やガバナンス体制構築を進めやすい、といった点があるのかなと思っています。

(4)　ハードローでもみられる共同規制の事例

武井：ありがとうございます。ちなみに日本の割賦販売法で公平性がすでにハードロー化されているという点ですが、透明性の規律まですでに入っているのでしょうか。

山本：透明性とは書かれていないのですが、当然、モデルが差別をしてないことを当局に説明しなければいけないと思うので、そういう意味では透明性といえるかもしれないです。

福岡：その規制は、共同規制的な規制が入った例として挙げられています。高圧ガス保安法と割賦販売法がその時に共同規制的なものが入っています。

　　　従来であれば数字でこの範囲内でデフォルト率がなくてはいけないという指定があったのですが、事業者が自主的に決めたルールに従っていればそれをまた、先ほど山本先生が説明してくれた公平性などが高まるために書かれていて、デフォルト率がそんな変なことでなければ、自分たちのルールでやっていいですよと。きちんと報告してくださいねという、そういう共同規制的なものになった例としても挙げられています。その規制は、AI時代に対応したものだという説明を経済産業省側はしていたかと思います。

武井：なるほど、重要ですね。

④　データガバナンスの視点から

(1)　インプットするデータに関する指針

武井：次に河合先生からもコメント等をお願いします。

河合：AI事業者ガイドライン（第1.0版）は、本編が基本理念と取組指針を示し、別添（付属資料）が各指針を実現するにあたり参考となる実践の部分を示す、という構成をとっています。データガバナンスの実務

237

の観点からは、実践部分の記載が参考になると思っています。

　先ほどもお話がありましたけれども、「AI」と呼ぶかは別にしても、そのソフトウェアに入力するデータの内容次第で出力結果や学習内容が変わってきますので、入力するデータの入手経緯、つまり**データのトレーサビリティ確保**の重要性は高いと認識しております。別添（付属資料）103 頁には、トレーサビリティの向上手法の例として、データの来歴メカニズムの構築に関する記述がみられます。また、同 39 頁のコラム 2（「データ提供者による、AI 開発者に対する乖離評価の十分な情報提供」）には、AI システムやサービスは、公平性等に関わる品質に関して、その元となるデータに大いに依存しているため、データ提供者から十分な情報提供を受けることが前提となる旨を指摘した上で、データセットに関して提供を受ける情報の例として以下が挙げられています。

・データ収集ポリシー：データ収集に対する考え方等
・データの収集元：オリジナルデータの提供元・提供者、データ収集の範囲等
・データの収集方針：収集の対象・項目、収集の手法、収集した期間等
・データの収集基準：収集したデータの条件、クレンジングの方法、データの偏り等
・データのアノテーション付与基準：画像 / 音声 / テキスト等のアノテーションルール
・データの利用制約：他の権利に由来する制約等
・データの活用目的：特に個人情報を含むデータの場合、当該個人に提示された具体的な目的等

　こういった事実関係を確認できるデータを入手するのがよろしいですねということが示されていて、先ほどの武井先生が指摘された、自律的な仕組み作りというガバナンスの考え方に親和性のある部分だと考えています。

　また、他の事業者からデータを入手する場合に限らず、自社がデータ収集を行う場合にも、これらの項目を念頭に置くべきだろうと思い

ます。各項目の内容が具体的に公表されるべきかは別論ですが、説明責任、アカウンタビリティを果たすという意味ではこういったチェックポイントを念頭に置いてデータを収集するべきということが示されていますので、参考になります。なお、この点は個人情報保護法にも類似するコンセプトがありますね。本人の同意等に基づく第三者提供を行う際の確認・記録義務です。同意が得られているかや、どんな個人データを誰に提供したか・誰から受領したか等、トレーサビリティを確保するためのルールです。

(2) プライバシー・インパクト・アセスメント（PIA）における活用

河合：AI事業者ガイドライン（第1.0版）には、プライバシー影響評価に関する記述もみられます。いわゆる**プライバシー・インパクト・アセスメント（PIA）**ですね。

　　　いわゆる**データマッピング**は、データの内容や所在、流れといったファクトを整理すること。それに加えて、プライバシーについてのリスクを特定して、影響度合いを評価したり、発生可能性を判定した上で、対応の方向性を定めて対応計画を作ると。そこまでをワンセットとして、AI開発者におけるプライバシー保護の一手法として提示されています。

　　　ちなみに、AI事業者ガイドライン（第1.0版）の別添（付属資料）には、このPIA実施とは別に、品質マネジメントの実施も、「プライバシーに関するアセスメントの実施」という項目の中で並列的に記載されている（98頁）のですが、どのように捉えるべきでしょうか。表6「品質マネジメント実施項目の概要」（101頁）には、要保護データについて、準拠法への適合性や要配慮個人情報の特定を行うですとか、再利用成果物の決定といった記載があり、データのプライバシーに関するアセスメントとはまた違うものとも思われます。どういう区分で実施すべきでしょうか。

福岡：そうですね。あまり詳細な議論はなかったかなと思います。品質は品質で、元々産業技術総合研究所のほうで「**機械学習品質マネジメントガイドライン**」が作られていて、その中にも公平性とかいろんなこと

第 4 章　AI 時代を生き抜く DX ガバナンス

が書いてあるわけですね。だからそことの統合の話かなと思います。

松下：AI 提供者に求められる事前分析については、実務上、データ関連契約の保証条項等で、要求される事項と重なることが少なくない印象です。データ関連契約では、対象となるデータについて、その取得の経緯やデータ提供そのものが法令や第三者との契約に適合していることを求めることが一般的です。対象となるデータが転々流通するような場合には、データ受領者にとって、データの来歴を十分に把握出来ないこともあります。そのため、データの取扱いが適法であることが少なくとも契約上担保されることが、受領者にとって社内外の説明責任を果たすという観点からも重要になることがあると思います。このような観点も含め、AI 開発に用いられるデータについて、何らかの事後的な問題が生じないことそのものを品質と捉えているのではないでしょうか。

武井：PIA の射程も企業によっていろいろ違いがありますよね。個人情報保護法まで含めたコンプラまで含んでいる PIA をなされている例もあれば、適法性等は PIA とは別にみて、PIA においてはたとえば BtoC 型の対消費者を例にすると消費者側の人の受け取り方、フェアネスなどそういうコンプラとは違う考慮要素もあるというところをみている例とか。PIA の射程の独自性が企業さんによってあって、また集めているデータのタイプによっても違うということがあるのかもしれませんね。

松下：どちらかというと、リスクに着目するのが PIA で、一種のコンプライアンスに着目するのが品質の保証の話かなという気はしますね。

河合：なるほど。AI 事業者ガイドライン（第 1.0 版）の別添（付属資料）では、プライバシー対策の一環として PIA と品質マネジメントの実施が並立していたので、何か混乱してしまったのですが、各企業が取捨選択するための材料と考えれば、プライバシーを重点に置いた対策であるといった限定的な理解をする必要はないと認識しました。

Ⅳ　AI と権利保護（著作権との調整を例に）

[1]　文化審議会著作権分科会法制度小委員会「AI と著作権に関する考え方について」（2024 年 3 月）

武井：では次に「AI」という言葉を使うかどうかはありますが、AI が権利侵害を起こす起こさないについて、権利の中でも著作権との関係でいろいろな議論があり、一定の成果物が文化庁等から公表されています。濱野先生のほうから、概要についてご紹介いただけますでしょうか。

濱野：はい。今年 3 月に文化庁の文化審議会著作権分科会法制度小委員会から「**AI と著作権に関する考え方について**」が公表されました。先ほどお話ししたとおり、「AI」という言葉で説明することには無理があります。そこで、「生成 AI」という言葉で説明します。「生成 AI」は、いずれもその中心技術としてニューラルネットワーク（ディープラーニング）を用いておりますので、ニューラルネットワーク（ディープラーニング）の特徴であるパターン処理の特徴を持っています。生成 AI に関する権利侵害として、理論上は、いろいろなものがあり得るのですが、その中でも著作権侵害に対する関心が一番高いと思います。

(1)　全体構成（開発・学習段階の記載が中心）

濱野：「AI と著作権に関する考え方について」の構成は、「1. はじめに」が 2 ～3 頁、「2. 検討の前提として」、「3. 生成 AI の技術的な背景について」、「4. 関係者からの様々な懸念の声について」、「5. 各論点について」、というのがあって、最後に「6. おわりに」があります。

　　5 の「(1)開発・学習段階（17～31 頁）」と「(2)生成・利用段階（32～38 頁）」を比較していただくと明らかなとおり、(1)の開発・学習段階の分量が多く、約 15 頁あります。これに対して、(2)生成・利用段階は約 7 頁しかありません。このように、「AI と著作権に関する考え方

第4章　AI時代を生き抜くDXガバナンス

について」では、⑴開発・学習段階が中心になっているものと思われ
ます。

⑵　著作権の基本的考え方がしっかりと整理されている

濱野：「AIと著作権に関する考え方について」の位置づけについて、「生成
AIに関するものに限らず、著作権法の解釈は、行政規制のように行
政がその執行に当たって何らかの基準を示すといった性質のものでは
なく、本来、個別具体的な事案に応じた司法判断によるべきものであ
る。

しかしながら、生成AIと著作権の関係を直接的に取り扱った判例
及び裁判例は、この『AIと著作権に関する考え方について』……公
表の時点で未だ乏しいところ、上記のような生成AIと著作権の関係
に関する懸念を解消するためには、判例及び裁判例の蓄積をただ待つ
のみでなく、解釈に当たっての一定の考え方を示すことも有益である
と考えられる」（2〜3頁）、「本考え方は、上記のような生成AIと著作
権の関係に関する懸念の解消を求めるニーズに応えるため、生成AI
と著作権の関係に関する判例及び裁判例の蓄積がないという現状を踏
まえて、生成AIと著作権に関する考え方を整理し、周知すべく取り
まとめられたものである。本考え方は、関係する当事者が、生成AI
との関係における著作物等の利用に関する法的リスクを自ら把握し、
また、生成AIとの関係で著作権等の権利の実現を自ら図るうえで参
照されるべきものとして、本考え方の公表時点における本小委員会と
しての一定の考え方を示すものであることに留意する必要がある」（3
頁）と記載されています。

すなわち、生成AI・著作権の関係に関する懸念を解消するために
は、判例および裁判例の蓄積をただ待つのではなくて、解釈に当たっ
ての一定の考え方を示すことが有益であるということで、「AIと著作
権に関する考え方について」が作成されたということです。それか
ら、「本考え方の公表時点における本小委員会としての一定の考え方
を示すものであることに留意する必要がある」（3頁）ということで、
一定の考え方にすぎないとされています。

242

Ⅳ　AIと権利保護（著作権との調整を例に）

　　私が、「AIと著作権に関する考え方について」において、私が最も
重要であると感じているのは、著作権法の原則が記載されている箇所
です。著作権の議論を行う上では、当然のことながら、著作権につい
ての基本的な理解が重要です。「AIと著作権に関する考え方につい
て」には、著作権についてしっかりと知見を持っている方にとっては
当たり前のことであるものの、著作権の基本的な考え方・原則が記載
されている箇所があり、当該記載箇所が、「AIと著作権に関する考え
方について」の中で最も有益な記載であると感じています。

(3)　著作権に該当しないもの（表現・アイデア二分論）

濱野：たとえば、単なる事実やデータにとどまるもの（「思想又は感情を」の
要件を欠くもの）、誰が表現しても同じようなものとなるありふれた表
現（「創作的に」の要件を欠くもの）、表現に至らないアイデア（「表現し
たものであり」の要件を欠くもの）、実用品等の文芸、学術、美術また
は音楽の範囲に属さないもの（「文芸、学術、美術又は音楽の範囲に属す
るもの」の要件を欠くもの）は、著作物に該当せず、著作権法の保護対
象に含まれないこと、および、著作権法は、著作物に該当する創作的
表現を保護し、思想、学説、作風等のアイデアは保護しないこと（い
わゆる「表現・アイデア二分論」）が記載されています（5頁）。

　　単なる技術やデータにとどまるもの、誰が表現しても同じようにな
るありふれた表現、表現に至らないアイデア、実用品等の文芸、学
術、美術または音楽の範囲に属さないものは著作権に該当しないとい
うことが記載されています。

　　また、著作権法は、創作的表現を保護し、思想、学説、作風等のア
イデアは保護するわけではないことを明確にしています。

　　こういった、著作権法の基本的な理解に基づいて、生成AIと著作
権に関する検討等を行うことが重要であると思います。

(4)　享受概念（著作権法30条の4）

濱野：次に著作権法30条の4における重要な概念である「享受」について、
「『享受』とは、一般的には『精神的にすぐれたものや物質上の利益な

第 4 章　AI 時代を生き抜く DX ガバナンス

どを、受け入れ味わいたのしむこと』（新村出編（2017）広辞苑（第
七版）岩波書店 762 頁）を意味することとされており、ある行為が法
第 30 条の 4 に規定する『著作物に表現された思想又は感情』の『享
受』を目的とする行為に該当するか否かは、同条の立法趣旨及び『享
受』の一般的な語義を踏まえ、著作物等の視聴等を通じて、視聴者等
の知的・精神的欲求を満たすという効用を得ることに向けられた行為
であるか否かという観点から判断されることとなるものと考えられ
る」と記載されています（10 頁）。

　特に著作権法 30 条の 4 は、原則として、非享受目的であれば著作
権が制限される旨を規定しているため、「享受」の意味が重要となり
ます。

(5)　作風や画風などのアイデア等の類似にとどまる場合

濱野：作風や画風については、「作風や画風といったアイデア等が類似する
にとどまり、既存の著作物との類似性が認められない生成物は、これ
を生成・利用したとしても、既存の著作物との関係で著作権侵害とは
ならない」と記載されています（23 頁）。これも著作権法の基本的な
考え方からすれば、当然のことです。人間が、ほかの人が描いた絵を
みて、その絵をイメージしながら、自分なりに絵を書いた際に、全体
の雰囲気が似ているものの、類似性までは認められないということは
以前からあり、その場合に著作権侵害に該当しないことについて異論
はありませんでした。そのため、生成 AI についても同様の結論にな
るはずですが、「生成 AI」の場合には別の考え方になるといった誤解
も多いものと思われます。人間が行っても著作権侵害にならない行為
が、人間がコンピュータ処理によって行われたら著作権侵害になると
いう理屈は、著作権法の考え方からは導かれないと思われます。さま
ざまな誤解がある中で、「AI と著作権に関する考え方について」に
よって、この点が明確にされたことは非常によいことであると思って
おります。

Ⅳ　AIと権利保護（著作権との調整を例に）

(6)　著作物性

濱野：人間が自ら創った部分と、生成 AI の出力の部分の著作物性（著作権が発生しているか）について、「人間による、ある作品の創作に際して、その一部分に AI 生成物を用いた場合、以下で検討する AI 生成物の著作物性が問題となるのは、当該 AI 生成物が用いられた一部分についてであり、仮に当該一部分について著作物性が否定されたとしても、当該作品中の他の部分、すなわち人間が創作した部分についてまで著作物性が否定されるものではない」（39 頁）ということが明記されています。

　これも、人間が自ら創った部分については著作権が発生し得るという著作権法における基本的な考え方についての記載ですが、さまざまな誤解がある中で、「AI と著作権に関する考え方について」によって、この点が明確にされたことは非常によいことであると思っております。

(7)　著作権法 30 条の 4 をめぐる論点（開発・学習段階）

濱野：次に、開発・学習段階についてお話しします。著作権法 30 条の 4 の本文には「著作物は、次に掲げる場合その他の当該著作物に表現された思想又は感情を自ら享受し又は他人に享受させることを目的としない場合には、その必要と認められる限度において、いずれの方法によるかを問わず、利用することができる」と規定されています。

　開発・学習段階における行為と著作権法 30 条の 4 との関係については、「AI と著作権に関する考え方について」よりも前に、文化庁著作権課「デジタル化・ネットワーク化の進展に対応した柔軟な権利制限規定に関する基本的な考え方（著作権法第 30 条の 4、第 47 条の 4 及び第 47 条の 5 関係）」（2019 年 10 月 24 日）10 頁において、「通常は、人工知能が学習用データを学習する行為は、『情報解析』すなわち、『…大量の情報から、当該情報を構成する…要素に係る情報を抽出し、…解析を行うこと』に当たると考えられることから、いずれの行為も第 2 号に当たるものと考えられる」と記載されています[8]。

　この「第 2 号」は、著作権法 30 条の 4 の本文に記載された「非享

245

受利用」の例示にあたります。このように、文化庁が、2019 年にお
いて、開発・学習段階の議論は、原則として、30 条の 4 に該当する
旨を明記しています。そして、「AI と著作権に関する考え方につい
て」は、例外的な場合として、どのような場合があるかについて、踏
み込んだ議論を行っているといえます。

　このように、「AI と著作権に関する考え方について」が、著作権法
の原則や、条文の文言からは、必ずしも明確ではない踏み込んだ議論
を行っている点は、生成 AI が急速に進展している現在において、先
を見据えた議論を検討するという観点から評価されるべきものである
と思います。ただ、その一方で、「AI と著作権に関する考え方につい
て」は、「本考え方の公表時点における本小委員会としての一定の考
え方を示すものであることに留意する必要がある」（3 頁）ことを忘れ
てはいけないと思います。

(8)　依拠性について（生成・利用段階）

濱野：次に生成・利用段階についてです。生成・利用段階については、依拠
性について一定の考え方が示されています。

　「AI と著作権に関する考え方について」において、3 つの場合に分
けて、依拠性が認められるか否かについて整理されています。

　まず、「① AI 利用者が既存の著作物を認識していたと認められる場
合」について、「生成 AI を利用した場合であっても、AI 利用者が既
存の著作物（その表現内容）を認識しており、生成 AI を利用して当
該著作物の創作的表現を有するものを生成させた場合は、依拠性が認
められ、AI 利用者による著作権侵害が成立すると考えられる」と記
載されています（33 頁）。

　次に、「② AI 利用者が既存の著作物を認識していなかったが、AI
学習用データに当該著作物が含まれる場合」について、「AI 利用者が
既存の著作物（その表現内容）を認識していなかったが、当該生成
AI の開発・学習段階で当該著作物を学習していた場合については、

---

8)　https://www.bunka.go.jp/seisaku/chosakuken/hokaisei/h30_hokaisei/pdf/r1406693_17.pdf

Ⅳ　AI と権利保護（著作権との調整を例に）

客観的に当該著作物へのアクセスがあったと認められることから、当
該生成 AI を利用し、当該著作物に類似した生成物が生成された場合
は、通常、依拠性があったと推認され、AI 利用者による著作権侵害
になりうると考えられる」と記載されています（34 頁）。

　最後に、「③ AI 利用者が既存の著作物を認識しておらず、かつ、AI
学習用データに当該著作物が含まれない場合」について、「AI 利用者
が既存の著作物（その表現内容）を認識しておらず、かつ、当該生成
AI の開発・学習段階で、当該著作物を学習していなかった場合は、
当該生成 AI を利用し、当該著作物に類似した生成物が生成されたと
しても、これは偶然の一致に過ぎないものとして、依拠性は認められ
ず、著作権侵害は成立しないと考えられる」と記載されています（34
〜35 頁）。

　このように、「AI と著作権に関する考え方について」において、①
〜③の 3 つの場合に分けて、依拠性が認められるか否かについて整理
されています。

(9)　先端的な分野だからこそコンピュータ処理の基本に立ち返った整理
を行う

濱野：最後に「AI と著作権に関する考え方について」のまとめをさせてい
ただきます。「AI と著作権に関する考え方について」には、著作権の
基本的な考え方が整理されている箇所があり、これらの点が、最も有
益な記載であると思います。また、裁判例が乏しい中で、解釈の定
まっていない先端的な論点について、積極的な検討を行った点は評価
され得る点であると思います。その一方で、解釈の定まっていない先
端的な論点については、明確な結論を示すことまではできておらず、
検討の難しさを浮き彫りにしている面もあると思います。私からは以
上です。

武井：エッセンスをわかりやすくありがとうございました。元々が本質的に
きわめて難しい論点であるところ、著作権法が元々享受であったり、
依拠は判例法ですけど、そういう 1 個 1 個ブレイクダウンしてその概
念整理に至るわけですけれども、そこから先のところは実際の事案を

247

第 4 章　AI 時代を生き抜く DX ガバナンス

踏まえて走りながら考えていくしかないと。AI の領域以外でも法律
ではこの手の指針的なものを示す場面では致し方なくてよくみられる
ことなのだと思いますが、AI 分野ではなおのこと技術の進展がすさ
まじいので、現時点ではこういう整理になっているということなので
しょうね。

濱野：そういった面があると思います。また、「AI と著作権に関する考え方
について」が目的としている生成 AI について予見可能性を高める工
夫として、技術に基づいた具体例により整理する方法があると思いま
す。たとえば、先ほどお話したように、生成 AI を使うといっても、
結局のところ、コンピュータ処理ですので、コンピュータに行わせて
いる処理を 1 個ずつ追っていけばよいといえます。

　　そのため、生成 AI を検討する際の考え方・発想としては、「生成
AI」と呼ばれるものはすべてコンピュータ処理であるため、従来から
行われてきた「ソフトウェア」や「システム」と呼ばれていたものと
同様に、1 つずつの処理を順番に検討することが一番有益なのだと改
めて思います。

　　また、生成 AI はパターン処理を行うものですが、ルールベースの
プログラムと連携したサービスも、次々に出てきています。そのた
め、生成 AI のみならず、生成 AI を含む「ソフトウェア」や「システ
ム」として、各コンピュータ処理を具体的にみていくことが重要であ
ると思います。

　　さらに、生成 AI においては、データが重要な役割を果たしますの
で、データの種類、データ処理の内容等を 1 つずつ追っていくことも
重要です。

武井：ありがとうございます。1 つご質問ですが、アメリカではフェアユー
スの実体法とクラスアクションを通じた和解とで著作権処理について
の集団的権利処理が行われているという特徴がありますね。フェア
ユースの関連で、アメリカにはフェアユースがあって日本にはないわ
けですけど、ヨーロッパにもフェアユースはないということでよかっ
たですか。

濱野：ヨーロッパにはフェアユースは無く、ヨーロッパには、日本の著作権

248

法30条の4のように広く著作権を制限する規定はありません。特に、ヨーロッパでは、商業利用については、著作権が制限されず、著作権侵害に該当することが多いです。一方、日本の著作権法は、デジタルについて広い範囲の権利制限規定があり、商業利用であっても著作権が制限されています。この点について、上野達弘早稲田大学教授は、「日本は"機械学習パラダイス"」とご指摘されています[9]。

武井：ありがとうございます。ヨーロッパでは、先ほどの欧州AI法を含めていろんなハードローがある中で、著作権の観点からも厳しい規律を受けるというのが現状ですかね。

⑽　AIの健全な利活用に向けて

山本：1点コメントなのですが、この「AIと著作権に関する考え方について」は、さきほど濱野先生からご説明があったとおり、開発・学習段階のところの議論が結構多くて、生成利用段階の箇所は分量が少ないと。たとえば金融機関だと、もちろん内部でAIを開発することもあるのでしょうけれども、AI事業者ガイドライン（第1.0版）でいうと、どちらかといえば提供者や利用者のほうの比重が多いのではないかといわれています。今私が関与しておりますFDUA（一般社団法人金融データ活用推進協会）で2024年8月に策定した「**金融機関における生成AIの開発・利用に関するガイドライン（第1.0版）**」でも開発・学習よりは、生成・利用に注目されています。

　　そういった生成・利用の文脈で、たとえば生成AIを使った人は、既存の著作物を認識していなかったけれども、AIの学習データに当該著作物が入っていた場合には、「AIと著作権に関する考え方について」では依拠性が推認されるということだと思うのですけれど、何かそこをうまく技術的措置を入れて説明できれば、依拠性がないと判断される場合がある、といった説明がなされていると理解しておりま

---

9)　著作権法30条の4は、「いずれの方法によるかを問わず、利用することができる」と規定しているため、営利目的で利用することができる。情報解析等について著作権が制限され、他者の著作物を利用することができる旨の規定は、世界的には稀である（上野達弘「情報解析と著作権——『機械学習パラダイス』としての日本」人工知能36巻6号（2021）745頁）。

第4章　AI時代を生き抜くDXガバナンス

す。この、技術的措置についてはどのように考えればよいのでしょうか。

濱野：「**技術的措置**」という文言は条文に規定されていない文言であるため、法的にどのような効果を有するかの判断は、現時点では容易ではないと思います。

　　　また、仮に立法するとしても、「技術的措置」を定義することには難しい面があると思います。たとえば、生成AIの出力において、著作権を侵害するものが含まれないようにするための「技術的措置」といった場合に、著作権を侵害しない可能性が、どの程度担保されていればよいのかの判断が容易ではないと思います。また、技術は日々進歩していきますし、特に、生成AIに関する技術は急速に進展しています。そのため、「技術的措置」を定義することを容易ではない面があると思います。

山本：ありがとうございます。

武井：技術的措置の話は、著作権法の世界では新しい事項でも、現場におけるリスク対応等の現実的な観点から言及すべき点だと思いますね。ほかの方からも何かあればお願いします。

福岡：ソフトローの観点でいうと、これはAI事業者ガイドライン（第1.0版）も同じなのですが、「AIと著作権に関する考え方について」は、法律の解釈を文化審議会著作権分科会法制度小委員会が解釈しているというものであって、その表紙や前文に、「これはあくまでも考え方を示したもので、裁判所があとで決めるものです」という趣旨のことが書かれています。これはあくまで解釈を示したものであり、最終的なものは裁判所が決めるのですということが前提として明記されています。ソフトロー的なものであることを前提に考えるべきだと思います。

松下：感想めいたところですけれども、濱野先生が仰ったとおり、表現とアイデアの峻別をかなり強調している点などは、おそらく著作権に詳しくない方を対象にして考えたときに、よいと思います。他方で、開発段階の法適用に関する部分に顕著ですが、踏み込んだ記載が少なからずある印象です。いろいろと技術進展等も速い分野なので難しいとこ

250

Ⅳ　AIと権利保護（著作権との調整を例に）

ろがあることは承知しつつも、空中戦ではなく、実態に即した丁寧な議論が必要なのではないかとは思っています。

2　内閣府 AI 時代の知的財産権検討会「中間とりまとめ」（2024 年 5 月）

武井：なおその後の 2024 年 5 月に内閣府の知的財産戦略本部の **AI 時代の知的財産権検討会**（AI 知財検討会）から「**中間とりまとめ**」[10] が公表されています。

(1)　著作権法に限らず、意匠法・商標法・不正競争防止法等についても検討

武井：**AI 知財検討会**の中間とりまとめでは、AI 技術の進歩の促進とクリエイターの権利保護等の観点に留意するため、生成 AI が文章、画像、動画等を取り込むことでマルチモーダル化するに至っている現状を踏まえ、著作権法にとどまらず、意匠法や商標法、不正競争防止法などについても整理がなされています。

(2)　「法」「技術」「契約」の相互補完的な連携による取組みの重要性

武井：必要な方策を検討するために、「法」の観点からの検討だけでなく「技術」の観点からの検討、「契約」の観点からの検討についても行われています。知的財産権の適切な保護を含め AI 利活用によるリスクを受容可能なレベルにすることと AI 利活用から持たされるプラスの社会的影響・便益の最大化を図るためには、これら三者が現実には相互補完的な関係にあるからです。

　中間とりまとめ 44 頁以降に「契約による対応（対価還元）」について整理されており、「知的財産権上のリスクに対する必要な方策としては、技術による対応等と合わせて、生成 AI の利活用に係る対価がクリエイター等に還元され、新たな創作活動の動機付けとなるような方策を検討する必要がある」と明記されています。①特定の用途に沿ったファインチューニング済みモデルの作成のため、データを保有

---

10)　https://www.kantei.go.jp/jp/singi/titeki2/chitekizaisan2024/0528_ai.pdf

251

第 4 章　AI 時代を生き抜く DX ガバナンス

する権利者が学習用データを整備し、それを有償で提供する方策、②クリエイター自身が学習済みモデルを作成したり、自ら開発した生成 AI を販売したりして収益を上げる手法、③クリエイター自身がその創作活動において生成 AI を活用する方策などについて言及されています。その上で、契約による対価還元を担保する方策として、許諾が必要な範囲の明確化などの法的ルールによる担保、**自動収集プログラム（クローラ）**による収集拒絶技術や学習データの追跡・特定などの技術による担保が言及されています。

　次に話題となっている個別論点についての検討として、たとえば、必ずしも知的財産権法での保護には限界がある労力や作風について生成 AI によって**フリーライド**が起きるという懸念があると。この点について「労力をかけて制作した作品について、当該労力それ自体が知的財産権法の保護の対象として評価し得るか否かに関わらず、AI 開発者や AI 提供者とクリエイター等との間で、追加的な学習のための学習データ提供契約を締結し、投下した労力に相当する対価を得られるようにしたり、作風を AI に学習されたくない場合には『robots.txt』の記載による収集制限や ID・パスワード等によるアクセス制限を行うことなどが考えられるところである」（中間とりまとめ 54 頁）と述べられています。ID・パスワード等の回避は不正アクセス禁止法違反となります。

　本人類似の音声を生成できる AI も出てきているところ、「声」の保護について、肖像権・パブリシティ権、不正競争防止法、詐欺罪、偽計業務妨害罪、名誉毀損等について言及されています。

　ディープフェイク、すなわち AI で生成・操作された画像、音声、映像コンテンツであって、実在の人物、物体、場所等の存在物や事象に類似させたり、ある人物が本物または真実であるかのように偽ってウェブサイト等で表示されるものですが、たとえば肖像権・パブリシティ権の観点から「社会通念上受忍すべき限度を超えて肖像等を使用した」不法行為責任に関する知財高裁の裁判例を踏まえた検討等がなされています。

V　データガバナンスおよびプライバシーガバナンス

(3)　AI ガバナンスにおける各主体ごとの取組み

武井：その上で、中間とりまとめ 69 頁以降に AI ガバナンスの適切な構築に向けた各主体の役割・取組みの在り方について言及されています。中間とりまとめ 72 頁以降には、各主体に期待される取組事項例が AI 開発者、AI 提供者、AI 利用者（業務利用者）、権利者、一般利用者（業務外利用者）に分けて整理されており、実務的にもわかりやすい内容になっていると思います。

中間とりまとめ 81 頁以降には、AI 技術の進展を踏まえた発明の在り方についても言及されています。現時点では発明の支援ツールとして AI が活用されているにとどまり AI が人間の関与を離れて自律的に発明を行うまでには至っていないものの、今後も AI 技術が発展することを踏まえ、発明保護の観点から発明創作過程における AI の利活用の法的評価が整理されています。

V　データガバナンスおよびプライバシーガバナンス

武井：では河合先生、お待たせしました。データガバナンス最前線ということでお話をお願いします。AI の前からある話ではあるんですけれども、DX ガバナンスの分野の中で、データガバナンス、プライバシーガバナンスが従前から重要な論点となっています。プライバシーバイデザイン等の概念もあって、データガバナンスに関していろいろな取組みがなされています。では河合先生からお願いします。

河合：データの中でも個人情報については、プライバシーガバナンス、プライバシーバイデザインの考え方に基づいて、お預かりする個人データを活用する前提としてプライバシー保護を行うデザインや企業体制が整備されていなければ当該サービス自体が社会から受け入れられないという認識が浸透しつつあります。ビジネスとのトレードオフにしない関係の構築ですね。

第 4 章　AI 時代を生き抜く DX ガバナンス

(1)　プライバシーガバナンスガイドブック　ver 1.3（総務省＝経済産業省）

河合：以下、データガバナンスに関連した近時の公的なガイドブックや検討会、実例集等についてご説明した上で、実務対応における企業の悩みや課題も少しご紹介したいと思います。

　　　1つ目は、先ほどの AI 事業者ガイドライン（第 1.0 版）にも何回も登場しますが、総務省と経済産業省が 2023 年 4 月に公表した「**DX 時代における企業のプライバシーガバナンスガイドブック ver 1.3**」があります。

　　　プライバシーに関する取組みを、単に企業にとってのコンプライアンスや遵守と受けとめるのではなく、重要な経営戦略の一環として前向きに捉え、社会的な信頼を得て企業価値の向上へつなげる。その点の重要性を強く謳っているガイドブックです。

　　　私は、データやプライバシーの保護は、ビジネスの足かせではなく、むしろビジネスに優位性を与える存在であるべきと考えていますので、本ガイドブックの「プライバシー保護とデータ利活用を単に二項対立として捉えるのではなく、プライバシーに配慮しながらデータ利活用のメリットを最大化していくという視点で捉えることが求められる」（20 頁）との指摘はそのとおりだと思います。

　　　この**図表 4-5** では、企業におけるプライバシーガバナンスの構造のイメージがわかりやすく示されています。

　　　また、15 頁には「コンプライ・アンド・エクスプレイン型への組織的な転換が求められている」との明確な指摘があり、先ほどもお話のあったソフトローや企業の自立的な取組みといった点とシンクロしている部分です。

(2)　経営者が取り組むべき 3 要件

河合：先ほどの**図表 4-5** のとおり、企業を 2 つの大きなレイヤーに分けた場合、上半分が経営陣ですね。本ガイドブックには、経営陣がまず取り組むべき 3 要件が挙げられています。①プライバシーガバナンスに係る姿勢を明文化すること、②プライバシー保護責任者を指名するこ

254

Ⅴ　データガバナンスおよびプライバシーガバナンス

［図表 4-5］　プライバシーガバナンスの構造

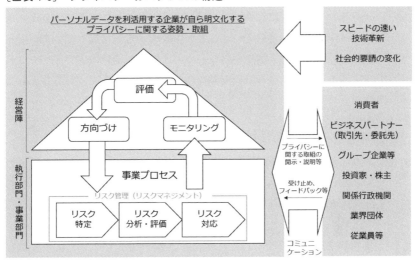

出所：「DX 時代における企業のプライバシーガバナンスガイドブック　ver 1.3」図表 4「プライバシーガバナンスのフレームワーク（イメージ）」

と、③プライバシーへの取組みに対するリソースの投入、という 3 つの要件です。宣言やステートメントを策定し、責任者を置き、実現のために経営資源を投入するということです。

(3)　事業面・運用面での態勢整備

河合：本ガイドブックは、プライバシーガバナンスの重要項目として、①体制構築、②運用ルールの策定と周知、③企業内のプライバシーに係る文化の醸成、④消費者や他のステークホルダーとのコミュニケーションを挙げています。このうち、体制構築として考えられるのは、チーフプライバシーオフィサーの指名や、プライバシー保護組織の設置、アドバイザリーボードや外部有識者会議の設置等です。また、事業部門との連携のあり方もポイントになってきます。このあたりは多くの企業において、ビジネスの規模や内容、扱う情報等に応じて対応を進めておられますが、悩ましい部分や社内リソースに限界がある部分は、私共も継続的にサポートさせていただいています。

255

第 4 章　AI 時代を生き抜く DX ガバナンス

　　本ガイドブックは、これらの重要項目を中心として対応した上で、
経営陣のレイヤーにおいては方向づけ➡モニタリング➡評価を繰り返
して循環させ、改善していくことが重要であると指摘しています。

　　こうした整理は、プライバシーガバナンスを会社の中でどうやるべ
きなのかというところで、有益な示唆をいろいろ含んでいると思いま
す。

(4)　PIA（プライバシー・インパクト・アセスメント）

河合：本ガイドブックでは、プライバシーリスク対応の考え方の 1 つとし
　　て、PIA（PRIVACY IMPACT ASSESSMENT）、すなわちプライバシー影響
　　評価にも言及があります。

　　　PIA は、前述のとおり、AI 事業者ガイドライン（第 1.0 版）でも言
　　及されているものですし、直近では 2024 年 6 月から 7 月にかけて意
　　見募集手続きが行われた個人情報保護法見直しの中間整理でも言及さ
　　れていますが、直ちに民間事業者すべてが法的に義務づけられるとい
　　うほどの状況にはないと考えています。とはいえ、PIA を実施するこ
　　とはリスク管理の一貫として有益ですし、製品やサービスの質を向上
　　させる材料にもなりますから、実施する企業は増えていると認識して
　　います。

　　　PIA を始める場合は、個人情報保護委員会が 2021 年 6 月に公表し
　　ている「PIA の取組の促進について―PIA の意義と実施手順に沿った
　　留意点―」が、出発地点として参考になります。PIA は、その名称の
　　とおり、法令遵守の評価だけではなく、データ主体（消費者等）の懸
　　念や不安に関する評価も想定するものですので、各企業の業種ごとに
　　評価の根拠が異なってきますね。所轄官庁の指針や業界自主ルールも
　　踏まえた評価が必要ということです。なお、PIA は、外国のデータ保
　　護法制を遵守するためのアセスメント作業とあわせて全社的に行って
　　しまうケースもあり、そのような場合は適用される外国法も踏まえた
　　項目や観点で実施されることもあります。

V　データガバナンスおよびプライバシーガバナンス

(5)　個人データの取扱責任者・責任部署に関する事例集（個人情報保護委員会）

河合：個人情報保護委員会事務局から、2023年11月に、「**個人データの取扱いに関する責任者・責任部署の設置に関する事例集**」が公表されています。

　　　先ほど概要をご説明したプライバシーガバナンスガイドブックでも、プライバシー保護責任者を指名すべきとの指摘がなされているところですが、本事例集では、個人情報保護法の定める安全管理措置の一環として設置される責任者と、それを支える責任部署について、業務内容、育成方法、人事評価制度および設置による効果等を、事例集の形で紹介しているものです。

　　　責任者と責任部署の業務内容は多岐にわたります。企業によって違いますが、この事例集からは、責任者や責任部署がさまざまな役割を果たしていることがよくおわかりいただけると思います。事業部門からの相談対応や助言といった、アドバイザーのような業務もあれば、データ保護・プライバシー保護の観点からの評価やマッピングを行う業務にもあたる。データ保護やプライバシー関連の基準・マニュアルの策定といった、社内でのルールメイキングの部分を担当する立場にもありますし、外部の専門家や経営層との調整や意見交換等、窓口的な役割も担う。かつ社内周知や教育まで行うとなると結構やることがいろいろあります。

　　　それぞれの役割を全部果たそうとするとやや利益相反が生じ得ることもありますので、部署の的配置や人的リソースの割き方は留意が必要というのが実感でございます。

　　　事例集ですので、すべての企業にそのまま当てはまる組織体制ではないとは思います。ただ、データやプライバシーに関する一元的な部署が存在することは、平時の事業運営だけでなくインシデント発生時に適切で迅速な対応を行うという点でも、非常に重要だと考えています。

257

第 4 章　AI 時代を生き抜く DX ガバナンス

(6)　データマッピング・ツールキット

河合：2022 年 10 月、個人情報保護委員会事務局から、「**データマッピン
グ・ツールキット（個人情報保護法関係）**」が公表されています。
GDPR の初期対応のタイミングでデータマッピングを実施した企業等
であれば、当時のシートを踏襲・調整してデータマッピングを継続す
るケースも多いですが、それ以外のケースで社内のデータの取扱状況
等を可視化する際には、このツールキットは実務上有益で、参照され
ています。

　　データマッピングは、安全管理措置を適切に講じるという守りの側
面だけでなく、自社が保有しているデータをうまく社内で可視化して
利活用を促進する攻めの側面でも機能を発揮することになります。

　　また、要配慮情報や生体関連情報を取り扱う場合や、取得した個人
情報から本人の行動・関心等の分析を行う場合（いわゆるプロファイ
リング）、大量のデータを取り扱う場合、他の事業者へのデータ提供
を行う場合等には、データマッピングにとどまらず PIA も行うこと
が効果的だと思います。

(7)　デュープロセス的発想からの多角的視点の重要性

武井：ありがとうございました。法令遵守とプライバシー保護については難
しい論点が現場でいろいろありますね。顧客がどう感じるのか、顧客
との信頼関係に照らして考えると、法令遵守からの白黒の世界でなく
線引きが不明確となる、一種の感覚的議論にもなってしまいます。こ
れは同時に、法的線引きがプリンシプル化していることともリンクし
ます。多角的視点の議論をしながらどうすれば前に進めるのかの視点
が求められますね。

　　PIA その他の現場での各種取組みは多角的な視点をインプットする
など、まさに先ほどのデュープロセスの実践だといえると思います。
データを幅広く使って事業をいろいろと前に進めたい事業現場に対し
て、PIA などにおいて、多角的な視点、多様な視点、社会目線などを
インプットすることで、真の意味でイノベーティブに、取組みを前に
進めることができるのだと思います。

258

V　データガバナンスおよびプライバシーガバナンス

　　その上で、河合先生の方から、実務的なご苦労とかをいくつかご紹
　介いただけますでしょうか。

⑻　人的資源確保の問題——利益相反も踏まえると「1人で何役も」に
　は限界がある
河合：私が実務対応の支援をしていて、課題や悩みとして現場で認識される
　　ところとして、まず人的リソースの問題があります。
　　　たとえば、ある事業の詳細を理解して日常的にビジネス部門と協働
　　している法務担当の方が、データプライバシーの部署も兼務されてい
　　て、第三者的なリスク評価の立場を兼ねるケースなど、なかなか1人
　　の方が2つの役割を担うというところの難しさがあるかと思います。
　　　とりわけ、AIに限らず専門性の高いビジネスであるほど、外部の
　　人材を登用して適切なリスク評価をしてもらうというのはあまり期待
　　できない、あるいは時間を要するという事情がありますね。どうして
　　も社内の方のほうが適性があるのだけれども、社員数には限りがあっ
　　て兼務せざるを得ないのだとすると、利益相反的なところを完全に拭
　　えないのではないかという課題があります。

⑼　社内の具体的役割分担に難しい点がある
河合：また、どの部門が何をするか、どこまで誰がやるかという役割分担の
　　問題です。この点は多くの企業が、大なり小なり頭を抱えていらっ
　　しゃるのではないかと思います。
　　　たとえば、欧州のデータ法であれば、製品やサービスの開発設計の
　　段階から、この法律を踏まえた対応が必要になってくる場合がありま
　　す。それにもかかわらず、製品開発部門と法務コンプライアンス部門
　　の情報の連携が適切になされなければ、この法律の遵守のための対応
　　が遅れてしまい、製品の販売タイミングも遅らせなければならない、
　　あるいは市場展開を一旦見合わせる、といった事態もあり得るところ
　　です。どこが音頭を取ってどこが何をするのかということについて、
　　多くの企業が結構悩んでいらっしゃると感じています。これはまさ
　　に、続々と新しい法令やルールが定められている状況で、その会社の

第4章　AI時代を生き抜くDXガバナンス

ガバナンス体制、組織のあり方がまだ対応しきれない面があるという
課題であると思います。

(10)　社内理解の浸透には課題がある

河合：　さらに、データやプライバシーの保護の重要性について、従業員の
認識を高めたり社内理解を得るという点です。良いルールや仕組みを
定めても、それを実際に機能させることができるのはそれぞれの役職
員の行動があってこそです。どのように理解を醸成していくのかにつ
いて、本質的なところではあるのですけれども、現場では悩みが多い
と感じております。

　　　当局の執行リスクがありますとか課徴金が大きいですとか、ネガ
ティブなことを並べても、あまり響かない。データやプライバシーの
ほかにも企業として対応すべき事項は非常に多いですので。ではどう
するべきかというと、先ほどのプライバシーガバナンスガイドブック
にもありましたけれども、単に企業にとってのコンプライアンスや遵
守と受けとめるのではなく、重要な経営戦略の一環であると認識して
いただく。データやプライバシーを保護することで社会的な信頼を得
て、当社のサービス、製品を選んでもらえるという、企業価値の向上
に繋がるプラスの面。ここをまず役員に理解していただければ、響い
て動いてくださって、適切なリソース・資金も投入され、並行して社
員の意識や理解が促進されていく。割とそこは突破口になっているの
かなという認識があります。法務部門やコンプライアンス部門だけで
は社内理解の浸透が進まないのであれば、まず役員を巻き込んでトッ
プダウンでやってもらうのが早いかもしれません。説明の内容とアプ
ローチの仕方について、それぞれの企業文化等も踏まえた工夫が必要
という認識ですね。

(11)　データマッピングとPIAは着実に進みつつある

武井：ありがとうございます。ちなみにデータマッピングとかPIAは、日
本の上場会社では相当進んでいるという感じでしょうか。

河合：そうですね。データマッピングは相当進んでいると思います。それは

260

　　　　　　　　　　　　　　Ⅴ　データガバナンスおよびプライバシーガバナンス

　　　GDPR対応のタイミングで開始された企業もありますし、そうでない
　　　場合でも、結構浸透していると思います。
武井：そこの可視化まではできていると。その先がということでしょうか。
　　　ちなみにPIAについてはどんな感じでしょうか。
河合：マッピングをすると、自ずと、ここはもう少し詰めて確認したほうが
　　　よい、あるいは改善を検討すべきという部分がみえてきますので、特
　　　定のデータフローや取扱いに絞って、影響を自主的に評価して対策を
　　　講じるというのは、なされているように思います。日本法上は必ず求
　　　められているものではないのですが、欧州や他の国、たとえばベトナ
　　　ム、インドネシア、サウジアラビアなどさまざまな法域でPIAやそ
　　　れに類似する評価手続が求められますので、こうした海外法の要請に
　　　応じてやってらっしゃるというのがあります。
武井：結構上場会社とかで特にBtoCの事業とかでは元から進んでいました
　　　よね。
河合：はい、そうですね。

　　⑿　サイロ化させない人事ローテーション（リスキリング）
武井：ただ、その先の人的リソースが足らないというところでしょうか。
河合：そうですね、リソースが足りないですし、そこで洗い出したリスクへ
　　　の具体的対策を実行する際に、皆さん苦労されていらっしゃると思い
　　　ます。データガバナンス・プライバシーガバナンスに関与する人材の
　　　育成は急務だと認識しています。
武井：ヒトの点は多くの企業で課題となっていますが、キーワードは人事
　　　ローテーションと**リスキリング**なのでしょうね。DXにしろAIにし
　　　ろ、現場で意味のある実装が進んでいる企業で多くみられるのは、現
　　　場とDX/AI担当者との間をサイロ化させないで循環する回転ドアに
　　　することですね。現場のほうもAI実装が価値を発揮するための入力
　　　等の各種工夫を行ったり現場の視点からAIの活用可能性を理解する
　　　など、取り組むべきコトは多いですね。これは一種のリスキリングと
　　　もいえます。

第4章　AI時代を生き抜くDXガバナンス

⒀　コストセンターと考えない人的資本改革の実践

武井：社会課題と企業価値向上の同期化というサステナビリティ・トランス
フォーメーション（SX）が提唱されている中で、こういうことに取り
組んでいること自体が守りではなく攻めなのだと。その点で経営陣の
巻き込みと腹落ちがキモなのでしょうね。経営陣のコミットメントが
ないとヒトモノカネも割かれない。

　あとヒトの点でいうと、人を費用でなく投資・資本としてとらえる
という人的資本改革がまだ途上なのか、この手のインフラを担ってい
るところにまだまだヒトモノカネのリソースが割かれていない。今の
プライバシーガバナンスの点も企業活動におけるインフラの投資です
からね。間接部門についてコストセンターと呼ばれること自体がなく
なっていくべきなのでしょう。

松下：そうですね。人的資本の関係でいうと、新たな規制、たとえば欧州
AI法でもよいですが、対応は、一体どこの部署が担当するのですか
という話が、現実問題としてあるのではないかと思います。少なくと
も欧州AI法との関係では、1つ親和性が高いのが、たとえば、比較
的構造が似ているGDPRの対応経験がある部署ではないか、といわ
れることが少なくなくありません。個人的には、AIも結局データ・
ビジネスの一環なので、問題状況が似ていることはそれなりにある印
象です。

河合：はい。他方で、欧州のデータ法はちょっと特殊で、製品の設計段階で
考慮しなければいけない要件があり、どうしても開発や設計や商品開
発の部門を巻き込まないといけないという特殊性があるので、担当部
署を迷っていらっしゃる会社もあると思います。

武井：プライバシーバイデザインのバイデザインの、最初のところからとい
うことですね。

河合：そうですね。まさにそこのデザインをわかってもらうということですね。

福岡：企業としてもそういったインフラに投資したほうがよいということは
十分わかるにしろ、現場では現実として動いていないという状況が
ずっと続いており、コストの問題じゃないと散々いっていてもまだま
だ変化が遅いなと感じますね。変わるためには意識を変えるだけでは

262

まだ足りない現状と思います。

武井：役員の善管注意義務を含めた法的責任論でいうと、仕組みが何らかあるのと仕組みがおよそないのとでは、大きな差となりえますよね。また昨今、いろいろと厳しいコンプライアンス社会ですが、その根底には、ブラックボックスに対する不安があるのだと思います。データの取り扱いとか生成 AI などもこうしたブラックボックスに対する不安からいろいろな論点が出ていて、ブラックボックスの不安があるからこそ、何か 1 つ事件が起きたときに、コンプライアンスの用語も使われて大きく騒がれる。仕組みがないとその事象の外延が制御できていないので、より社会の不安が増幅するのですよね。仕組みがないと経営者は法的にも守られにくいのですよね。

河合：そうですね。データプライバシーを頑張るインセンティブがどこにあるのかという論点ですね。規制業種的なところだときちんとしていないと最終的にはビジネスができなくなるという大きなダウンサイドがあるので、企業内での理解もある。他方で一般業種がどうするのか。上場している会社はまだしも、ですかね。

武井：先ほどの EU の動向も、最終的には**サプライチェーン・マネジメント**の話となるわけで、自社でやらないところについてはサプライチェーンから行う要請が強まるのでしょうかね。

河合：そうですね。トップランナーとしてすばらしい日本企業はいろいろといらっしゃいます。ただ、すべての企業を一律に底上げするほどのソフトローが揃っているという状況ではない。かといってハードローだけですべてを解決できるのかと。私たちとしても頑張ってサポートしていきたいと思います。

⒁　データの越境移転（国際データガバナンス）

河合：ちなみに、企業におけるデータガバナンスの話そのものではありませんが、デジタル庁で、国際データガバナンス検討会が 2024 年 1 月から行われています。

　　これは、国際的な枠組みの中で、DFFT（Data Free Flow with Trust）の具体化に向けた日本政府の取組みや提案形成において、データの越

第 4 章　AI 時代を生き抜く DX ガバナンス

境移転に係る日本や企業などのステークホルダーからの情報や要望を
反映しつつ、その実施を支援するため、有識者による議論・検討・提
言を行うことを目的とした検討会です。日本企業の意見を踏まえた
データ戦略の構築や国際データガバナンスの推進、またそのための国
内メカニズム・エコシステムを構築することが重要であるなどの指摘
があります。また、国内からニーズを拾い上げるだけでは世界的な議
論やニーズとの整合が達成されないおそれがあるといった指摘や、国
境を越えたデータスペースの連携に関する言及もありました。個人
データの越境移転については国ごとにさまざまなルールがあるのです
けれども、それらのルールの透明性を確保する方策に関する指摘や、
非個人データの越境流通についてもさらに検討すべきとの指摘もみら
れます。重要なテーマが議論されていて、将来間接的に企業に影響し
得る内容であると思います。

武井：あと EU では 2024 年 1 月からいわゆる **EU データ法**が発効していて、
いわゆる IoT データなどの非個人データも包括して、利活用やアクセ
ス、データポータビリティについての法制度が導入されている点が注
目されています。

⒂　DX ガバナンスにおいて重要となるデュープロセスの発想

武井：いろいろとありがとうございました。時間となりましたので最後に今
日の締めを一言申し上げます。やや経済成長という日本が今抱えてい
る課題からのマクロ的な話となりますが。

　　　挑戦が難しい、チャレンジが難しいことは日本経済が成長していな
い主因の 1 つといわれています。挑戦を支える法的インフラを整備す
る必要性は日本において高い。CG コードも、企業の健全なリスクテ
イクを後押しする仕組みのあり方が主目的の 1 つです。

　　　ガバナンスとは、企業の自律的な持続的成長を支える仕組みであ
る。自律とは正しいことを「自分で」決めることができる仕組みで
す。そこで DX 化が進んで各種の社会的要請が強まるサステナビリ
ティ時代には、いろいろな考慮要素を各種経営判断の早い段階から
テーブルに載せることがキモとなります。こうした適正な利害調整が

264

V　データガバナンスおよびプライバシーガバナンス

タイムリーになされる一種のデュープロセス的な発想、公法的な意味
での厳密なものとはやや異なりますが、これを伴ったガバナンス態勢
を整備してこそ、企業はいろいろな挑戦を行え持続的に成長するのだ
と思います。

　かかるガバナンス態勢は、社内の意思決定手続にやたらと屋上屋を
架してタイムリーな経営判断を阻害するものとも異なります。DX や
サステナビリティ・トランスフォーメーション（SX）と呼ばれる時代
に社会課題への攻めの対応能力を高めるものであって、中長期的企業
価値向上に直結するでしょう。

　最後に法務的なお話をしておきますと、デュープロセス的視点は法
務概念であり、法務機能は企業活動の現場において、こうした適正プ
ロセスのあり方の仕組み整備や、議論における多様性のインプット等
を行うことが重要となってきています。物事がほぼすべて決まった後
に書面化等のタイミングで初めて企業法務機能に関与を求めるような
旧来型のプロセスでは、CG コードが規定する健全なリスクテイクを
実践できるガバナンス態勢としては不十分なのでしょう。

　以上をもって今日の議論を終わりたいと思います。皆様、本日は長
時間にわたりまして誠にありがとうございました。

〔2024 年 5 月収録／その後加筆修正〕

後注：本座談会収録後も重要な動向は多数ある。たとえば 2024 年 9 月に AI セーフ
ティ・インスティテュートから「AI セーフティに関する評価観点ガイド（第 1.00
版）」が公表されている。

事項索引

●英数字

AI 事業者ガイドライン（第 1.0 版）▶ 215
「AI 制度に関する考え方」について ▶ 214
AI 知財検討会 ▶ 251
AI 枠組み条約 ▶ 211
bad news first ▶ 118
by-laws ▶ 31
CBAM ▶ 103
CG コード（コーポレートガバナンス・コード）▶ 82, 194
ChatGPT ▶ 225
empty voting ▶ 13
Enlightened Shareholder Value ▶ 39
ESG 訴訟 ▶ 139
ESG 投資 ▶ 74, 92
EU-ETS 規則 ▶ 99
EU 会計指令 ▶ 166
EU データ法 ▶ 264
EU 排出枠取引制度（EU-ETS）▶ 102
IFRS サステナビリティ開示基準 ▶ 164, 171
ILO 中核的労働基準 ▶ 183
ISSA5000 ▶ 90, 164
J ブルークレジット ▶ 138
LEAP アプローチ ▶ 124
PACTE 法 ▶ 39
patient capital ▶ 18
PIA（プライバシー・インパクト・アセスメント）▶ 239, 256
SEC 気候関連開示規則 ▶ 88, 170
SS コード（スチュワードシップ・コード）▶ 38
SX（サステナビリティ・トランスフォーメーション）▶ 6, 70, 195
TCFD（気候関連財務情報開示タスクフォース）▶ 76, 171
TNFD（自然関連財務情報開示タスクフォース）▶ 76, 123
VUCA ▶ 5

●あ 行

アジャイル・ガバナンス ▶ 196
新しい資本主義 ▶ 16, 97
域外適用 ▶ 105
依拠性 ▶ 246
移行リスク ▶ 122
イベントドリブン型訴訟 ▶ 146
インテグリティ研修 ▶ 119
インパクト加重会計 ▶ 95
インパクトコンソーシアム ▶ 95
インパクト投資 ▶ 93, 97
エンロン事件 ▶ 17
欧州 AI 法 ▶ 205
欧州財務報告諮問グループ（EFRAG）▶ 168
欧州サステナビリティ報告基準（ESRS）▶ 88, 165
オクトパスモデル ▶ 120
温対法 ▶ 86

●か 行

開示ガイドライン ▶ 82
開示府令 ▶ 81
外部性 ▶ 50
カスタマーハラスメント ▶ 143
価値協創ガイダンス ▶ 6
活動の連鎖（chains of activities）▶ 177
ガバナンス・イノベーション ▶ 199
株主代表訴訟 ▶ 30
株主提案権 ▶ 30
株主の機関化 ▶ 42, 46
カリフォルニア州気候関連開示法 ▶ 89
カリフォルニア州気候関連企業データ説明責任法（SB253）▶ 172
カリフォルニア州気候関連財務リスク法（SB261）▶ 172
監査役会設置会社 ▶ 40
間接民主制（型）▶ 2, 27
機械学習品質マネジメントガイドライン ▶ 239

事項索引

企業サステナビリティ・デューデリジェンス
　指令（CSDDD）▶73, 99,104, 174, 176
企業サステナビリティ報告指令（CSRD）
　▶87, 164
企業内容等の開示に関する留意事項について
　▶82
気候変動緩和のための移行計画の策定および
　実施義務 ▶180
記述情報の開示に関する原則 ▶82
強化された人権DD ▶110
強制労働製品流通禁止規則 ▶99, 104
共同規制 ▶201
グリーバンスメカニズム ▶106, 188
グリーンウォッシュ禁止指令 ▶142
クリーンウッド法 ▶128
グリーンガイドライン ▶149
グリーンディール ▶98
グループガバナンス ▶111
契約条項への組み込み ▶185
契約上の保証 ▶185
契約によるガバナンス ▶210
ケイレビュー ▶44
権限分配論 ▶28
限定的保証 ▶168, 171, 173
行動アセスメント ▶196
公平性 ▶220
公平分配要件 ▶151
合法性の確認 ▶131
合法伐採木材等の流通及び利用の促進に関す
　る法律 ▶128
合理的保証 ▶168, 171, 173
国際サステナビリティ基準審議会（ISSB）
　▶83, 164
国際人権法 ▶181
国際労働法 ▶181
国連ビジネスと人権に関する指導原則（国連
　指導原則）▶104, 109

●さ　行────────────

サステナビリティ・ガバナンス ▶71
サステナビリティ・デューデリジェンス
　▶73
サステナビリティ委員会 ▶114
サステナビリティ関連倫理基準 ▶90
サステナビリティ基準委員会（SSBJ）▶83

サステナビリティ情報の開示について ▶82
サステナブルな資本主義 ▶16
サステナブルファイナンス ▶92
サプライチェーン ▶76
サプライチェーン・デューデリジェンス法
　▶142, 145, 146
サプライチェーン・マネジメント ▶263
残余権者論 ▶12, 42, 45
自益権と共益権とのアンバンドル ▶46
市場リスク ▶122
システミックリスク ▶206
自然資本 ▶120
実質株主
　──の透明性 ▶48, 56
　──の把握制度 ▶22
自動収集プログラム（クローラ）▶252
社会的責任論 ▶49
社会的問題の再生産 ▶221
主要目的ルール ▶31
準則主義 ▶37
ショートターミズム ▶52
所有と経営の分離 ▶36
シングルマテリアリティ ▶88, 171
人権・環境デューデリジェンス ▶178
人事ローテーション ▶120
人的資本可視化指針 ▶6
森林破壊防止規則 ▶99, 102, 125
垂直型ガバナンス ▶199
スコープ3 ▶88
ステークホルダーとの対話 ▶186
政策リスク ▶122
生物多様性 ▶122
責任限定契約 ▶21, 31
攻めのガバナンス ▶5, 70
訴訟リスク ▶122

●た　行────────────

ダブルコード ▶2
ダブルマテリアリティ ▶75, 88, 167, 174
知財・無形資産ガバナンスガイドライン ▶6
注意義務計画 ▶141
直接民主制 ▶2
著作権法30条の4 ▶245
ディープフェイク ▶252
データガバナンス ▶195

事項索引

データ駆動型社会 ▶ 195
データのトレーサビリティ確保 ▶ 238
データマッピング ▶ 239
データマッピング・ツールキット（個人情報
　保護法関係） ▶ 258
デジタルガバナンス・コード ▶ 203
デュープロセス（due process） ▶ 117
伝統的なガバナンスモデルの限界 ▶ 200
道具概念 ▶ 35
取締役会等 ▶ 3

●な　行─────────────

内部統制 ▶ 91
日本サステナブル投資フォーラム ▶ 92
ニューラルネットワーク ▶ 223, 224

●は　行─────────────

バーチャルオンリー株主総会 ▶ 55
バイオプラスチック導入ロードマップ ▶ 136
破壊概念 ▶ 35
バッテリー規則 ▶ 99, 101
汎用目的 AI モデル（General Purpose AI
　model） ▶ 206
複数議決権株式 ▶ 40
物理的リスク ▶ 122
負の外部性 ▶ 15
プラスチック資源循環戦略 ▶ 135
プラスチック資源循環促進法 ▶ 136
ブラックボックス化 ▶ 202
プラネタリー・バウンダリー ▶ 121

フランス注意義務法 ▶ 141
フリーライド ▶ 252
ブルーエコノミー ▶ 137
ブルーファイナンス ▶ 137
フロランジュ法 ▶ 40
分散型ガバナンスシステム ▶ 199
紛争地域対応 ▶ 110
米国証券取引委員会（SEC） ▶ 170
ボード ▶ 3
ボード機能 ▶ 27
　──の見える化 ▶ 27

●ま　行─────────────

マクロ型株主 ▶ 12
マルチステークホルダー型企業社会 ▶ 97
民事責任 ▶ 108, 144, 189
むき出しの株主至上主義 ▶ 17
免許主義 ▶ 37
免許制 ▶ 34
モデル・リスク管理に関する原則 ▶ 232

●や　行─────────────

ユノカル基準 ▶ 28

●ら　行─────────────

利益相反処理 ▶ 20
リスキリング ▶ 120, 261
リスクベースアプローチ ▶ 106, 187
ルールベース ▶ 224
レジリエンス ▶ 73

269

著者略歴

［編著者］

武井一浩（たけい・かずひろ　第1章〜第4章）

　西村あさひ法律事務所・外国法共同事業弁護士（1991年弁護士登録）。1997年米国NY州弁護士登録。東京大学法学部、米国ハーバード・ロー・スクール（LL.M.）、英国オックスフォード大学経営学修士（MBA）各卒。上場会社の企業法務を中心に案件を取り扱う実務家。主な著書（共著を含む）として、『コーポレートガバナンス改革と上場会社法制のグランドデザイン』（商事法務、2022、共編著）ほか。

［著　者］

松井秀征（まつい・ひでゆき　第2章）

　立教大学法学部教授。東京大学法学部卒、同大学院法学政治学研究科修士課程修了。専門は、商法、会社法。会社法分野については、株主総会制度や株式発行制度を中心に、歴史的な視点をベースとしつつ、研究を行ってきた。主な著書（共著を含む）として、『会社法〔第5版〕』（有斐閣、2021、共著）、『株主総会制度の基礎理論』（有斐閣、2010）、『会社法の選択』（商事法務、2010、共編著）ほか。

小林和真呂（こばやし・かずまろ　第3章）

　西村あさひ法律事務所・外国法共同事業弁護士（2007年弁護士登録）。2015年米国NY州弁護士登録。東京大学法学部、米国コロンビア・ロー・スクール（LL.M.）各卒。独占禁止法を専門とし、国内外の企業結合審査対応のほか、カルテル・私的独占等の違反被疑事件の対応、独禁法コンプライアンス体制構築の助言等を手がける。

安井桂大（やすい・けいた　第3章）

　西村あさひ法律事務所・外国法共同事業弁護士（2010年弁護士登録）。東京大学法科大学院（J.D.）、The London School of Economics and Political Science（LL.M.）各卒。コーポレートガバナンス/SR対応やサステナビリティ対応、M&A、アクティビズム対応等の企業法務全般を取り扱う。主な著書（共著を含む）として、『サステナビリティ委員会の実務』（商事法務、2022、共責任編集）、『コーポレートガバナンス・コードの実践〔第3版〕』（日経BP、2021、共著）ほか。

渡邉純子（わたなべ・じゅんこ　第3章）

　西村あさひ法律事務所・外国法共同事業弁護士（2011年弁護士登録）。慶應義塾大学法科大学院（J.D.）、The London School of Economics and Political Science（LL.M. 国際人権法専攻）各卒。国際人権法・国際労働法、アジア・欧州法務等のグローバルな観点から、人権・環境ほかサステナビリティ関連法務に幅広く対応。経済産業省産業構造審議会製造産業分科会繊維産業小委員会委員。主な著書（共著を含む）として、『「ビジネスと人権」の実務』（商事法務、2023、共著）ほか。

著者略歴

加藤由美子（かとう・ゆみこ　第3章）
西村あさひ（フランクフルト/デュッセルドルフ事務所）米国NY州弁護士（2011年登録）。東京都立大学（LL.B.）、Georgetown University Law Center（LL.M.）（ロータリー財団国際親善奨学生）、The London School of Economics and Political Science（LL.M.）各卒。University of Oxford, Leading Sustainable Corporations Programme（Certificate）修了。欧州を中心に国際企業法務全般に従事。主な著書（共著を含む）として、『「ビジネスと人権」の実務』（商事法務、2023、共著）ほか。

湊川智平（みなとがわ・ともへい　第3章）
西村あさひ法律事務所・外国法共同事業弁護士（2015年弁護士登録）。2024年米国NY州弁護士登録。早稲田大学法学部、慶應義塾大学法科大学院（J.D.）、米国ノースウェスタン・ロー・スクール（LL.M.取得）各卒。M&A、サステナビリティ対応、資源・エネルギー分野を中心に取り扱う。

西原彰美（にしはら・あきみ　第3章）
西村あさひ法律事務所・外国法共同事業弁護士（2016年弁護士登録）。大阪大学大学院高等司法研究科（J.D.）。金融庁企画市場局企業開示課出向（2018〜2021年）。コーポレートガバナンスやサステナビリティ対応、M&Aを含む企業法務全般を取り扱う。主な著書（共著を含む）として、「コーポレートガバナンス・コードと投資家と企業の対話ガイドラインの改訂の解説」商事2266号（2021、共著）4頁ほか。

山本希望（やまもと・のぞむ　第3章）
西村あさひ法律事務所・外国法共同事業弁護士（2023年弁護士登録）。慶應義塾大学法学部、慶應義塾大学法科大学院（J.D.）各卒。アクティビスト対応やデータ保護・情報管理、特許関連等の企業法務全般を取り扱う。

福岡真之介（ふくおか・しんのすけ　第4章）
西村あさひ法律事務所・外国法共同事業弁護士（1998年弁護士登録）。2007年米国NY州弁護士登録。東京大学法学部、米国デューク大学スクール・オブ・ロー（LL.M.）各卒。テクノロジー法分野においては、AI・Web3・メタバースを中心に取り扱っており、経済産業省「AI・データ契約ガイドライン検討会」委員を務める。著書（共著を含む）は、『DAOの仕組みと法律』（商事法務、2023、共著）、『生成AIの法的リスクと対策』（日経BP、2023、共著）ほか。

河合優子（かわい・ゆうこ　第4章）
西村あさひ法律事務所・外国法共同事業弁護士（2006年弁護士登録）。2014年米国NY州弁護士登録。慶應義塾大学法学部、米国コロンビア・ロー・スクール（LL.M.）各卒。Certified Information Privacy Professional/United States（CIPP/US）。情報法・データプライバシーの分野においてクロスボーダー案件を中心に豊富な経験を有する。近時の編著書（共著を含む）として『2020年個人情報保護法改正と実務対応〔改訂版〕』（商事法務、2022、共編著）、『個人情報保護法制大全』（商事法務、2020、共編著）ほか。

著者略歴

濱野敏彦（はまの・としひこ　第4章）
　西村あさひ法律事務所・外国法共同事業弁理士（2002年合格・2009年登録）・弁護士（2008年弁護士登録）。東京大学工学部電子工学科、東京大学大学院新領域創成科学研究科、早稲田大学法科大学院各卒。ニューラルネットワークの研究室（東京大学廣瀬明研究室）に3年間在籍していたため、AI・生成AI技術に詳しい。知的財産全般、IT分野、データ保護・利活用の案件を中心に豊富な経験を有する。近時の主な著書として、「大規模言語モデル・画像生成AIと著作権法」コピライト63巻749号（2023）21頁、「秘密保持契約における知的財産保護を踏まえた管理条項」ジュリ1584号（2023）98頁ほか。

山本俊之（やまもと・としゆき　第4章）
　西村あさひ法律事務所・外国法共同事業弁護士（2009年弁護士登録）。慶應義塾大学環境情報学部、慶應義塾大学法科大学院各卒。ファイナンス・金融を専門とする弁護士として、アセットマネジメントやデリバティブを中心に、各種の金融取引、金融業規制・コンプライアンスのアドバイスに従事。日本証券アナリスト協会認定アナリスト、国際公認投資アナリスト。昨今の論文として「金融業界・金融機関における生成AIの活用（パネルディスカッション）」金法2231号（2024）23頁、「金融業界への生成AI導入、想定利用法を法的観点から考察」日経コンピュータ2023年11月9日号82頁ほか。

松下　外（まつした・がい　第4章）
　西村あさひ法律事務所・外国法共同事業弁護士（2010年弁護士登録）。東京工業大学工学部情報工学科、東京大学法科大学院、米国ニューヨーク大学スクール・オブ・ロー（LL.M. in IBRLA）各卒。知的財産およびAI・データ関連法務や、国際紛争関連法務を中心に取り扱う。経済産業省「AI・データ契約ガイドライン検討会作業部会」構成員、理化学研究所AIPセンター客員研究員等を務める。近時の著書（共著を含む）として、『ガイドブック　AI・データビジネスの契約実務〔第2版〕』（商事法務、2022、共著）、『生成AIの法的リスクと対策』（日経BP、2023、共著）ほか。

273

最新・ガバナンスを見る眼
──経済成長戦略実現に向けて

2024年12月25日　初版第1刷発行

編 著 者	武 井 一 浩				
	松 井 秀 征				
	河 合 優 子		小 林 和真呂		
	西 原 彰 美		濱 野 敏 彦		
著　　　者	福 岡 真之介		松 下 　 外		
	湊 川 智 平		安 井 桂 大		
	山 本 俊 之		山 本 希 望		
	渡 邉 純 子		加 藤 由美子		
発 行 者	石 川 雅 規				

発 行 所　株式会社 商事法務
〒103-0027 東京都中央区日本橋 3-6-2
TEL 03-6262-6756・FAX 03-6262-6804〔営業〕
TEL 03-6262-6769〔編集〕
https://www.shojihomu.co.jp/

落丁・乱丁本はお取り替えいたします。　　　印刷／広研印刷㈱
© 2024 Kazuhiro Takei　　　　　　　　　Printed in Japan
Shojihomu Co., Ltd.
ISBN978-4-7857-3130-4
＊定価はカバーに表示してあります。

JCOPY ＜出版者著作権管理機構 委託出版物＞
本書の無断複製は著作権法上での例外を除き禁じられています。
複製される場合は、そのつど事前に、出版者著作権管理機構
（電話 03-5244-5088、FAX 03-5244-5089、e-mail: info@jcopy.or.jp）
の許諾を得てください。